Arthur Cravan

MAINTENANT?

Cravan à Barcelone – Neveu d'Oscar Wilde – Surréaliste dans le défi – Archinard, une mystification ? – Un double combat – Jack Johnson le géant – Picasso boxeur – ...

Le présent ouvrage a été publié à l'occasion
de l'exposition *Arthur Cravan. Maintenant?*,
présentée au Museu Picasso, à Barcelone,
du 25 octobre 2017 au 28 janvier 2018.

Arthur Cravan
MAINTENANT?

Emmanuel Guigon

avec des textes de
Laurence Madeline, Jean-Paul Morel,
Aitor Quiney, Georges Sebbag
et Erich Weiss

Museu Picasso
Ajuntament de Barcelona
SE

Pour Marcel Fleiss, arbitre ès Cravan

La Barcelone des années de la Première Guerre mondiale était une ville complexe, entièrement plongée dans des conflits sociaux et politiques et très active du point de vue culturel grâce, en partie, à la présence de nombreux artistes étrangers qui s'y étaient réfugiés. C'est dans ce contexte vibrant de modernité que débarque à Barcelone un personnage énigmatique et complexe venu disputer un combat de boxe : Arthur Cravan.

Le Museu Picasso a voulu consacrer une exposition à ce personnage controversé — poète et écrivain, dadaïste avant la lettre, boxeur, conférencier, performeur, globetrotter — qui a affronté en 1916 le champion du monde Jack Johnson et est parvenu à défrayer la chronique du microcosme barcelonais durant quelques semaines. Sa vie peu conventionnelle et sa disparition en font toujours aujourd'hui un mythe dont il reste encore beaucoup à découvrir.

Cette exposition, riche d'une nombreuse documentation écrite et graphique, fait découvrir certains aspects peu connus du parcours d'Arthur Cravan tout en constituant un prélude parfait de l'ambiance culturelle d'une Barcelone où Picasso allait se rendre l'année suivante.

Jaume Collboni Cuadrado
Adjoint au maire
chargé de l'Entreprise, de la Culture
et de l'Innovation

Le Museu Picasso exprime sa profonde gratitude à David et Marcel Fleiss, de la Galerie 1900-2000 à Paris, pour leur genérosité et leur soutien au projet, ainsi qu'à Rodica Sibleyras pour son travail de documentation et de coordination. Il tient aussi à témoigner sa reconnaissance envers tous les musées, galeries et collectionneurs — qu'ils aient souhaité rester dans l'anonymat ou non — qui ont généreusement accepté de lui prêter des œuvres et sans qui cette exposition n'aurait pas pu voir le jour :

Arxiu Fotogràfic Centre Excursionista de Catalunya
Arxiu Nacional de Catalunya/Fons Branguli (fotògrafs)
Col·lecció Gothsland
Col·lecció PPPratmarsó
Filmoteca de Catalunya – ICEC
Fons llibreria Rouse, Barcelone
Fundación Almine y Bernard Ruiz-Picasso para el Arte
Musée national Picasso-Paris
Palais Princier, Monaco

Le Museu Picasso tient également à remercier toutes les personnes dont le concours lui a été indispensable pour mener ce projet à bien. Il exprime tout spécialement sa gratitude à Santi Barjau, Marie-Claude Beaud, Jaume Bosch, Aube Breton Elléouët, Michael Briggs, Jordi Duró, Florence Half-Wrobel, Hervé Irien, Isaki Lacuesta, Hans Albrecht Lusznat, Octavi Martí, Noemí Maya Plaza, Favio Monza, Víctor Oliva, Maria Cristina Pirvu, Sylvain Rouillon, Carole Schaller et Francesc Torres.

Arthur Cravan, Barcelone, 1916

Emmanuel Guigon

Arthur Cravan à Barcelone

Aventurier autant que poète et boxeur, « colosse mystique », suivant l'expression de Mina Loy, d'un physique imposant, Fabian Avenarius Lloyd, qui prend le pseudonyme d'Arthur Cravan (à son arrivée à Paris en 1909), est un personnage assez énigmatique, « un passant singulier » dont la vie se confond avec l'œuvre et dont la naissance et la mort restent aussi mystérieuses que ses moyens d'existence. Cravan, qui se proclame neveu d'Oscar Wilde (à qui il est apparenté par son père) et se présente encore comme « le poète aux cheveux les plus courts du monde », est devenu célèbre pour sa revue non-conformiste, *Maintenant*, dont il est à la fois le directeur, l'éditeur et le seul collaborateur, les autres noms qui figurent aux sommaires n'étant que des hétéronymes. Il y eut cinq numéros de *Maintenant*, entre 1912 et 1915, que Cravan vendait lui-même à la sauvette dans une petite voiture des quatre saisons, notamment à la sortie de l'hippodrome Gaumont, place Clichy, assisté soit du champion de boxe Silver Sivre, soit du peintre hongrois Jacobi, soit encore de son proche ami, le fils du restaurateur auvergnat Jourdan (rue des Bons-Enfants). Cravan s'est très vite construit une « mauvaise réputation » par ses attaques de franc-tireur, pointant avec le plus de force toutes les cibles de l'esprit moderne. Ne sont épargnés ni André Gide dans le célèbre entretien qu'il publie dans le n° 2 de *Maintenant*, en juillet 1913 ; ni Apollinaire qui, offensé, lui envoya ses témoins ; ni Marie Laurencin, dans ses commentaires aussi détaillés que mordants sur les exposants aux Indépendants: «...l'art n'est pas une petite pose devant le miroir [...]. La peinture, c'est marcher, courir, boire, manger, dormir et faire ses besoins.» Le seul peintre du Salon des Indépendants qui échappe à ses critiques, le seul qui mérite un éloge franc et décidé, c'est Kees van Dongen, qu'il admire et avec lequel il est lié d'amitié. La réputation scandaleuse de Cravan est aussi attachée aux conférences tumultueuses qu'il a multipliées. Au cours de l'une d'elles, à Paris en 1913, ostensiblement consacrée à la littérature, il a tiré plusieurs coups de feu au-dessus du public et parlé de sport; une autre fois, à New York en 1917, il est arrivé ivre sur la scène et s'est lancé dans un strip-tease effréné jusqu'à totale évacuation de la salle par la police. Entre ces deux coups d'éclat, en avril 1916, il s'est installé à Barcelone pour échapper à la conscription et a défié à la boxe le champion du monde Jack Johnson (qui le mit knock-out au sixième round).

Autant par ses mystifications et son comportement, sur ring ou sur scène, que par sa façon de ramener l'art et la littérature au même plan que les phénomènes de la vie et de considérer le scandale comme un élément artistique, Cravan se situe de plein droit parmi les précurseurs essentiels de l'aventure Dada. En octobre 1923, dans le n° 11-12 de *Littérature*, nouvelle série, sous le titre «ERUTARETTIL», son nom apparaît dans ce que l'on peut considérer comme la première anthologie poétique du surréalisme; Cravan figure à côté d'un grand nombre de poètes et excentriques de toutes époques, dont les noms sont imprimés en caractères différents. S'agit-il, comme le titre palindrome le laisse entendre, de l'envers de «littérature»? Le goût non-conformiste des surréalistes s'y affirme sans équivoque, et plus particulièrement encore celui d'André Breton, qui quelques années plus tard accordera à Arthur Cravan une place d'honneur dans son *Anthologie de l'humour noir*. On doit se souvenir que Breton, à qui a appartenu un grand nombre d'œuvres et de documents que nous présentons dans l'exposition, a évoqué d'emblée le personnage d'Arthur Cravan lors de sa conférence du 17 novembre 1922 à l'Ateneo de Barcelone, «Caractères de l'évolution moderne et ce qui

Arthur Cravan avec Renée Bouchet, Olga Sacharoff et Otho Lloyd (assis parmi le public) *au Gymnase Bricall*
Barcelone, 1er avril 1916

en participe », en insistant sur son « sens de la provocation ». N'est-ce pas le moindre exploit d'Arthur Cravan d'être monté sur un ring contre un champion du monde à Barcelone, d'avoir vendu sa poésie dans les rues de Paris comme une marchande de fruits et légumes et d'avoir désigné tous ses nombreux passages à l'acte sous ce terme impérieux et impératif : MAINTENANT ?

Cette exposition a été réalisée grâce au soutien déterminant de Marcel Fleiss. Je tiens en premier lieu à le remercier tout particulièrement pour son appui ainsi qu'à Rodica Sibleyras de la galerie 1900-2000 pour son travail d'archiviste et de coordination. Cette exposition est le résultat d'un travail collectif. Nous sommes particulièrement reconnaissants aux personnes qui par leurs précieux conseils et assistances nous ont aidé à faire aboutir ce projet. J'exprime aussi toute ma gratitude aux auteurs du catalogue. Je tiens aussi à souligner l'engagement de l'ensemble des équipes du musée dont l'enthousiasme et les compétences se sont révélés une nouvelle fois indispensables.

Andrea Bognar, Renée Bouchet,
Otho Lloyd, Olga Sacharoff, Andrée Compère,
Dagoussia-Mouat et Arthur Cravan
Tossa de Mar, 1916

Otho Lloyd
(De gauche à droite)
Francis Picabia, Juliette Roche, Otto von Wätjen,
Marie Laurencin, Gabrielle Buffet, Olga Sacharoff,
(assis) *Albert Gleizes, Dagoussia-Mouat,*
Béla Szilárd et Andrée Compère
Tossa de Mar, 1916

Otho Lloyd, *Tossa de Mar*, 1916

Olga Sacharoff, *Portrait d'Arthur Cravan,* vers 1913

Otho Lloyd, *Portrait de ma mère*, 1930

Olga Sacharoff, *Couple marié*, vers 1920

Otho Lloyd, *Olga*, vers 1916

Arthur Cravan, portrait au chapeau, 1917

Georges Sebbag

Arthur Cravan, neveu d'Oscar Wilde

André Breton, en tant que conseiller artistique du collectionneur Jacques Doucet, réussit l'exploit de faire acheter au grand couturier *La Charmeuse de serpents* du Douanier Rousseau en mai 1922, puis *Les Demoiselles d'Avignon* de Picasso en décembre 1924. Mais, en tant que conseiller littéraire, dès le 3 mars 1921, il recommande l'acquisition des cinq numéros de la revue *Maintenant* d'Arthur Cravan, dont il décrit le contenu : un article très vivant sur le salon des Indépendants de 1914, le récit d'une visite à André Gide, de curieuses réclames, des poèmes et des « souvenirs » sur Oscar Wilde. Le poète et boxeur Arthur Cravan vendait la revue à la criée, en poussant dans les rues de Paris une charrette de marchand de quatre-saisons chargée d'exemplaires. Pour Breton, la revue *Maintenant*, où se donne libre cours une des pensées les plus modernes, représente « un des témoignages les plus nets de l'état d'esprit qui précéda Dada ». À Jacques Doucet qui a pu lire les *Lettres de guerre* de Jacques Vaché que Breton a publiées en 1919, le conseiller littéraire apporte cette précision : « Jacques Vaché avait connu par moi *Maintenant* qui l'amusait beaucoup[1]. »

Arthur Cravan et Jacques Vaché sont tous deux morts prématurément. À l'automne 1918, le dandy du ring disparaissait au large des côtes du Mexique. Le 6 janvier 1919, le dandy des tranchées succombait à une forte ingestion d'opium dans un hôtel de Nantes.

1. André Breton, *Lettres à Jacques Doucet, 1920-1926*, éd. Étienne-Alain Hubert, Gallimard, 2016, p. 90.

Si André Breton n'a pas manqué d'associer les destinées de Cravan et de Vaché, il faut remonter en deçà du surréalisme et de ses premières années pour esquisser un parallèle entre le rédacteur unique de la revue *Maintenant* et l'inventeur de l'*umour* sans *h*. En fait pour tirer le bon fil généalogique, il nous faut nous adresser ni plus ni moins qu'à Denis Diderot, l'encyclopédiste et romancier né en l'an de grâce 1713, année, comme on sait, à laquelle André Breton s'identifiait.

Jack le fataliste

Le 30 septembre 1916, le soldat Jacques Vaché se trouve sur le front, non loin d'Arras. Il écrit, depuis son abri souterrain, à Jeanne Derrien, rencontrée à l'hôpital de la rue du Boccage, où il était soigné pour une blessure à la cuisse et aux mollets et où elle servait comme auxiliaire :

> Amie Jeannette / – À l'instant votre lettre du 25 septembre – date fatidique qui a marqué pour moi le jour où je devais vous connaître – Vous ne voyez pas la « connection » – comme disent ces braves gens – Le 25 sept. 15 Hans, ou Fritz – a jugé opportun de m'envoyer une balle – laquelle au lieu de me tuer sans retard a jugé plus humoristique de faire éclater mes grenades – D'où l'hôpital, d'où vous-même – d'où cette lettre.

On le voit, Vaché retrace la série causale et circulaire suivante : lettre de Jeanne du 25 septembre 1916 → balle allemande du 25 septembre 1915 → éclatement des grenades du fantassin → blessure de Jacques à la cuisse et aux mollets → séjour à l'hôpital de Nantes → rencontre de Jeanne Derrien → réponse de Jack à la lettre de Jeanne. En fait, Vaché combine deux causalités : 1. La causalité du souvenir, où la lettre de Jeanne semble commémorer la blessure de Jacques ; 2. La causalité balistique qui a déterminé, après coup, la rencontre avec Jeanne.

Incontestablement, la pensée de Jacques est déterministe, mais un déterminisme abordé sous l'angle hautain de l'humour.
Ouvrons maintenant *Jacques le fataliste et son maître*, le livre de Diderot. En voici le départ :

> Comment s'étaient-ils rencontrés ? Par hasard, comme tout le monde. Comment s'appelaient-ils ? Que vous importe ? D'où venaient-ils ? Du lieu le plus prochain. Où allaient-ils ? Est-ce que l'on sait où l'on va ? Que disaient-ils ? Le maître ne disait rien ; et Jacques disait que son capitaine disait que tout ce qui nous arrive de bien et de mal ici-bas était écrit là-haut.
> *Le Maître.* – C'est un grand mot que cela.
> *Jacques.* – Mon capitaine ajoutait que chaque balle qui partait d'un fusil avait son billet.
> *Le Maître.* – Et il avait raison…[2]

Au fait, pourquoi Jacques évoque-t-il son capitaine ? En deux mots, il explique qu'un jour ayant trop bu, il oublie de mener les chevaux à l'abreuvoir. Son père se fâche. Un régiment passe par là. Il s'enrôle et se retrouve à la bataille de Fontenoy. Reprenons le fil du récit :

> *Le Maître.* – Et tu reçois la balle à ton adresse.
> *Jacques.* – Vous l'avez deviné ; un coup de feu au genou ; et Dieu sait les bonnes et les mauvaises aventures amenées par ce coup de feu. Elles se tiennent ni plus ni moins que les chaînons d'une gourmette. Sans ce coup de feu, par exemple, je crois que je n'aurais été amoureux de ma vie, ni boiteux[3].

Dans *Jacques le fataliste et son maître*, le valet parle et pense à la hauteur du maître. Il y a entre les deux un tel courant de sympathie qu'ils se confient l'un à l'autre sans retenue et à longueur de journée.

---

2. Denis Diderot, *Jacques le fataliste et son maître*, in *Œuvres complètes*, chez Brière, Paris, 1821, p. 3.

3. *Idem.*

Tout cela paraît nouveau et intrigant pour l'époque. De même, est étonnamment moderne la désinvolture avec laquelle le narrateur apostrophe le lecteur et conduit son récit. Toutefois, le trait saillant du roman reste la profession de foi déterministe de Jacques le fataliste, héritier selon Diderot de Zénon et de Spinoza.

En tout cas, il y a plus qu'une analogie entre le destin de Jacques le fataliste blessé au genou à la bataille de Fontenoy et Jacques Vaché blessé aux jambes devant Mesnil-les-Hurlus. En effet, tous deux ont conscience qu'un coup de feu non seulement porte un message mais qu'il est le point de départ d'une série incalculable d'événements. En ce qui concerne la balle qui a fait éclater les grenades de Jack le fataliste, nous pouvons en retenir trois effets : 1. La rencontre de Jeanne Derrien et d'André Breton à l'hôpital de la rue du Boccage à Nantes ; 2. En 1919, la publication par André Breton des *Lettres de guerre* de Jacques Vaché ; 3. Fin 1989, après la lecture de mon ouvrage *L'Imprononçable jour de sa mort, Jacques Vaché janvier 1919*, Jeanne Derrien me contacte, ce qui aura pour conséquence la publication des lettres de Jacques Vaché à Jeanne Derrien[4]. C'est pourquoi il faut s'empresser d'ajouter aux divers surnoms de Jacques Vaché, tels que Jacques Tristan Hylar ou Harry James, celui de Jack le fataliste.

Le neveu de Rameau

Le Neveu de Rameau, comme *Jacques le fataliste*, met aux prises deux individus qui s'apprécient et se tiennent tête. C'est un dialogue ininterrompu entre le philosophe Diderot et le neveu de Rameau. Mais le neveu de Rameau en question, s'il a bel et bien existé, devient sous la plume de Diderot un personnage exceptionnel, hors du commun. Causeur infatigable comme Jacques le fataliste, imitateur hors pair, comédien consommé, le neveu de Rameau est un parasite, un marginal, un cynique, qui enrage d'une seule chose, alors qu'il est bon chanteur et musicien et connaisseur en musique, c'est de ne

4. Jacques Vaché, *Quarante-trois lettres de guerre à Jeanne Derrien*, réunies et présentées par Georges Sebbag, 1991, Jean-Michel Place.

pas posséder le génie de son oncle le grand Rameau. Il se voit réduit à flatter ses hôtes et à jouer le pitre pour survivre et quémander sa pitance. Le seul point donc qui le taraude est de ne pas avoir le génie de Rameau tout en étant son neveu.

De même que Jacques Vaché incarne à merveille Jacques le fataliste de Diderot, il nous faut reconnaître qu'Arthur Cravan, le neveu d'Oscar Wilde, est pour ainsi dire le portrait craché du neveu de Rameau tel que l'a dépeint Denis Diderot : « [...] un des plus bizarres personnages de ce pays [...] un composé de hauteur et de bassesse, de bon sens et de déraison [...] doué d'une organisation forte, d'une chaleur d'imagination singulière [...] Aujourd'hui, en linge sale, en culotte déchirée, couvert de lambeaux, presque sans souliers, il va la tête basse, il se dérobe [...] Demain, poudré, chaussé, frisé, bien vêtu, il marche la tête haute, il se montre [...] » Ou comme se définit lui-même le neveu de Rameau, en se situant de préférence entre Diogène le cynique et la belle courtisane Phryné : « Je suis effronté comme l'un, et je fréquente volontiers chez les autres. » Ou comme il le déclare sans détours à son interlocuteur philosophe : « Vous savez que je suis un ignorant, un sot, un fou, un impertinent, un paresseux, ce que nos Bourguignons appellent un fieffé truand, un escroc, un gourmand... » Ou bien encore, en ironisant sur son pouvoir fort équivoque de séduction : « J'étais leur petit Rameau, leur joli Rameau, leur Rameau le fou, l'impertinent, l'ignorant, le paresseux, le gourmand, la grosse tête. » Une des recettes du neveu de Rameau est, pour parvenir à ses fins, d'embrasser le franc parti du rire ou de la dérision : « J'ai affaire à des gens qui s'ennuient, et il faut que je les fasse rire. Or, c'est le ridicule et la folie qui font rire, il faut donc que je sois ridicule et fou ». En résumé, en tant que flatteur ou sophiste, le neveu de Rameau veut être « un brigand heureux avec des brigands opulents et non un fanfaron de vertu ou même un homme vertueux ».

Impardonnable hédoniste, le neveu de Rameau dénonce en bloc :

> 1. La défense de la patrie – Vanité ! Il n'y a « d'un pôle à l'autre que des tyrans et des esclaves ».
> 2. La quête de l'amitié – Vanité ! « La reconnaissance est un fardeau, et tout fardeau est fait pour être secoué. »
> 3. L'occupation d'une charge – Vanité ! À quoi bon si on s'ingénie à parasiter les grands ?
> 4. L'éducation des enfants – « Vanité ! C'est l'affaire d'un précepteur. »
> 5. Le soin accordé au conjoint – « Aucun, s'il vous plaît. Le meilleur procédé, je crois, qu'on puisse avoir avec sa chère moitié, c'est de faire ce qui lui convient. »

En somme, hormis l'or ou l'argent, source de tous les agréments, il paraît vain de poursuivre des pseudo-valeurs comme les vertus politiques, morales, sociales, parentales ou conjugales.

Le Palais-Royal

Jean-François Rameau, le neveu de Jean-Philippe Rameau, et Arthur Cravan, de son vrai nom Fabian Avenarius Lloyd, le neveu d'Oscar Wilde, ont au moins en commun de hanter les mêmes lieux, pour ne pas dire les mêmes crémeries. Rappelons l'incipit du *Neveu de Rameau* : « Qu'il fasse beau, qu'il fasse laid, c'est mon habitude d'aller sur les cinq heures du soir me promener au Palais-Royal. » Diderot ajoute : « C'est moi qu'on voit toujours seul, rêvant sur le banc d'Argenson. » Et il précise aussi : « Si le temps est trop froid ou trop pluvieux, je me réfugie au Café de la Régence ; là je m'amuse à voir jouer aux échecs. » Or c'est au Café de la Régence que se produit la rencontre avec le neveu de Rameau : « Un après-dîner, j'étais là, regardant beaucoup, parlant peu et écoutant le moins que je pouvais, lorsque je fus abordé par un des plus bizarres personnages de ce pays où Dieu n'en a pas laissé manquer. »

Arthur Cravan n'est pas en reste, lui qui fréquente le Palais-Royal, comme il l'indique dans son poème « Hie ! » :

Et, piéton idéal
Du Palais-Royal,
Je m'enivre avec candeur
Même des mauvaises odeurs.[5]

Surtout, de même que Diderot est abonné au Café de la Régence, situé à l'angle de la rue Saint-Honoré et de la place du Palais-Royal, Arthur Cravan est un habitué du restaurant Chez Jourdan, 10, rue des Bons-Enfants, à deux pas de la place du Palais-Royal. D'ailleurs, Cravan a fait un sort au restaurant du 10, rue des Bons-Enfants, en lui consacrant d'assez drôles placards publicitaires dans la revue *Maintenant* :

Que faut-il au Poète ?
Une bonne nourriture.
Où peut-il la trouver à bon marché ?
Chez Jourdan [...]
Où se rencontrent
Les Poètes ?...
Les Marlous ?...
Les Boxeurs ?...
Chez Jourdan [...]
Où peut-on voir van Dongen
mettre la nourriture dans sa bouche,
la mâcher, digérer et fumer ?
chez Jourdan [...]
La nourriture est le
foyer des sentiments
Les Hommes
peuvent charger leurs corps
Chez Jourdan [...]

5. Arthur Cravan « Hie ! » dans *Maintenant* n° 2, juillet 1913, p. 20. Voir la reproduction du poème original complet, p. 31-34.

Arthur Cravan, s. d.

Cette réclame personnalisée, faisant l'éloge de la nourriture et du corps ainsi que de la fréquentation des marlous, non seulement nous ramène au Palais-Royal de Denis Diderot et du neveu de Rameau, mais elle prouve aussi que le neveu d'Oscar Wilde est à l'unisson du neveu de Rameau, quand il déclare : « La nourriture est le foyer des sentiments. »

Notons en passant que certains événements de *Nadja* d'André Breton se déroulent au Palais-Royal. Le 8 octobre 1926, le Café de la Régence est l'objet d'un rendez-vous manqué entre Nadja Delcourt qui s'y rend et André Breton qui se trompe de café. Le lendemain soir, alors que « l'âme errante » se promène « à mi-voix chantant et esquissant quelques pas de danse sous une galerie du Palais-Royal », une vieille dame en quête de crayon, près de la boutique « Camées durs », interpelle Nadja et finit par lui tendre sa carte de visite mentionnant sa qualité de « femme de lettres ». À en juger par les enveloppes ou le papier à en-tête utilisés par Nadja Delcourt dans sa correspondance avec Breton, le Café de la Régence semble pour la jeune femme une station obligée lors de ses déambulations dans Paris[6].

Cravan multiple

Dans son autobiographie, limitée à l'enfance, Arthur Cravan se décrit comme une individualité multiple, condensé de toutes les personnalités existant au sein de l'humanité. Tout d'abord il pense avoir une hérédité lourde et fort contrastée. Ayant hérité de la sensualité et de la taille colossale du grand-père paternel, il tiendrait de sa grand-mère paternelle sa misanthropie et son « amour inhumain des animaux ». Cochon du côté de la branche paternelle, il serait ange du côté maternel. De même, il aurait recueilli les caractéristiques opposées d'un père riche et fainéant et d'une mère pauvre et travailleuse. Mais pour cet enfant né à Lausanne de parents anglais, vient s'ajouter à l'hérédité biologique un héritage culturel tout aussi varié et ambivalent : « J'ai vécu dans tant de milieux différents qui m'ont formé que j'ai fini par posséder tous les défauts, vices, qualités et vertus, tous les sentiments, qui sont généralement partagés entre plusieurs hommes et plusieurs animaux : mon héroïsme, ma lâcheté, ma paresse, mon travail, mon goût des départs, mon amour du foyer, mon honnêteté, ma malhonnêteté, mon énergie, ma faiblesse, mon lucre, mon désintéressement, mon amour et ma haine des livres ; mon hypocrisie, ma sincérité, mon indépendance, mon officialité, mon amour immodéré de la nature, ma passion pour les métropoles, mon goût pour le naturel, mon penchant à l'artificiel, ma misanthropie, mon altruisme, ma

6. Nadja se sert du papier à en-tête « Café de la Régence, 161-163, rue Saint-Honoré (Place du Théâtre Français) » dans les lettres à André Breton du 1er décembre 1926 et du 20 janvier 1927, et de l'enveloppe à en-tête dans celles du 4 décembre 1926 et du 18 février 1927.

brutalité, mon angélique douceur ; ma gentillesse, ma méchanceté, ma férocité ; ma pitié, ma cruauté ; mon indifférence, mon immense amour ; mon rêve, mon activité ; ma santé, ma décadence ; mon inconstance, ma fidélité ; tout, tout, tout, tout : ma modestie, ma vanité, ma folie des grandeurs ; ma politesse, ma grossièreté ; ma primitivité, ma civilisation ; mon sérieux, mon inconscience ; ma croyance, mon irréligion m'ont fait connaître tant de malheurs et de bonheurs nouveaux, tant de sentiments doubles que je me considère depuis plusieurs années comme le plus sensiblement humain de tous les hommes qui ont jamais vécu. »

Cette multiplicité remarquable associée à un désir insatiable, Cravan l'a parfaitement laissé entendre dans un passage, souvent cité, du poème « Hie ! » :

Je voudrais être à Vienne et à Calcutta,
Prendre tous les trains et tous les navires,
Forniquer toutes les femmes et bâfrer tous les plats.
Mondain, chimiste, putain, ivrogne, musicien, ouvrier,
peintre, acrobate, acteur ;
Vieillard, enfant, escroc, voyou, ange et noceur ;
millionnaire, bourgeois, cactus, girafe ou corbeau ;
Lâche, héros, nègre, singe, Don Juan, souteneur, lord,
paysan, chasseur, industriel,
Faune et flore :
Je suis toutes les choses, tous les hommes
et tous les animaux !
Que faire ?
Essayons du grand air,
Peut-être y pourrai-je quitter
Ma funeste pluralité !

MAINTENANT 15

HIE !

Quelle âme se disputera mon corps?
J'entends la musique:
Serai-je entrainé ?
J'aime tellement la danse
Et les folies physiques
Que je sens avec évidence
Que, si j'avais été jeune fille,
J'eusse mal tourné.
Mais, depuis que me voilà plongé
Dans la lecture de cet illustré,
Je jurerai n'avoir vu de ma vie
D'aussi féériques photographies:
L'océan paresseux berçant les cheminées,
Je vois dans le port, sur le pont des vapeurs,
Parmi les marchandises indéterminées,
Les matelots se mêler aux chauffeurs;
Des corps polis comme des machines,
Mille objets de la Chine,
Les modes et les inventions;
Puis, prêts à traverser la ville,
Dans la douceur des automobiles,

Arthur Cravan, «Hie!». *Maintenant*, n° 2 (juillet 1913), p. 15-18.

Les poètes et les boxeurs.
Ce soir, quelle est ma méprise,
Qu'avec tant de tristesse,
Tout me semble beau ?
L'argent qui est réel,
La paix, les vastes entreprises
Les autobus et les tombeaux ;
Les champs, le sport, les maîtresses,
Jusqu'à la vie inimitable des hôtels.
Je voudrais être à Vienne et à Calcutta,
Prendre tous les trains et tous les navires,
Forniquer toutes les femmes et bâfrer tous les plats.
Mondain, chimiste, putain, ivrogne, musicien, ouvrier, peintre,
[acrobate, acteur ;
Vieillard, enfant, escroc, voyou, ange et noceur; millionnaire,
[bourgeois, cactus, giraffe ou corbeau ;
Lâche, héros, nègre, singe, Don-Juan, souteneur, lord, paysan,
[chasseur, industriel,
Faune et flore :
Je suis toutes les choses, tous les hommes et tous les animaux !
Que faire ?
Essayons du grand air,
Peut-être y pourrai-je quitter
Ma funeste pluralité !

Et tandis que la lune,
Par delà les marronniers,
Attelle ses lévriers,
Et, qu'ainsi qu'en un kaléidoscope,
Mes abstrations
Elaborent les variations
Des accords
De mon corps;
Que mes doigts collés
Aux délices de mes clés
Absorbent de fraîches syncopes,
Sous des motions immortelles
Vibrent mes bretelles ;
Et piéton idéal
Du palais-Royal,
Je m'enivre avec candeur
Même des mauvaises odeurs.
Plein· d'un mélange
D'éléphant et d'ange,
Mon lecteur, je ballade sous la lune
Ta future infortune,
Armée de tant d'algèbre,
Que, sans désirs sensuels,
J'entrevois, fumoir du baiser,

Con, pipe, eau, Afrique et repos funèbre,
Derrière les stores apaisés,
Le calme des bordels.
Du baume, ô ma raison !
Tout Paris est atroce et je hais ma maison.
Déjà les cafés sont noirs.
Il ne reste, ô mes hystéries !
Que les claires écuries
Des urinoirs.
Je ne puis plus rester dehors.
Voici ton lit; sois bête et dors.
Mais, dernier des locataires,
Qui se gratte tristement les pieds,
Et, bien que tombant à moitié,
Si j'entendais sur la terre
Retentir les locomotives,
Que mes âmes poutanrt redeviendraient attentives !

Cependant, cette pluralité, néfaste ou féconde — il est difficile de trancher — n'est pas l'apanage du seul Cravan. Elle appartient justement au neveu de Rameau, lui qui se donne spontanément en spectacle au Café de la Régence, en mixant des chants et en imitant les voix : « Il entassait et brouillait ensemble trente airs italiens, français, tragiques, comiques, de toutes sortes de caractères. Tantôt avec une voix de basse-taille, il descendait jusqu'aux enfers ; tantôt s'égosillant et contrefaisant le fausset, il déchirait le haut des airs, imitant de la démarche, du maintien, du geste, les différents personnages chantants ; successivement furieux, radouci, impérieux, ricaneur. Ici, c'est une jeune fille qui pleure, et il en rend toute la minauderie ; là il est prêtre, il est roi, il est tyran, il menace, il commande, il s'emporte, il est esclave, il obéit. Il s'apaise, il se désole, il se plaint, il rit ; jamais hors de ton, de mesure, du sens des paroles et du caractère de l'air. » Mais outre les voix, le neveu de Rameau se mêle aussi de la partition des instruments : « Avec des joues renflées et bouffies, et un son rauque et sombre, il rendait les cors et les bassons ; il prenait un son éclatant et nasillard pour les hautbois ; précipitant sa voix avec une rapidité incroyable pour les instruments à cordes dont il cherchait les sons les plus approchés ; il sifflait les petites flûtes, il roucoulait les traversières, criant, chantant, se démenant comme un forcené, faisant lui seul les danseurs, les danseuses, les chanteuses, tout un orchestre, tout un théâtre lyrique, et se divisant en vingt rôles divers, courant, s'arrêtant avec l'air d'un énergumène, étincelant des yeux, écumant de la bouche. » La performance du neveu de Rameau ne s'arrête pas là, car son orchestration ne se limite pas aux voix et aux instruments, elle enregistre aussi les phénomènes de la nature : « Que ne lui vis-je pas faire ? Il pleurait, il criait, il soupirait ; il regardait ou attendri, ou tranquille, ou furieux ; c'était une femme qui se pâme de douleur ; c'était un malheureux livré à tout son désespoir ; un temple qui s'élève ; des oiseaux qui se taisent au soleil couchant ; des eaux ou qui murmurent dans un lieu solitaire et frais, ou qui descendent en torrent du haut des montagnes ; un orage, une tempête, la plainte de ceux qui vont périr, mêlée au sifflement des vents, au fracas du tonnerre. C'était la nuit avec ses ténèbres ; c'était l'ombre et le silence, car le silence même se peint avec des sons. Sa tête était tout à fait perdue. »

Alors que le neveu de Rameau exhibe son individualité multiple dans l'orchestration lyrique, Arthur Cravan l'extériorise dans la boxe, la revue *Maintenant* et dans la conférence à scandale.

D'ailleurs le poète sait bien qu'à la moindre étincelle, un simple air de jazz par exemple, son individualité multiple est prompte à tous les débordements. Les premiers vers de l'inépuisable poème « Hie ! » le disent explicitement :

Quelle âme se disputera mon corps?
J'entends la musique :
Serai-je entraîné?
J'aime tellement la danse
Et les folies physiques
Que je sens avec évidence
Que, si j'avais été jeune fille,
J'eusse mal tourné.

Théâtre philosophique du multiple

Unique rédacteur de la revue *Maintenant*, Fabian Lloyd est cette personnalité multiple signant tantôt sous le nom d'Arthur Cravan, tantôt sous les pseudonymes de W. Cooper, Édouard Archinard, Robert Miradique ou Marie Lowitska. Il promeut, sous la signature d'Édouard Archinard, ce moi multiple, mettant en garde contre toute tentative d'obstruction vis-à-vis de tel ou tel personnage qui nous appartiendrait :

Vous voudrez retrancher de vous certaines parts
Que vous désapprouvez voudrez faire la part
De ceci de cela donner à l'un carrière
L'autre le consigner avec une barrière
Cet autre révolté deviendra monstre armé.

Éclate aussitôt l'aveu du neveu d'Oscar Wilde, qu'il faut laisser parler son hérédité, sérieux gage de notre multiplicité :

Laissez-vous donc aimer tout ce que vous aimez
Acceptez-vous entier acceptez l'héritage
Dont vous êtes formés et transmis d'âge en âge
Jusqu'à votre entité. Restez mystérieux
Plutôt que d'être pur acceptez-vous nombreux.
La vague héréditaire est plus que vous puissante.[7]

En matière de généalogie et d'identité personnelle, Cravan semble vouloir tirer les leçons de Platon et de David Hume. En effet, dans *Le Banquet* de Platon, Socrate, s'en rapportant à la prêtresse Diotime, définit l'amour comme un être intermédiaire entre les dieux et les hommes, comme un démon. Cette fonction médiatrice du démon étant justement illustrée par le mythe de l'engendrement d'Éros. À l'issue d'un banquet des dieux célébrant la naissance d'Aphrodite, Poros ou Expédient, fils de Métis, s'assoupit, assommé par l'ivresse. Or, survient la mendiante Pénia ou Pauvreté qui se couche auprès d'Expédient pour avoir un enfant. Le démon Éros est le fruit ou la synthèse des contraires, d'un immortel et d'une mortelle, de la richesse et de la pauvreté, de la plénitude et du manque.

Si l'on se fie à l'autobiographie de Cravan, la naissance à Lausanne le 22 mai 1887 cadre assez avec le mythe du *Banquet* sur la naissance

7. Édouard Archinard, « Des paroles », dans *Maintenant* n° 2, juillet 1913, p. 11-12.

d'Éros. Le portrait du père, riche rentier, « énorme fainéant », « ténébreux en amour » contraste singulièrement avec celui de la mère, pauvre, travailleuse et plutôt frigide. Un géniteur dilettante et réservé, une génitrice enjouée et franche, « une de ces belles exaltées de province ». Il y a de surcroît une phrase qui ne trompe pas, indiquant clairement que la mère de Cravan fut une Pénia à l'assaut de Poros : « Je crois qu'en épousant mon père elle n'éprouva aucun amour mais que seule la question argent dirigea son choix. » Il reste que Cravan, résultat des tribulations de Clara St-Clair Hutchinson et d'Otho Holland Lloyd, est lui-même un démon amoureux, combinant les contraires du père et de la mère, unissant les corps et les âmes, enfantant par désir et initiant à la beauté.

Toutefois la leçon mystique de Diotime du *Banquet* doit être complétée par la critique de l'identité personnelle opérée par Hume dans son *Traité de la nature humaine*, où le philosophe écossais s'inscrit en faux contre la permanence de la conscience ou la simplicité du je pense : « L'esprit est une sorte de théâtre où diverses perceptions font successivement leur apparition ; elles passent, repassent, glissent sans arrêt et se mêlent en une infinie variété de conditions et de situations[8]. » Nul doute que Diderot fasse écho à David Hume quand il entreprend de décrire avec force détails le « théâtre lyrique » du neveu de Rameau au Café de la Régence.

La théâtralisation des impressions et des idées, chère au philosophe empiriste, le romancier Diderot en aura été le metteur en scène avec le one man show du neveu de Rameau. Ce sera ensuite au tour du poète Arthur Rimbaud d'incarner ce « théâtre lyrique », qui confessera : « Je devins un opéra fabuleux : je vis que tous les êtres ont une fatalité de bonheur [...] À chaque être, plusieurs autres vies me semblaient dues[9]. » Ainsi la généalogie du moi multiple d'Arthur

8. David Hume, *Traité de la nature humaine*, livre I, quatrième partie, section 6, trad. A. Leroy.
9. Arthur Rimbaud, *Une Saison en enfer*, « Délires II », « Alchimie du verbe ».

Cravan passe par l'éros de Platon, la scène empiriste et sceptique de Hume, le théâtre lyrique du neveu de Rameau, l'opéra fabuleux d'Arthur Rimbaud.

Le Juif et les deux neveux

Au cours du dialogue animé entre Diderot et le neveu de Rameau, ce dernier relate les exploits du « renégat d'Avignon », un des plus grands et atroces vauriens en duplicité et tromperie. Après avoir amadoué un riche Juif, en particulier en laissant entendre qu'il sympathisait avec son culte, le « renégat d'Avignon » annonça un jour à son bienfaiteur qu'ils étaient tous deux « perdus », étant sous le coup d'une dénonciation à l'Inquisition, l'un comme Juif, l'autre comme catholique renégat. Il réussit alors à convaincre son protecteur et ami de fuir ensemble après avoir liquidé ses biens. Mais étant justement le délateur, il s'arrangea pour que la sainte Inquisition s'emparât du Juif et le brûlât, pendant qu'il débarrassait le plancher et raflait sa fortune.

Un autre Juif opulent intervient, sur un mode plus comique que dramatique, dans le roman. C'était l'époque où le neveu de Rameau séjournait à Utrecht et vivait à ses dépens. Ce Juif avait chargé un grison, autrement dit un valet vêtu de gris spécialisé dans les missions clandestines, de proposer à une courtisane une coquette lettre de change pour le prix de ses charmes. Devant le refus de la courtisane, le grison proposa au Juif de lui céder sa jolie femme contre la lettre. Ce qui fut fait. Mais quand la lettre de change vint à échéance, le Juif refusa de l'honorer, convaincu que le grison n'oserait pas ébruiter l'affaire. Le grison s'entêta et le juge trancha. Les deux parties furent blâmées. Et la valeur de la lettre de change échut aux pauvres.

Lors de sa visite à André Gide, Arthur Cravan ne se prive pas de débiner les écrivains vivants, tout en faisant curieusement un sort aux écrivains juifs : « La littérature revenant sur le tapis, j'en profitai pour dire du mal d'au moins deux cents auteurs vivants, des écrivains juifs, et de Charles-Henry Hirsch en particulier, et d'ajouter : "Heine est le Christ des écrivains juifs modernes". » En fait, ces propos de Cravan, même s'ils reflètent une humeur massacrante, visent surtout à établir une apparence de connivence avec l'interlocuteur, pour mieux le démasquer : « Je jetais de temps à autre de discrets et malicieux coups d'œil à mon hôte, qui me récompensait de rires étouffés [...][10] »

On aura une idée du jeu de massacre, mais cette fois-ci au détriment des peintres, à la lecture du numéro spécial de *Maintenant* sur l'Exposition des Indépendants[11]. On s'en tiendra, toutefois, à l'attaque portée par Cravan contre le « juif *Apollinaire* » : « *De La Fresnaye*, j'avais déjà remarqué son envoi au Salon d'Automne, car sa toile était fraîche. Je suis prêt à donner cent francs à qui peut me montrer vingt toiles fraîches dans une exposition. [...] J'ignore si la critique du juif *Apollinaire* – je n'ai aucun préjugé contre les juifs, préférant, la plupart du temps, un juif à un protestant – lui donna de l'incertitude, quand cette espèce de *Catulle Mendès* déclara dans une de ses critiques qu'il était le disciple de *Delaunay*. Se laissa-t-il prendre à pareille fourberie ? » Pour avoir écrit dans *Les Soirées de Paris* que *La Conquête de l'air* de Roger de La Fresnaye était une des toiles les plus intéressantes du Salon d'Automne de 1913 et que ce tableau témoignait d'une influence de Robert Delaunay[12], Apollinaire est accusé par Cravan d'avoir fourvoyé La Fresnaye en l'entraînant dans le sillage de Delaunay.

Il faut aussi noter cette touche finale à l'article sur le Salon des Indépendants, où le neveu de Wilde refuse d'être rangé dans la famille d'Apollinaire ou de Marinetti : « P.S. – Ne pouvant pas me défendre contre les critiques qui ont hypocritement insinué que je m'apparentais soit à Apollinaire ou à Marinetti, je viens les avertir

10. Arthur Cravan, « André Gide », *Maintenant*, n° 2, juillet 1913.

11. Le scandaleux *Maintenant* n° 4 de mars-avril 1914 étant vite épuisé, Cravan en proposa une « Nouvelle Édition augmentée ».

12. Guillaume Apollinaire, « Salon d'automne », *Les Soirées de Paris*, 15 novembre 1913 : « Dans le très petit nombre de toiles intéressantes, figure, dans le premier rang, *La Conquête de l'air*, de Roger de La Fresnaye, lucidement composée et distinguée. Aussi influence de Delaunay. Dans ce tableau simple et clair, je rencontre un souci bien héroïque aujourd'hui, de ne pas chercher à étonner. » Voir *Œuvres en prose complètes*, II, éd. P. Caizergues et M. Décaudin, Gallimard, 1991, p. 618.

que, s'ils recommencent, je leur tordrai les parties sexuelles. » Rappelons que, dans son manifeste « L'Antitradition futuriste » du 29 juin 1913, Apollinaire disait carrément merde, entre autres, aux critiques, aux pédagogues, aux musées, aux académismes, au scientisme, mais aussi aux dandysmes et aux dilettantismes merdoyants, ce qui ne pouvait qu'énerver le neveu d'Oscar Wilde, alors qu'en contrepartie il offrait une rose à Marinetti, Picasso, Boccioni, Apollinaire, Paul Fort, Mercereau, Max Jacob, Carrà, Delaunay, Henri-Matisse, Braque, Depaquit, Séverine, Severini, Derain, Russolo, Archipenko, etc.

Pourquoi Cravan, qui se pique de n'avoir aucun préjugé antisémite, a-t-il épinglé Apollinaire comme Juif ? Pire encore, pourquoi, dans l'édition augmentée du numéro scandaleux de *Maintenant*, persiste-t-il et signe-t-il ? En effet, d'abord il glisse subrepticement dans son article une nouvelle pique contre Apollinaire : « Archipenko, t'es rien toc. Bien que le juif et sérieux Apollinaire ait écrit dans une de ses dernières critiques : "que ceux qui rient d'Archipenko soient à plaindre", je trouve que ceux qui rient devant une fumisterie ou un chef-d'œuvre sont des gens heureux[13]. » Ensuite, sous le titre « 1re Clôture d'un Incident », il publie un compte rendu passablement bouffon sur ses

13. Apollinaire, dès son article dans *L'Intransigeant* du 28 février 1914 sur l'avant-vernissage du Salon des Indépendants, fait un éloge appuyé d'Archipenko : « L'envoi le plus nouveau c'est à mon avis celui d'Archipenko, sculpture polychrome faite de matières diverses : le verre, le bois et le fer s'y combinent de la façon la plus nouvelle et la plus heureuse. » Mais alors qu'il collabore à *L'Intransigeant* depuis quatre ans, ses positions esthétiques commencent à être contestées au sein même de la rédaction. D'une part, *L'Intransigeant* du 1er mars 1914 publie sous le titre « Le Salon où l'on s'amuse / Au vernissage des Indépendants / Cubistes, expressionnistes, fumistes et statuaires en tôle de verre », un article d'Émile Deflin défiant Apollinaire : « Il y a toujours tant d'humoristes au Palais des Indépendants qu'on y va surtout pour rire. [...] Je vous recommanderai seulement [...] des statues en tôle gondolée (et gondolante), vernie, coloriée, – amoncellement de tuyaux de cheminée, cornets à oublies, plaques tournantes, gouttières et poubelles [...] » D'autre part, le lendemain, tandis qu'Apollinaire revient longuement sur les sculptures d'Archipenko en précisant : « je plains beaucoup ceux qui ne seraient pas sensibles au charme et à l'élégance de ce gondolier, statue noire et mince [...] », le journal publie en première page sous le titre « Statue en tôle et verre au Salon des Indépendants », une photo ainsi légendée : « Nous reproduisons ici la photographie de l'œuvre d'art (?) qu'apprécie plus loin, sous sa responsabilité, notre collaborateur Guillaume Apollinaire. » Le collaborateur régulier de *L'Intransigeant*, après trois articles, du 3, 4 et 5 mars sur le Salon des Indépendants, n'aura plus qu'à démissionner. Toutefois, le critique d'art ne sera pas au bout de ses peines, car ayant parlé, dans son article du 5 mars, de « futurisme tournoyant » à propos d'une toile de Delaunay et ayant attribué à ce dernier une influence sur Ottmann, dès le lendemain le journal publiait une lettre de protestation de Delaunay, déclarant n'avoir jamais été futuriste, et une autre d'Ottmann, affirmant ne pas subir l'influence de Delaunay. La polémique couve encore le 8 mars, notamment avec une lettre des futuristes Carrà, Papini et Soffici. Enfin, tout s'apaise le 11 mars, avec la publication d'un procès-verbal, à l'issue de la rencontre entre les témoins d'Apollinaire et d'Ottmann. Voir pour tout cet épisode *Œuvres en prose complètes*, II, p. 645-650.

démêlés avec Apollinaire et Marie Laurencin. Tout est traité par la dérision : le chapeau de présentation, la lettre de repentir, comme le procès-verbal cosigné par les deux témoins d'Apollinaire et Cravan. Car tout en reconnaissant dans sa lettre qu'Apollinaire est catholique romain et non juif, Cravan utilise ici et là, contre vents et marées, l'expression litigieuse : « le juif Guillaume Apollinaire ».

Cravan ne cache pas sa stratégie de provocation : « Si j'écris c'est pour faire enrager mes confrères, pour faire parler de moi et tenter de me faire un nom. » Il ne cèle pas non plus ses penchants primitivistes et son goût pour la boxe : « je préfère un jaune à un blanc, un nègre à un jaune et un nègre boxeur à un nègre étudiant. » Et s'il pourfend la peinture, d'inspiration futuriste, de Robert Delaunay, c'est parce qu'elle ne refléterait pas son sacré toupet et son physique de brute.

La visite au protestant et homosexuel André Gide avait au moins deux motifs : 1. Rendre la monnaie de sa pièce à celui qui avait jadis commis un petit ouvrage sur Oscar Wilde, jugé désobligeant ; 2. Dégommer l'écrivain ayant pignon sur rue. Mais pourquoi Cravan s'en prend-il au « juif Apollinaire » ? Pour le plaisir de surenchérir sur l'avant-garde moderne et scandaleuse, symbolisée par Apollinaire et Marinetti. Mais alors pourquoi appuyer sur le thème du Juif ? Très certainement pour singer Apollinaire qui dès 1908 était entré en polémique avec Charles-Henry Hirsch, allergique à la nouveauté et partisan de la clarté en poésie, Charles-Henry Hirsch, l'ami et l'admirateur de Catulle Mendès. À sa façon, en parlant du « juif Apollinaire », Cravan veut remuer le couteau dans la plaie. D'ailleurs, on peut se demander qui est le plus inconséquent dans cette affaire : celui qui traite l'autre de « Juif » et de « Catulle Mendès » ou celui qui envoie ses témoins, sous prétexte qu'il n'est pas juif ? Bizarrement, en juillet 1914, peu après l'offense faite par Cravan, Apollinaire parlera longuement des « Anecdotes de Willy sur Catulle Mendès » où il se souviendra avoir rencontré Catulle Mendès en compagnie de Charles-Henry Hirsch et citera, comme pour mieux marquer ses distances, le seul vers de Catulle Mendès connu de lui : « Le jet d'eau qui monta n'est pas redescendu », un vers assez ridicule[14].

Raté et vaurien, car privé du génie de son oncle, le neveu de Rameau a conscience, semble-t-il, que le Juif, bouc-émissaire ou escroc, gravite comme lui dans les marges. Tout aussi raté et vaurien, Cravan rencontre quant à lui la figure beaucoup moins marginale que minoritaire et émancipée du Juif. Dès lors, comme il entend renouveler les exploits de son oncle Oscar Wilde dans l'espace planétaire et démocratique du cirque publicitaire, il balaye d'un revers de main les catégories génériques d'écrivain ou d'artiste et essaie de déboulonner les stars du moment, les individus en vue, comme André Gide, Marinetti ou « le juif Apollinaire », ses principaux concurrents, qu'il désigne nommément.

Trop individualistes et marginaux pour partager le mépris anti-judaïque ou la haine antisémite, si répandus alors en Europe, les deux neveux ont en fait recours au Juif pour dire ce qu'ils sont ou ce à quoi ils aspirent. Mais, à travers le Juif, quand l'un cultive son désespoir de raté, l'autre affirme son dandysme, son génie et son excentricité. Deux contre-exemples viennent montrer que le terrain où se meuvent les deux neveux n'est pas des plus prosaïques. Dans un article de *La N.R.F.* d'avril 1920, André Gide, qui s'accommoderait d'un Dada bien français, relève que Tristan Tzara est étranger et juif[15]. Gide est ici tout bêtement xénophobe. Ou encore, lorsque, dans une lettre de protestation du 18 novembre 1922 adressée au directeur de *Littérature*, Tristan

14. Voir dans *Œuvres complètes en prose*, II, p. 1057, ce qu'écrit Apollinaire aussitôt après avoir cité ce vers : « J'y pense chaque fois que je lis les critiques de Charles-Henry Hirsch touchant l'obscurité en poésie et je me demande alors si ce seul vers que je sache du poète qu'il admire est plus clair ou plutôt moins abscons que la plupart des poèmes réputés obscurs. » De plus, voir la note qui rétablit le vers de Catulle Mendès, tiré de *Hespérus* (1869) : « Un jet d'eau qui montait n'est point redescendu ».

15. André Gide : « On me dit qu'il est étranger. Je m'en persuade aisément. / Juif. – J'allais le dire. / On me dit qu'il ne signe pas de son vrai nom ; et volontiers je croirai que Dada n'est même qu'un pseudonyme. » (*La N.R.F.* n°79, 1er avril 1920, p. 477).

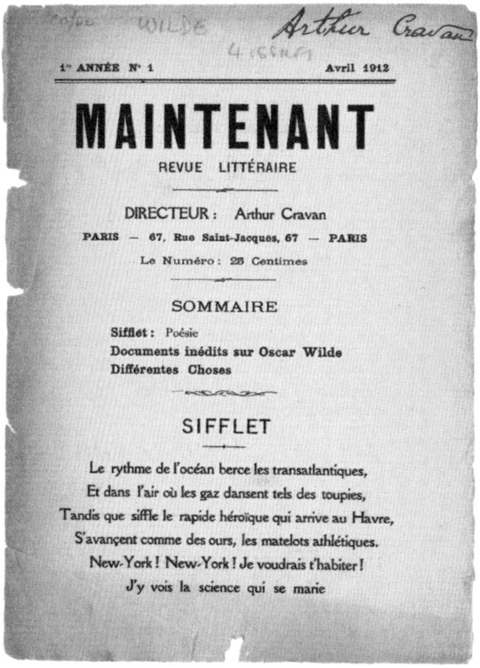
Arthur Cravan

1re ANNÉE N° 1 Avril 1912

MAINTENANT

REVUE LITTÉRAIRE

DIRECTEUR : Arthur Cravan

PARIS — 67, Rue Saint-Jacques, 67 — PARIS

Le Numéro : 25 Centimes

SOMMAIRE

Sifflet : Poésie
Documents inédits sur Oscar Wilde
Différentes Choses

SIFFLET

Le rythme de l'océan berce les transatlantiques,
Et dans l'air où les gaz dansent tels des toupies,
Tandis que siffle le rapide héroïque qui arrive au Havre,
S'avançent comme des ours, les matelots athlétiques.
New-York ! New-York ! Je voudrais t'habiter !
J'y vois la science qui se marie

Maintenant, n° 1 (avril 1912)

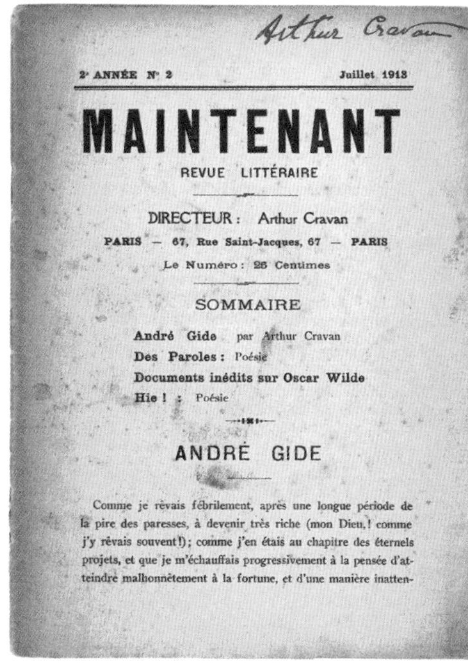
Arthur Cravan

2e ANNÉE N° 2 Juillet 1913

MAINTENANT

REVUE LITTÉRAIRE

DIRECTEUR : Arthur Cravan

PARIS — 67, Rue Saint-Jacques, 67 — PARIS

Le Numéro : 25 Centimes

SOMMAIRE

André Gide par Arthur Cravan
Des Paroles : Poésie
Documents inédits sur Oscar Wilde
Hie ! : Poésie

ANDRÉ GIDE

Comme je rêvais fébrilement, après une longue période de la pire des paresses, à devenir très riche (mon Dieu ! comme j'y rêvais souvent !) ; comme j'en étais au chapitre des éternels projets, et que je m'échauffais progressivement à la pensée d'atteindre malhonnêtement à la fortune, et d'une manière inatten-

Maintenant, n° 2 (juillet 1913)

Nouvelle Edition augmentée — *Numéro Spécial*

3e ANNÉE N° 4 Mars-Avril 1914

MAINTENANT

REVUE LITTÉRAIRE

DIRECTEUR : Arthur Cravan

PARIS — 29, Avenue de l'Observatoire, 29 — PARIS

Le Numéro : 25 Centimes

SOMMAIRE

L'Exposition des Indépendants .... par Arthur Cravan

L'Exposition des Indépendants

Les peintres, — ils sont 2 ou 3 en France, ont vraiment peu de représentations, et je me figure facilement leur état de mort, quand, durant de longs mois, ils ne paraissent

Maintenant, n° 4, nouvelle édition augmentée (mars-avril 1914)

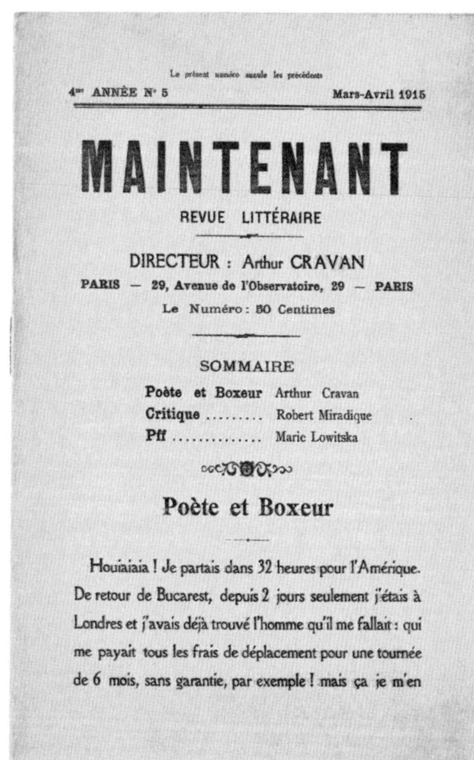
Le présent numéro annule les précédents

4me ANNÉE N° 5 Mars-Avril 1915

MAINTENANT

REVUE LITTÉRAIRE

DIRECTEUR : Arthur CRAVAN

PARIS — 29, Avenue de l'Observatoire, 29 — PARIS

Le Numéro : 50 Centimes

SOMMAIRE

Poète et Boxeur Arthur Cravan
Critique .... Robert Miradique
Pff .... Marie Lowitska

Poète et Boxeur

Houïaïaïa ! Je partais dans 32 heures pour l'Amérique. De retour de Bucarest, depuis 2 jours seulement j'étais à Londres et j'avais déjà trouvé l'homme qu'il me fallait : qui me payait tous les frais de déplacement pour une tournée de 6 mois, sans garantie, par exemple ! mais ça je m'en

Maintenant, n° 5 (mars-avril 1915)

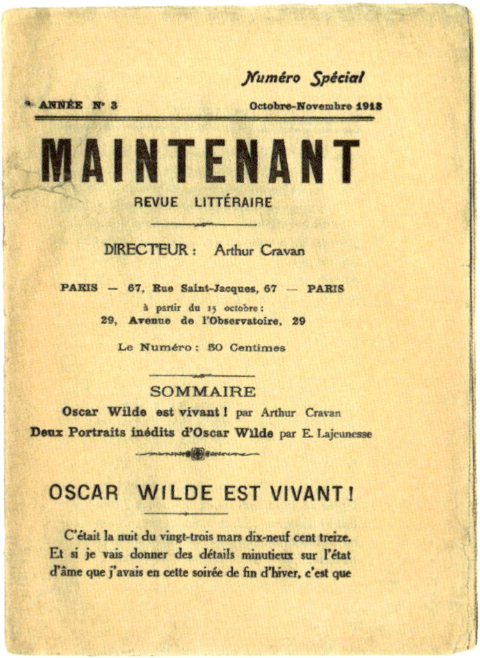

Numéro Spécial

3e ANNÉE N° 3 Octobre-Novembre 1913

MAINTENANT

REVUE LITTÉRAIRE

DIRECTEUR : Arthur Cravan

PARIS — 67, Rue Saint-Jacques, 67 — PARIS
à partir du 15 octobre :
29, Avenue de l'Observatoire, 29

Le Numéro : 50 Centimes

SOMMAIRE

Oscar Wilde est vivant ! par Arthur Cravan
Deux Portraits inédits d'Oscar Wilde par E. Lajeunesse

OSCAR WILDE EST VIVANT !

C'était la nuit du vingt-trois mars dix-neuf cent treize. Et si je vais donner des détails minutieux sur l'état d'âme que j'avais en cette soirée de fin d'hiver, c'est que

Maintenant, nº 3 (octobre-novembre 1913)

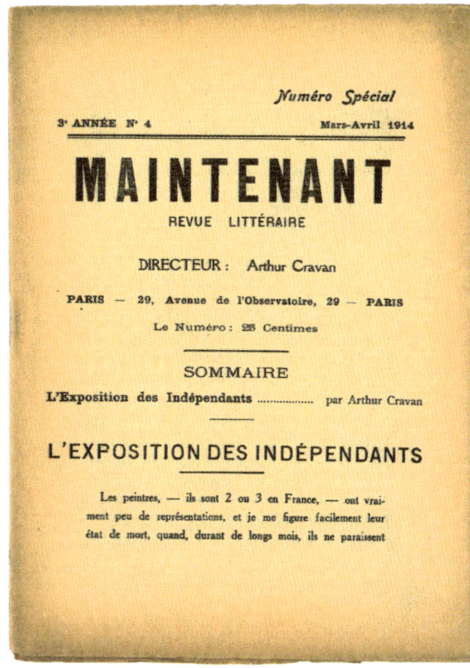

Numéro Spécial

3e ANNÉE N° 4 Mars-Avril 1914

MAINTENANT

REVUE LITTÉRAIRE

DIRECTEUR : Arthur Cravan

PARIS — 29, Avenue de l'Observatoire, 29 — PARIS

Le Numéro : 25 Centimes

SOMMAIRE

L'Exposition des Indépendants .... par Arthur Cravan

L'EXPOSITION DES INDÉPENDANTS

Les peintres, — ils sont 2 ou 3 en France, — ont vraiment peu de représentations, et je me figure facilement leur état de mort, quand, durant de longs mois, ils ne paraissent

Maintenant, nº 4 (mars-avril 1914)

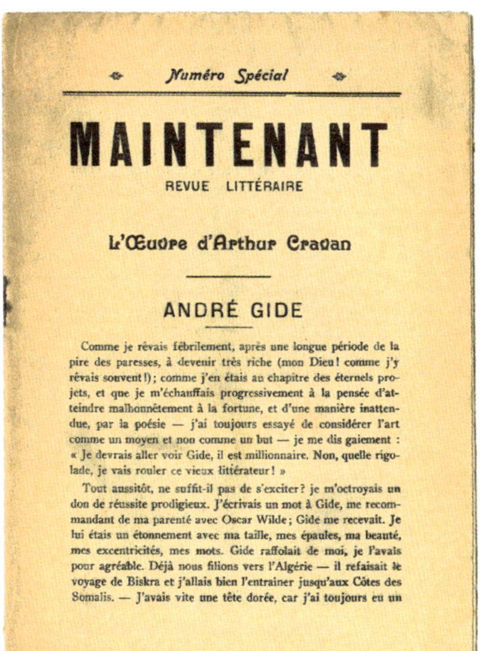

Numéro Spécial

MAINTENANT

REVUE LITTÉRAIRE

L'Œuvre d'Arthur Cravan

ANDRÉ GIDE

Comme je rêvais fébrilement, après une longue période de la pire des paresses, à devenir très riche (mon Dieu ! comme j'y rêvais souvent !) ; comme j'en étais au chapitre des éternels projets, et que je m'échauffais progressivement à la pensée d'atteindre malhonnêtement à la fortune, et d'une manière inattendue, par la poésie — j'ai toujours essayé de considérer l'art comme un moyen et non comme un but — je me dis gaiement : « Je devrais aller voir Gide, il est millionnaire. Non, quelle rigolade, je vais rouler ce vieux littérateur ! »

Tout aussitôt, ne suffit-il pas de s'exciter ? je m'octroyais un don de réussite prodigieux. J'écrivais un mot à Gide, me recommandant de ma parenté avec Oscar Wilde ; Gide me recevait. Je lui étais un étonnement avec ma taille, mes épaules, ma beauté, mes excentricités, mes mots. Gide raffolait de moi, je l'avais pour agréable. Déjà nous filions vers l'Algérie — il refaisait le voyage de Biskra et j'allais bien l'entraîner jusqu'aux Côtes des Somalis. — J'avais vite une tête dorée, car j'ai toujours eu un

Maintenant, édition spéciale,
(avril 1912-mars 1915)

Bourgeois 2
Fénéon 2, 2
Schlumberger 1
Van Dongen 1
Henri Guilbeaux 1
André Gide 1
Jacques Morland 1
Henry Davray 1
Franc Nohain (Echo de Paris) 1
Kee 4
Otto Lloyd 1
Sonnenfeld 1
Hayden 1
Rodrigue 1
Jourdain 6
Paul Fort 1
Severini 1
Jean Cocteau 1
Gustave Kahn 1
Rosny aîné 1
Saint-Georges de Bouhélier 1
Le Parthénon 1
Renaissance Contemporaine 1
Georges de Porto Riche 1
Hommes du Jour 1
Monsieur Poincaré 1
Kahnweiler 4
Salmon 1 et 1 premier numéro.
L'Intransigeant 1
Alphonse Séché 1
Marinetti 1

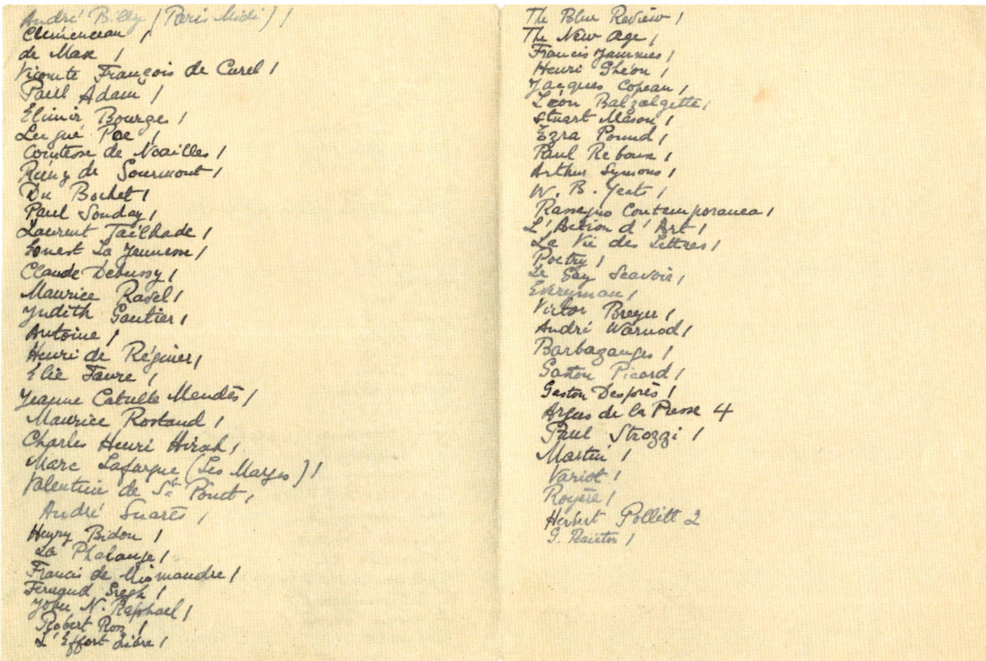
André Billy (Paris Midi) /
Clemenceau /
de Max /
Vicomte François de Curel /
Paul Adam /
Elémir Bourges /
Lugné Poe /
Comtesse de Noailles /
Rémy de Gourmont /
Du Bochet /
Paul Souday /
Laurent Tailhade /
Ernest La Jeunesse /
Claude Debussy /
Maurice Ravel /
Judith Gautier /
Antoine /
Henri de Régnier /
Élie Faure /
Jeanne Catulle Mendès /
Maurice Rostand /
Charles Henri Hirsch /
Marc Lafargue (Les Marges) /
Valentine de St Point /
André Suarès /
Henry Bidou /
La Phalange /
Francis de Miomandre /
Fernand Gregh /
John N. Raphael /
Robert Ross /
L'Effort Libre /

The Blue Review /
The New Age /
Francis Jammes /
Henri Ghéon /
Jacques Copeau /
Léon Balzalgette /
Stuart Mason /
Ezra Pound /
Paul Reboux /
Arthur Symons /
W. B. Yeats /
Rassegna Contemporanea /
L'Action d'Art /
La Vie des Lettres /
Poetry /
Le Gay Scavoir /
Everyman /
Victor Barrucand /
André Warnod /
Barbazanges /
Gaston Picard /
Gaston Després /
Argus de la Presse 4
Paul Strozzi /
Martini /
Variot /
Royère /
Herbert Pollitt 2
G. Raitter /

Service de presse de Maintenant, s. d.

Eugène Atget, *Balcon, rue Saint-Jacques, 67*, 1913

Tzara se déchaîne contre son ancien ami Picabia, qualifié, entre autres, de « petit demi-juif espagnol », ce dernier propos peut être simplement mis sur le compte du ressentiment personnel[16].

La visite d'Oscar Wilde

Dans la nuit du 23 mars 1913, tout au moins c'est ce que raconte Arthur Cravan dans le numéro spécial de *Maintenant* d'octobre-novembre 1913, un étranger est venu sonner à sa porte, au 67, rue Saint-Jacques, se présentant sous le nom de Sébastien Melmoth. Ce fut un choc et une effusion mémorable entre Fabian Lloyd et Oscar Wilde, très officiellement mort le 30 novembre 1900. Entre le neveu et l'oncle, qui avait lui-même emprunté à son grand-oncle Charles Maturin, le nom du héros de son roman noir *Melmoth ou l'homme errant*. Coup double ! Alors qu'il n'avait pas rencontré le beau-frère de son père quand il était enfant, Arthur Cravan pouvait enfin l'étreindre et proclamer bien haut qu'Oscar Wilde, un Oscar Wilde certes les cheveux blanchis, était toujours vivant. Toutefois, la rencontre n'allait pas se résumer à des embrassades familiales, elle allait laisser éclater le génie trouble des deux protagonistes, en particulier le maintien expectatif, presque timide de l'un et l'humour expansif, voire agressif de l'autre. Car ce qui apparaît à la fois comme un événement hors norme et un énorme canular nous entraîne sur la voie escarpée du neveu de Rameau hanté par le génie de son oncle et sur la voie ascendante d'un André Breton qui ne cessera d'être visité tout au long de l'existence, durant ses rêves comme dans la veille, par le fantôme de Jacques Vaché, l'inventeur de l'humour sans h, disparu prématurément le jour de l'Épiphanie de 1919.

En tout cas, pour donner plus de corps à la réapparition d'Oscar Wilde, Cravan n'hésita pas à contacter le correspondant du *New York Times* à Paris, qui propagea la nouvelle sensationnelle dans

16. Voici la réplique, ajustée et cinglante, de Picabia : « Moi, qu'il traite de demi-juif, je ne ferai pas à Tzara l'honneur que lui fit André Gide en le traitant de Juif, je pense simplement qu'il est un petit con… » La lettre de Tzara protestant contre l'article « Condoléances » de Francis Picabia paru dans *Littérature* n° 6 du 1er novembre 1922, de même que la réponse de Picabia, qui fait une longue mise au point sur ses rapports avec Tzara, ont été insérées par André Breton dans son exemplaire de *Littérature* n° 6.

l'édition du 9 novembre 1913. Le journaliste argua qu'au cours de son enquête il n'avait pu retrouver une seule personne ayant vu de près le cadavre de Wilde. Il fit aussi savoir que le neveu d'Oscar Wilde réclamait l'ouverture du cercueil de son oncle, étant même prêt à verser 5 000 dollars dans le cas où ses dires seraient infirmés.

Il paraît étrange que Cravan ait attendu le numéro de *Maintenant* d'octobre-novembre 1913 pour révéler l'apparition de son oncle du 23 mars, alors qu'il aurait pu la relater dans le numéro de juillet. De plus, comme ce numéro de juillet a mis en vedette la visite à André Gide, se pose la question, tout au moins dans l'imaginaire du poète boxeur, de la chronologie des deux visites. À l'automne 1913, Cravan voulait-il se persuader, et nous persuader, qu'il avait été visité par Wilde avant de rendre visite à Gide ? Mais n'est-ce pas justement le contraire ? N'a-t-il pas eu l'idée de la visite de Wilde, après avoir rencontré *de visu* André Gide ?

Procédons à une comparaison. Le 10 octobre 1921, de passage à Vienne, le dada-surréaliste André Breton prend rendez-vous avec Freud, sans doute pour tester l'admiration qu'il lui porte. Il sort un peu déçu de son entrevue avec le psychanalyste. Mais le ton de reporter qu'il adopte dans son article sur le professeur Freud n'est pas sans rappeler la manière cavalière de Cravan furetant dans la maison d'André Gide. Il reste que Cravan avait de sérieuses raisons d'approcher l'écrivain Gide. Il devait estimer que le jeune André Gide qui avait rencontré son oncle Wilde à Paris, l'avait croisé à Biskra et à Alger, visité à Berneval puis revu à Paris, pouvait lui transmettre, en tant que fan de l'homme Wilde et de ses écrits, sinon quelque secret, du moins un message ou un détail significatif. Il n'en fut rien. Même quand il tendit la perche à son hôte, en lançant dans la conversation le nom de Charles-Henry Hirsch, l'ami de Catulle Mendès, André Gide ne broncha pas. L'auteur des *Nourritures terrestres* aurait pu sauter sur l'occasion et se prévaloir de n'avoir pas désavoué Wilde après son procès, à la différence de Catulle Mendès qui, s'étant senti offensé d'être compté parmi les familiers de Wilde, s'était battu en duel avec le journaliste Jules Huret[17].

La visite à André Gide ne donna rien, sinon un bon prétexte pour mettre en boîte le bonhomme et l'écrivain. Arthur Cravan ne s'est surtout pas privé d'un mot moqueur: « On dira peut-être de moi que j'ai des mœurs d'Androgide. Le dira-t-on ? » Dès lors, n'ayant pas eu accès à l'oncle Wilde via André Gide, Cravan n'avait plus qu'à organiser sa résurrection et raconter par le menu comment il avait dévisagé, touché, embrassé, insulté, etc., le saint homme Oscar Wilde. D'autant plus que dans le corps de l'article deux dessins d'Ernest La Jeunesse de 1900 croquant Oscar Wilde venaient compléter le tableau.

Ernest La Jeunesse et Oscar Wilde

Il y a dans *Le Flâneur des deux rives* (ouvrage d'Apollinaire paru en 1918) une étonnante chronique intitulée « Du "Napo" à la chambre d'Ernest La Jeunesse », qui narre un bizarre jeu de piste conduisant Guillaume Apollinaire des grands boulevards, où se situe le Café napolitain, quartier général d'Ernest La Jeunesse et de Catulle Mendès, à la chambre d'hôtel du même Ernest La Jeunesse, du côté de la Bastille. Un jour de 1907, Apollinaire voit voler un morceau de papier sur le boulevard des Italiens. Au moment de s'en saisir, il est interpellé, depuis un troisième étage, par un personnage qui lui demande de garder le papier, le temps qu'il descende. On passera sur l'étrange série de petits faits qui s'ensuivent et on retiendra seulement qu'Apollinaire conserva le document sur lequel était crayonné un rébus, qu'il s'appliqua à déchiffrer ainsi: « *R n'est là, genèse* », autrement dit Ernest La Jeunesse.

17. Jules Huret écrit dans *Le Figaro* du 13 avril 1895: « La vérité, c'est que M. Oscar Wilde était très fêté dans plusieurs centres. / Ses familiers étaient, croyons-nous, dans le monde des lettres et des arts, MM. Jean Lorrain, Catulle Mendès, Marcel Schwob et autres écrivains subtils. » Lorrain publie une mise au point, niant toute intimité avec Wilde. Schwob envoie ses témoins, le différend s'apaise. Mais au fil des jours, le ton monte entre Catulle Mendès et le journaliste. L'écrivain finit par demander réparation par les armes. Le 17 avril, au premier engagement d'un duel à l'épée, Catulle Mendès est blessé à l'avant-bras. Voir Richard Ellmann, *Oscar Wilde*, trad. M. Tadié et P. Delamare, Gallimard, 1995, p. 492.

Apollinaire se résolut d'aller trouver l'auteur de *L'Imitation de notre maître Napoléon*, autrement dit Ernest La Jeunesse, qu'il n'avait finalement encore jamais rencontré, jusque dans sa chambre d'hôtel. Une chambre encombrée jusqu'au plafond de livres à belles reliures, d'émaux, de boussoles, de gemmes, de statuettes africaines, de cannes, d'armes, de casques, etc., les murs recouverts de miniatures représentant des militaires, sans compter, sur une table ronde, une collection de bonbons anciens et de figurines de sucre colorié. Amoncellement d'objets préfigurant celui du pigeonnier d'Apollinaire ou de l'atelier d'André Breton.

Apollinaire note que cet écrivain lorrain « débuta par un singulier coup de maître : l'éloge d'Édouard Drumont qui, ne sachant pas qu'Ernest La Jeunesse était israélite, fit un article enthousiaste sur son premier livre », *Les Nuits, les Ennuis et les Âmes de nos plus notoires contemporains*. Il indique aussi que ce boulevardier fit dans *Cinq ans chez les sauvages* « le récit poignant de l'enterrement d'Oscar Wilde[18] ».

C'est le moment d'évoquer ici des propos échangés par Oscar Wilde et Catulle Mendès au Café napolitain, en présence d'Ernest la Jeunesse. Oscar Wilde mit en avant les paradoxes, dont regorgerait le Nouveau Testament, et qui seraient les seules vérités, ou plutôt demi-vérités admissibles. Catulle Mendès, pour sa part, lancé sur le terrain de la poésie, se déchaîna aussi bien contre Mallarmé que contre Paul Fort ou Henri de Régnier. Et Wilde trouva amusante la sortie de Catulle Mendès[19]. Au fond, les paradoxes de Wilde et la diatribe de Mendès résument assez la problématique adoptée par Arthur Cravan. En effet, le poète boxeur, à l'instar de Catulle Mendès, s'emportera contre les artistes et les écrivains. Mais parmi ces derniers, et c'est là le paradoxe, il se fera un plaisir de taper

---

18. Guillaume Apollinaire, *Le Flâneur des deux rives*, dans *Œuvres en prose complètes*, III, p. 27-33.
19. Voir Richard Elmman, *Oscar Wilde*, p. 382-383.

sur Catulle Mendès et Charles-Henry Hirsch, sur André Gide et Guillaume Apollinaire.

C'est aussi le moment de revenir au thème du Juif, sachant que l'affaire Wilde est quasi contemporaine de l'affaire Dreyfus. Or, Oscar Wilde poussera loin le paradoxe en allant jusqu'à s'acoquiner avec le commandant Esterhazy, l'accusateur criminel du capitaine Dreyfus. L'auteur du *Portrait de Dorian Gray*, bien qu'ayant enduré un procès et la prison, rencontrera Esterhazy à plusieurs reprises en 1898. Comme s'il lui en coûtait de s'identifier au Juif bagnard de l'île du Diable et qu'il préférait rivaliser avec le flamboyant dissimulateur et accusateur Esterhazy.

La filiation indirecte

D'où sort Jacques Vaché ? André Breton lui découvre deux ancêtres : 1. Le Des Esseintes d'*À rebours* de Huysmans, l'esthète raffiné qui a d'ailleurs servi de modèle au Dorian Gray de Wilde ; plus précisément, le dandy des tranchées serait un Des Esseintes de l'action plutôt que de la sensation. 2. Le M. Teste cérébral et détaché d'*Une Soirée avec M. Teste* de Paul Valéry ; ou plus exactement, Breton parle de Jacques Vaché comme du petit-fils d'Edmond Teste.

D'où vient Arthur Cravan ? Il a lui-même déclaré maintes fois, comme s'il revendiquait là un titre de noblesse, qu'il était le neveu d'Oscar Wilde.

Cravan et Vaché ont cette particularité de privilégier la filiation indirecte, d'opérer des sauts de génération et de ressusciter des personnages littéraires : Cravan ou le neveu de Rameau, Vaché ou Jacques le fataliste.

Modernes, négateurs et révoltés, ils n'appartiennent ni à leur famille ni à leur patrie, mais semblent avoir surgi tels des champignons nés de la dernière pluie. C'est tout le sens du présent pressant, parfaitement illustré par la revue *Maintenant*. Ou, comme le répète Arthur Cravan : « Je suis le fou des fous, mais je suis ce que je suis, le bébé d'une époque ».

Pour être plus net encore, il faut aussi comprendre que ce maintenant intempestif, ce surgeon d'une époque, n'est pas coupé du plus lointain passé : « L'éphémère en moi a des racines profondes », ajoute notre colossal bébé.

Vaché et Cravan sont à la fois des puncheurs du présent et des réincarnations ou des descendants de Jacques le fataliste, du neveu de Rameau, de Des Esseintes, de M. Teste, etc. D'ailleurs, cette idée de filiation littéraire n'avait pas échappé à Oscar Wilde, qui écrivait dans *Le Portrait de Dorian Gray* : « Outre nos aïeux de race, nous possédons des ancêtres littéraires, dont le type et le tempérament sont encore plus voisins des nôtres, et l'influence sur nous plus clairement définie. À certaines heures, il apparaissait à Dorian que l'histoire du monde n'était autre chose que le récit de sa propre vie, non telle qu'il l'avait réellement vécue et dans ses menues circonstances, mais telle que l'avait créée son imagination, telle qu'elle s'était déroulée dans son cerveau et dans ses désirs. Il avait l'impression de les avoir tous connus, ces terribles personnages qui avaient traversé la scène du monde[20] […] » Au fond, la règle de la méthode observée par Lord Henry et son disciple Dorian Gray, est de « mener une vie multiple » ou de « multiplier nos personnalités ».

Pour paraphraser un sonnet de Shakespeare cité par Oscar Wilde, si un acteur de théâtre hors pair dispose de milliers de visages ou de masques, des individus d'exception comme Dorian Gray, Cravan ou Vaché, condensent à eux seuls des milliers de destinées[21].

20. Oscar Wilde, *Le Portrait de Dorian Gray*, trad. F. Frapereau et E. Jaloux, dans *Œuvres*, Le Livre de poche, p. 564.
21. Oscar Wilde cite le sonnet VIII, vers 1-4, de Shakespeare dans *Le Portrait de Mr. W. H.* Voir *Œuvres*, p. 682.

– A l'instant votre lettre du 25 septembre – date fatidique qui a marqué pour moi le jour où je devais vous connaître – Vous ne voyez pas la "connexion" – comme disent ces braves gens ? – Le 25 Sept. 15 Hans, ou Fritz – a jugé opportun de m'envoyer une balle – laquelle au lieu de me tuer sans retard a jugé plus humoristique de faire éclater mes grenades – D'où

Lettre de Jacques Vaché à Jeanne Derrien, 30 septembre 1916

avoir fermé l'électricité — de là, nous avons pris chacun deux siphons au mess, et nous avons aspergé un mess voisin, pris d'assaut le champagne, et emporté en général tout ce qui nous convenait —

— Et puis nous partîmes vers d'autres aventures —

— Une sentinelle troublée de cette bande bruyante :

« Halt ! — Who goes there ? »

— L'un de nous, après un silence :

« Emperor of China — »

— Les autres — très naturels : " King of Sahara " — " Prince of Wales " — " Archbishop of jour en allant hurler à un de mes persécuteurs qu'il y avait une attaque de gaz - d'où affolement.

- Mais je crois ces fumisteries suffisantes, dénuées d'esprit, et propres à vous faire avoir une peu digne idée de votre serviteur - d'où le point final.

- Je ne suis pas trop ennuyé ici - bien que par moments il faut avoir une patience angélique avec ces bons Britishers - qui ne sont jamais pressé - et causent.. sans hésiter deux heure

Cravan le confesse, tantôt dans un élan panthéiste, tantôt, comme ici, avec une tonalité mégalomaniaque : « Je suis tout, tout, tout, vous entendez tout, mais tout et j'oublie. C'est moi qui me moque de l'art, mais à un degré inimaginable, à lui chier dessus [...] et c'est le même multihomme qui vous apporte des vers portés neuf ans comme l'éléphant et trempés sept fois dans les flots du cœur. » Le neveu d'Oscar Wilde martèle aussi sa multiplicité dans cet aphorisme d'anarchisme individuel : « J'ai rêvé d'être assez grand pour fonder et former à moi seul une république. »

Comment Arthur Cravan, dans sa chronique « Oscar Wilde est vivant ! », a-t-il halluciné l'oncle Wilde ? « Il était beau. Dans son fauteuil il avait l'air d'un éléphant ; le cul écrasait le siège où il était à l'étroit ; devant les membres et les jambes énormes j'essayais avec admiration d'imaginer les sentiments divins qui devaient habiter de pareils membres. Je considérais la grosseur de la chaussure ; le pied était relativement petit, un peu plat, ce qui devait donner à son possesseur l'allure rêveuse et cadencée des pachydermes, et, bâti de la sorte, en faire mystérieusement un poète. Je l'adorais parce qu'il ressemblait à une grosse bête ; je me le figurais chier simplement comme un hippopotame [...] et c'est quelque part là que poétiquement je me le représentais, dans la folie du vert de l'Afrique et parmi la musique des mouches, faire des montagnes d'excréments. »

On aura compris que l'éléphant est l'animal totem du neveu d'Oscar Wilde, comme l'indiquent encore ces vers ou annotations éparses : « *Sur les vaisseaux d'Asie et les doux éléphants* », « La lune qui rêvait comme un cœur d'éléphant / *phosphore des éléphants, veston bleu, seins, éléphants de douceur*[22] ». Mais si on y ajoute les deux derniers vers du poème « Arthur » : « Le juif est doucereux mais l'éléphant est doux / Ô ! De la musique ou de la peinture qui serait simplement voyou ! », ainsi que « Galerie Isaac Cravan », le titre d'un texte bref, on retrouvera la problématique ambivalente du Juif chez le neveu de

22. Arthur Cravan, « Exercice poétique » dans *Almanach surréaliste du demi-siècle*, n° spécial 63-64 de La Nef, mars 1950.

Wilde, digne héritier du neveu de Rameau. Car soit il est dit que le Juif, à la douceur affectée, ne barrit ni ne chie comme un éléphant, soit il est écrit que la raison sociale de Cravan peut être celle d'un galeriste juif.

Cravan, Vaché et Lafcadio

Avec *Le Crime de Lord Arthur Savile*, Oscar Wilde dispose lui aussi d'un Jacques le fataliste. À l'issue d'une réception chez Lady Windermere, un chiromancien, qui a l'air d'un parfait devin, prédit à Lord Arthur Savile, au vu des lignes de la main, qu'il commettra un meurtre. Atterré, Lord Arthur décide de différer son mariage avec Miss Sybil Merton et affronte la prédiction en offrant un bonbon empoisonné à sa vieille cousine souffrante Lady Clementina. La vieille dame décède. Savile se rendra vite compte qu'il n'y est pour rien. Il expédie alors une horloge explosive à son oncle, le doyen de Chichester. Mais l'engin, un pétard mouillé, réjouira toute la maisonnée de Chichester. Lord Arthur Savile désespéré déambulera dans Londres. Il apercevra au bord de la Tamise, penché au-dessus du parapet, le chiromancien. Il ne fera ni une ni deux et honorera la prédiction fatale. Lord Arthur épousera Sybil et vivra heureux.

Pour André Breton qui a convoqué, dans l'*Anthologie de l'humour noir*, André Gide, Arthur Cravan et Jacques Vaché, s'il y a un personnage qui fait le lien entre les trois, c'est incontestablement le Lafcadio des *Caves du Vatican*, « l'aboutissant logique, actif, moderne, de la conception du dandysme » et de qui part une sorte d'*objection d'inconscience*. Breton précise dans la notice sur André Gide : « Sur le “front”, Jacques Vaché, par divers côtés très hostile à André Gide, rêve d'installer son chevalet entre les lignes françaises et les lignes allemandes pour faire le portrait de Lafcadio. Quelques années plus tôt, Arthur Cravan, neveu d'Oscar Wilde et Lafcadio *partiel* avant la lettre, avait d'ailleurs on ne plus sévèrement, on ne peut plus plaisamment, fait mesurer la distance qui sépare M. André Gide de son héros. »

Pour mieux suivre ce qui se trame au sein du trio Cravan-Gide-Vaché, chronologisons différents textes touchant plus ou moins à la sexualité :

– Juillet 1913, Arthur Cravan : « Une bonne vint m'ouvrit (M. Gide n'a pas de laquais). [...] je crois, à moins d'un démenti de sa part, ne pas trop m'aventurer en affirmant qu'il ne fréquente ni les filles ni les mauvais lieux[23] »
– Vers 1917, Arthur Cravan : « Je remarquai la chasteté de M. Gide qui était servi par des domestiques femmes[24] ».
– 16 juin 1917, lettre de Jacques Vaché à André Breton : « Vous ai-je dit vraiment que Gide était froid ? »
– 18 août 1917, lettre de Jacques Vaché à André Breton : « J'accorde un peu d'UMOUR À LAFCADIO – car il ne lit pas et ne produit qu'en expériences amusantes – comme l'assassinat – et cela sans lyrisme satanique ».
– Juillet 1918, Breton écrit le poème « Pour Lafcadio », destiné à Vaché et à Gide mais aussi aux amis Fraenkel, Aragon et Soupault. Il y révèle la recette du poème-collage ou de la lettre-collage : se faire « receveur de Contributions Indirectes ».
– Janvier 1920, dans les « Pages du journal de Lafcadio[25] », Édouard [André Gide] interpelle ainsi Lafcadio : « Ah ! pendant que j'y pense : avez-vous une maîtresse ? » Lafcadio note aussi dans son journal : « Je n'ai guère rien lu et ne me sens en humeur de rien lire. J'ai peut-être certain goût pour les mots et les courtes phrases, mais je sais trop de langues pour en parler parfaitement bien aucune ; et j'écris n'importe comment[26]. »
– 1er janvier 1921, André Gide dans le *Journal des faux-monnayeurs* : « J'en tiens pour le paradoxe de Wilde : la nature imite l'art[27] ».

23. Arthur Cravan, « André Gide », *Maintenant* n° 2, juillet 1913.
24. Arthur Cravan, « Notes », *VVV* n° 1, juin 1942.
25. André Gide, « Pages du journal de Lafcadio (extraites des *Faux-Monnayeurs*) », *Littérature* n° 11, janvier 1920. Repris en appendice du *Journal des faux-monnayeurs*, 1927.
26. Lafcadio écrit aussi : « Quand il m'a demandé si j'avais une maîtresse, j'ai failli lui dire que je ne redoute rien tant qu'une liaison [...]. Car, amoureux, je le suis sans cesse, et de tout, et de tous. »
27. André Gide, *Journal des faux-monnayeurs*, 1927, Gallimard, 1992, p. 29.

– 1923, André Breton, dans « La Confession dédaigneuse », à propos de Jacques Vaché : « Il n'en aimait pas moins dire : "Ma maîtresse", prévoyant sans doute la question que devait un jour poser Gide : "Jacques Vaché était-il chaste ?" »

Résumons. Selon Cravan, Gide serait chaste et selon Vaché, Gide serait froid. Quant à Gide, il se demande tantôt si Lafcadio, autrement dit Cravan, a une maîtresse, et il demande à Breton si Jacques Vaché était chaste.

Il importe peu ici de savoir si Wilde était plus voluptueux que Gide et si Vaché était plus chaste que Cravan. L'important est de saisir, à travers l'idée obsédante et tournoyante de la chasteté ou du désir, ce qui rapproche Wilde et Gide, Lord Arthur Savile et Lafcadio, Cravan et Vaché, le neveu de Rameau et Jacques le fataliste, mais aussi ce qui les distingue.

André Gide a conçu le Lafcadio des *Caves du Vatican*, privé de père et pourvu de cinq « oncles[28] », après avoir lu *Le Crime de Lord Arthur Savile* et le récit dans *Maintenant* de la visite à André Gide.

Arthur Cravan, 1917

Tel le neveu de Rameau, le neveu d'Oscar Wilde n'a cessé de danser et de boxer avec son propre génie.
Ce fut le génie d'André Breton de s'incorporer Jacques Vaché, qui se reconnaissait en Lafcadio, dont le modèle avait été soufflé à André Gide par le neveu d'Oscar Wilde.

28. Les « oncles » en question, dont un certain Lord Fabian, étant les amants successifs de sa mère.

Arthur Cravan, s. d.

Georges Sebbag

Cravan est surréaliste dans le défi

De même qu'il a porté très haut Jacques Vaché, dont il a publié les *Lettres de guerre* dès 1919, André Breton n'a jamais cessé de saluer Arthur Cravan, l'unique rédacteur de la revue *Maintenant*. Le nom de Cravan est connu très tôt parmi les dada-surréalistes. En juin 1920, dans *Littérature* nº 14, Philippe Soupault publie l'épitaphe d'Arthur Cravan, disparu dans le golfe du Mexique, mais aussi les épitaphes de Georges Ribemont-Dessaignes, Francis Picabia, Théodore Fraenkel, Marie Laurencin, Louis Aragon, Paul Éluard, Tristan Tzara et André Breton, qui sont toujours vivants. Dans le poème-épitaphe consacré à Cravan, Soupault salue le boxeur, le provocateur et celui qui vendait la revue *Maintenant* dans une voiture de marchand de quatre saisons :

> *Les marchands de quatre saisons ont émigré au Mexique*
> *Vieux boxeur tu es mort là-bas*
> *Tu ne sais même pas pourquoi*
> *Tu criais plus fort que nous dans les palaces d'Amérique*
> *et dans tous les cafés de Paris*
> *Tu ne t'es jamais regardé dans une glace*
> [...]

Le 3 mars 1921, en tant que bibliothécaire de Jacques Doucet, Breton suggère au grand couturier d'acquérir la collection des cinq numéros de *Maintenant*. Il évoque notamment l'article sur le salon des

Indépendants de 1914, le récit d'une visite à André Gide et des « souvenirs » du neveu d'Oscar Wilde. Il rappelle que Cravan vendait *Maintenant* dans les rues de Paris en poussant une charrette chargée d'exemplaires. À ses yeux, cette revue qui rivalisait avec *Les Soirées de Paris* de Guillaume Apollinaire témoignait d'un esprit dada avant la lettre. En outre, Breton confie qu'il avait fait connaître *Maintenant* à Vaché, ce qui avait beaucoup amusé le dandy des tranchées.

La conférence de Barcelone

Le 27 octobre 1922, lors d'une séance de sommeils hypnotiques avec ses amis surréalistes, Robert Desnos ne manque pas d'évoquer Cravan prêt à s'embarquer pour quelque aventure : « Cravan se hâte sur la rive et sa cravate joue dans le vent. » Toujours ensommeillé, Desnos trace avec son crayon deux ou trois signes, une ou deux lignes, et légende son dessin automatique de ces mots : « la mort de Cravan ».

Le mois suivant, Breton et Picabia, qui sont alors les deux principaux animateurs de la revue *Littérature*, séjournent à Barcelone. Breton préface l'exposition Picabia chez Dalmau. Le 17 novembre, il prononce une conférence à l'Ateneo, « Caractères de l'évolution moderne et ce qui en participe ». Comme en passant, il donne son sentiment sur Barcelone. Le climat, les Barcelonaises et la Sagrada Familia l'attirent et le déconcertent. L'évocation de la Sagrada Familia exprime assez bien son ambivalence : « Une église en construction qui ne me déplaît pas si j'oublie que c'est une église. » Cette note antireligieuse, il la partage avec le provocateur Picabia, auteur de *Jésus-Christ rastaquouère*. Breton en profite pour révéler le sentiment de son ami peintre sur « l'Irlande du Nord de l'Espagne ». Picabia, présenté par Dalmau comme « le plus sceptique des peintres », a beau vouloir rester insensible, son cœur « est un peu pris par ce pays ». Autre touche au tableau : Breton suggère que Pablo Picasso « se souvient » de la Catalogne. Au fond, ni Breton, ni Picabia, ni Picasso ne sont indifférents au pays catalan.

Dessin de Jacques Vaché pour Jeanne Derrien,
22 juillet 1917

La conférence de Barcelone analyse de façon étincelante la sensibilité surréaliste. Pour la démonstration, y sont convoqués les poètes précurseurs Ducasse, Nouveau, Rimbaud, Apollinaire, les peintres Picabia, Picasso, Duchamp, Chirico mais aussi Max Ernst et Man Ray, sans compter les dadas qui s'éloignent comme Tzara et Soupault et les amis qui restent proches comme Aragon, Baron, Desnos, Éluard et Péret. Mais ni Cravan ni Vaché ne sont oubliés. Breton ne se prive pas de rappeler que Cravan, à New York, faisait un drôle de conférencier; devant une foule accourue pour l'entendre parler de l'humour moderne, il se faisait traîner sur la scène « pour n'émettre que des hoquets et commencer à se déshabiller, au grand émoi de l'assistance, jusqu'à ce que la police vînt mettre brutalement fin à son manège. » Mais le destin de Cravan, comme celui de Vaché, aura été d'avoir traversé la guerre à toute allure. Même si le « charretier » Cravan a disparu quelque part au large du Mexique, il semble que retentissent encore ses coups de fouet.

En octobre 1923, dans *Littérature*, nouvelle série, nº 11-12, s'étale sur une double page intitulée « ERUTARRETIL » (le titre *Littérature* pris à rebours) une composition graphique de soixante et onze noms d'ancêtres ou de précurseurs du surréalisme, parmi lesquels figure celui de Cravan, qui fait bien partie de la famille, à l'égal de Vaché, Roussel ou Apollinaire.

Dans « Poète et boxeur », paru dans le dernier numéro de *Maintenant* d'avril-mai 1915, Cravan se décrit dans le compartiment d'un train qui roule entre Londres et Liverpool. Face à une riche Américaine accompagnée de sa fille, il imagine toutes sortes de choses à connotation érotique et envisage un mariage qui le conduirait jusqu'à San Francisco : « Nous passerons des après-midi entières à nous aimer assis sur les canapés du salon, les têtes en plongée et les ventres lucides. » Michel Leiris, après avoir lu ce passage, notera dans son *Journal* du 24 octobre 1924 : « "Les têtes en plongée et les ventres humides" (Arthur Cravan). » Leiris ne commet pas ici un lapsus, car l'image qui s'impose à lui est celle de deux têtes plongeant sur deux ventres « humides ». Le 5 mai de l'année suivante, il dresse une liste d'excentriques, dont deux disparus : « Jacques Vaché, Jacques Rigaut, Jacques Baron, Arthur Cravan, Marcel Duchamp. » Dans un carnet de citations beaucoup plus tardif, Leiris citera Cravan à deux reprises : « L'homme le plus vif ou le plus ivre, une fois assis sur un banc, devient juge » et « La vie ne vaut pas la peine d'être vécue, mais je vaux la peine de vivre. ». Son oncle Oscar Wilde est sollicité quatre fois. Quant à Breton cité trois fois, l'une de ses phrases provient de la conférence de Barcelone du 17 novembre 1922 : « Une vérité gagnera toujours à prendre pour s'exprimer un tour outrageant. » C'est précisément la phrase qui avait suivi l'évocation de la conférence scandaleuse de Cravan à New York.

Un être de légende

Dans une lettre du 3 novembre 1932 au collectionneur belge René Gaffé, Breton chante les louanges du directeur de *Maintenant*. Il attache une « grande importance historique » à la revue car c'est la première publication dans laquelle « certaines préoccupation extra-littéraires et même anti-littéraires aient pris le pas sur les autres ». Comme il l'avait fait avec le collectionneur Jacques Doucet, il pointe deux articles insolents et novateurs : « Rien ne me paraît plus significatif et plus prophétique à cet égard que l'article sur Gide, le compte rendu du Salon des Artistes indépendants. L'auteur de ces pages fait véritablement figure de précurseur. » Cravan lui apparaît alors seul, avec Vaché, à incarner l'état d'esprit qui se déploiera dans Dada : « il y aurait lieu d'insister particulièrement sur l'attitude de Cravan et sur celle de Vaché. » La manière dont Cravan s'est frotté à Gide et à Apollinaire n'aura pas tourné à l'avantage des deux personnes qu'il avait ciblées : « Je pense que Gide ne se relèvera jamais de ces quelques pages de critique désinvolte, qui n'ont rien perdu de leur actualité. Apollinaire lui-même, qui manquait cependant moins d'humour, fait assez piteuse figure dans ses démêlés avec le prétendu neveu d'Oscar Wilde, ne trouvez-vous pas ? »

Une fois de plus, Breton campe le poète boxeur dans les rues de Paris poussant une charrette et vendant sa revue à la criée : « Vous savez peut-être que Cravan, pour bien extérioriser son mépris de la littérature militante et du genre "homme de lettres", avait entrepris de vendre *Maintenant* lui-même, dans une voiture de quatre saisons. » Il revient aussi sur les performances de Cravan sur la scène new-yorkaise : « Il a donné, durant la guerre, à New York plusieurs "conférences" tumultueuses, au cours desquelles, par exemple, il se déshabillait sur la scène, jusqu'à totale évacuation de la salle par la police. » Breton ne manque pas de parler des exploits du boxeur à Barcelone ; pour son correspondant, il a d'ailleurs joint, dans un numéro de *Maintenant*, une photo du boxeur Cravan arborant un short à rayures horizontales :

« Vers la même époque, en Espagne, il a défié, le boxeur nègre Ben [*sic*] Johnson, alors champion du monde (la photo que vous trouverez dans l'exemplaire le représente le jour du combat), etc. »

Pour finir, Breton parle de Cravan qui est né en Suisse de parents anglais, qui a résidé en France et qui a fui la guerre en sautant d'un pays à l'autre : « Il avait réussi, je crois, à être déserteur à la fois de cinq ou six pays. C'était, vous le voyez, un curieux homme dont il est à prévoir que la légende ira loin. Il a disparu, il y a quelques années en tentant seul, un jour de tempête, la traversée du golfe du Mexique dans une très frêle embarcation. » Cravan, comme Vaché, est bel et bien devenu un être de légende.

Surréaliste dans le défi

Dans *This Quarter* de septembre 1932, un numéro spécial surréaliste, André Breton publie « Le surréalisme hier, aujourd'hui, demain » où il renouvelle la liste de ceux qu'il avait promus « surréalistes » dans le premier *Manifeste*. Parmi les nouveaux venus, on découvre Picasso surréaliste dans le cubisme, Cravan dans le défi, Chirico dans l'effigie et Duchamp dans les jeux.

L'*Anthologie de l'humour noir* est l'étape suivante dans la consécration de Cravan par Breton Des notices y sont consacrées à Gide, Picabia, Apollinaire, Picasso, Cravan, Duchamp et bien entendu à Vaché, l'inventeur de l'umour sans h. Dans la notice relative à Cravan, Breton amplifie les explications qu'il avait données à Doucet et à Gaffé. Il compare la toute nouvelle conception artistique et littéraire de Cravan à « celle du lutteur forain ou du dompteur ». Il décèle, dans cette entreprise foudroyante, outre les signes avant-coureurs de Dada, une exaltation du tempérament au sens physique, ce qui l'avait amené à se décrire avec son corps de deux mètres plié dans une auto, à exalter son oncle Oscar Wilde vu comme un pachyderme ou encore à dire qu'il préférait « un gros saint-bernard obtus à Mlle Fanfreluche qui peut exécuter les pas de la gavotte ». Le texte choisi pour l'*Anthologie* est celui de la visite à André Gide qui s'achève par la fameuse question : « Où en sommes-nous avec le temps ? »

Robert Desnos, « *La mort de Cravan* », *s. d.*

Cravan resurgit dans la notice sur Gide à propos de Lafcadio, le héros des *Caves du Vatican*. Breton affirme que le neveu d'Oscar Wilde, « Lafcadio *partiel* avant la lettre », avait eu l'occasion, de façon plaisante et sévère, de montrer toute la distance qui pouvait séparer André Gide de son propre héros Lafcadio.

Cravan fait aussi irruption dans la notice sur Apollinaire. Breton relate comment, menacé de duel après avoir parlé du « juif Apollinaire », Cravan, dépourvu d'amour-propre, avait préféré se rétracter de la manière suivante : « M. Guillaume Apollinaire n'est point juif, mais catholique romain. Afin d'éviter à l'avenir les méprises toujours possibles, je tiens à ajouter que M. Apollinaire, qui a un gros ventre, ressemble plutôt à un rhinocéros qu'à une girafe et que, pour la tête, il tient plutôt du tapir que du lion, qu'il tire davantage sur le vautour que sur la cigogne au long bec. »

Le choc et le sens de la provocation comptent parmi les principaux ressorts de l'artiste Cravan. À Lausanne, Paris, Barcelone, New York ou Mexico, il a interprété bien des rôles de son théâtre multiple. Et dans des moments privilégiés, il a même entraîné dans sa danse son oncle Oscar Wilde.

Lettre d'André Breton à René Gaffé,
3 novembre 1932
(p. 70-73)

Paris le 3 novembre 1932

Cher Monsieur et Ami,

C'est, je crois, sur la foi de l'article de Rémy de Gourmont dans "Le Livre des Masques" qu'on suppose qu'il existe cinq ou six exemplaires de l'édition de 1869 des "Chants de Maldoror". Rien ne me paraît moins sûr, si l'on songe que M. François Alicot, auteur d'une très importante note (passée inaperçue) sur Isidore Ducasse, dans le "Mercure de France" du 1er janvier 1928, note qui remet quantité de détails biographiques au point, se montre incapable de préciser s'il reçut, d'ailleurs sans dédicace, un exemplaire de la première édition (qu'il date incorrectement de 68) ou de la seconde. La bibliothèque nationale, à Paris, n'est en possession que de l'édition de 74. L'exemplaire de Poulet-Malassis, que j'ai eu entre les mains lorsque j'étais bibliothécaire de Jacques Doucet et dans lequel j'ai pris copie des trois lettres inédites parues dans "Littérature", était un volume relié sans couverture. Je sais que Doucet, durant des années, a fait chercher l'édition de 69 sans limite de prix et n'a pu réussir à se la procurer. Le volume que je vous ai adressé a été acheté naguère à Bruxelles, ce qui me donne à ~~supposer~~ penser que c'est celui dont vous a été signalée l'existence. Toujours est-il que je n'en ai jamais connu d'autre et que ce n'est pas faute d'avoir cherché.

[Vous me demandez, cher Monsieur, quelles raisons me font accorder tant de prix à la petite revue "Maintenant", que dirigea Arthur Cravan. J'attache, en effet, une importance historique très grande à cette publication, la première dans laquelle certaines préoccupations extra-littéraires et même anti-littéraires aient pris le pas sur les autres. Rien ne me paraît plus significatif et plus prophétique à cet égard que l'article sur Gide, le compte-rendu du Salon des Artistes indépendants. L'auteur de ces pages fait véritablement figure de précurseur; dans le sens où il agissait alors il est incontestable qu'il était seul et que si l'on s'avisait d'écrire sur les origines de l'état d'esprit d'après-guerre (dada, etc., comme par exemple le fait Georges Hugnet dans "Cahiers d'art" à propos des plus insolites manifestations picturales)

il y aurait lieu d'insister particulièrement
sur l'attitude de Cravan et sur celle de
Vaché. Je pense que Gide ne se relèvera
jamais de ces quelques pages de critique
désinvolte, qui n'ont rien perdu de leur
actualité. Apollinaire lui-même, qui manquait
cependant ~~(moins)~~ d'humour, fait assez piteuse figure
dans ses démêlés avec le prétendu neveu
d'Oscar Wilde, ne trouvez-vous pas ? Vous
savez peut-être que Cravan, pour bien
extérioriser son mépris de la littérature
militante et du genre « homme de lettres »,
avait entrepris de vendre "Maintenant"
lui-même, dans une voiture de quatre saisons.
Il a donné, durant la guerre, à New York
plusieurs « conférences » tumultueuses, au
cours desquelles, par exemple, il se déshabillait
sur la scène, jusqu'à ~~faire évacuer~~ totale évacuation de la salle
par la police. Vers la même époque, en
Espagne, il a défié le boxeur nègre Ben
Johnson, alors champion du monde ~~et~~ (la
photo que vous trouverez dans l'exemplaire
le représente le jour du combat), etc.
Il avait réussi, je crois, à être déserteur
à la fois de cinq ou six pays. C'était,
vous le voyez, un curieux homme dont il
est à prévoir que la légende ira loin. Il a
disparu il y a quelques années en tentant
seul, un jour de tempête, la traversée du
golfe du Mexique dans une très frêle
embarcation.]

Le manuscrit du "Poète assassiné" dont
~~il~~ vous a été parlé comporte 167 pages, auxquelles

sont adjointes celles des épreuves des autres contes du volume (moins "Le Roi-Lune"), avec les corrections d'Apollinaire. Les pages sont de 25cm × 15cm,5. Ce manuscrit est important en ce sens qu'il ne doit pas en exister d'autre du même ouvrage, Apollinaire ayant eu à cette époque l'habitude de dicter. Comme je crois vous l'avoir dit, les surcharges et modifications de sa main sont innombrables et toujours elles permettent de suivre sous la rature le texte primitif, très sensiblement plus long que celui qui a été publié. Certains chapitres font l'objet de développements qui permettent de se faire une idée de la méthode d'élaboration, particulièrement difficile à dégager de la version définitive. Il est aussi d'un grand charme de consulter les passages rayés, dont certains détonent par leur naïveté sentimentale, avec le reste de l'ouvrage. Enfin des pages entières sont autographes. Le chapitre XII (Amour), poétiquement un des plus émouvants du livre, se présente ici avec des variantes et des chutes considérables (21 pages d'écriture serrée pour 13 pages de livre). Je me déferais de cette pièce contre deux mille francs.

Pardon, cher Monsieur Gaffé, de vous imposer la lecture d'une si longue lettre. Je corrige les épreuves des "Vases communicants" qui paraissent le 15 novembre. Il m'importe infiniment de connaître bientôt votre opinion sur ce livre, à mes yeux le plus important que j'ai écrit.

A très bientôt, j'espère, de vos nouvelles. Croyez à mon plus affectueux dévouement

André Breton

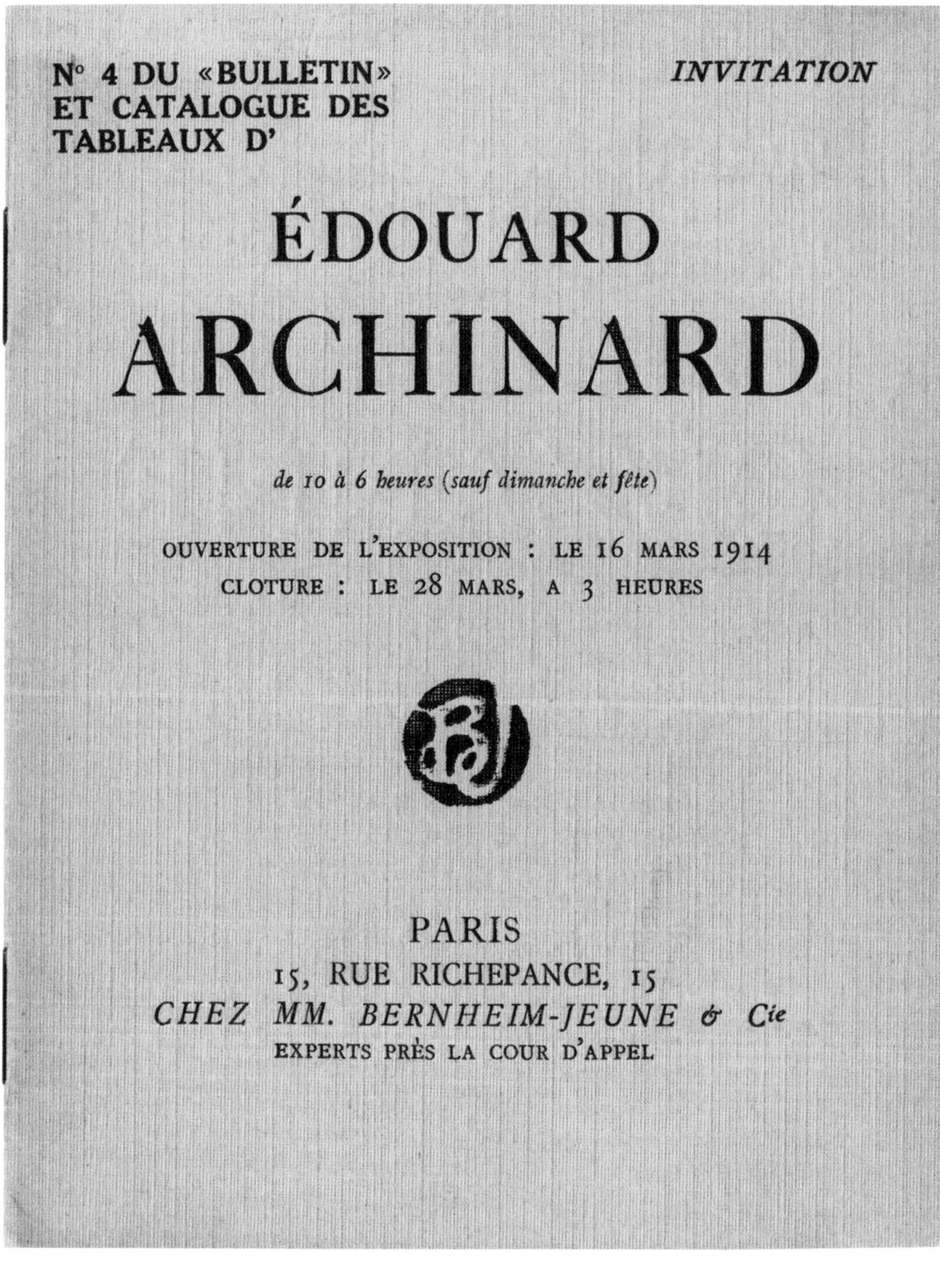
N° 4 DU «BULLETIN» ET CATALOGUE DES TABLEAUX D'

INVITATION

ÉDOUARD ARCHINARD

de 10 à 6 heures (sauf dimanche et fête)

OUVERTURE DE L'EXPOSITION : LE 16 MARS 1914
CLOTURE : LE 28 MARS, A 3 HEURES

PARIS
15, RUE RICHEPANCE, 15
CHEZ MM. BERNHEIM-JEUNE & Cie
EXPERTS PRÈS LA COUR D'APPEL

Catalogue de l'exposition d'Édouard Archinard à la Galerie Bernheim-Jeune, Paris, 1914

Jean-Paul Morel

Archinard, une mystification ?

« Mondain, chimiste, putain, ivrogne, musicien, ouvrier, peintre,
acrobate, acteur,
vieillard, enfant, escroc, voyou, ange et noceur [...]
Je suis toutes [ces] choses [...] Que faire ? »[1]

« L'Art, l'Art, ce que je m'en fiche de l'Art ! Merde, nom de Dieu ! »[2]

« Édouard Archinard, probablement pseudonyme d'Arthur Cravan, peintre, né à la fin du XIXe siècle, peut-être à Genève. Peut-être mort au front durant la Première Guerre mondiale. XIXe-XXe siècles. Français. Peintre de scènes de genre, paysages animés. Postimpressionniste. » : c'est dans ce style elliptique — habituel chez lui quand il manque d'informations — que le *Bénézit*[3] enregistre ce mystérieux *Archinard*. À peine avait-il été ajouté, par la plume d'André Salmon[4] (pour sa deuxième édition en 1949), ces quelques précisions « stylistiques » : « On connaît peu de détails sur la vie de ce peintre. [...] Bien que puisant ses thèmes dans la réalité quotidienne, il s'écarte aussi bien de la pure imagination que d'une traduction littérale. Sa couleur, très personnelle, ne recherche que l'harmonie, sans aucun souci de vérité. Son dessin, d'une liberté totale, évoque la rapidité

1. Arthur Cravan, « Hie! », *Maintenant*, n° 2 (juill. 1913), p. 16.
2. « Oscar Wilde est vivant! », *Maintenant*, n° 3 (oct.-nov. 1913).
3. *Dictionnaire critique et documentaire des peintres, sculpteurs, dessinateurs et graveurs de tous les temps et de tous les pays*, créé par Emmanuel Bénézit en 1911, dernière édition Gründ, 1999, 14 vol.
4. André Salmon s'étendra un peu plus dans ses *Souvenirs sans fin*, 2e époque (1908-1920), Gallimard, 1969, XIV- « Éloge d'un grossier personnage », p. 215-220, sans toutefois évoquer le peintre.

d'exécution de la technique de la fresque. » Tout au plus avait-on pu relever qu'une exposition de ses œuvres (40 très exactement) avait été organisée à la galerie Bernheim-Jeune à la veille de la Première Guerre – du 16 au 28 mars 1914, et sans doute à l'instigation de Félix Fénéon, son directeur artistique —, catalogue à l'appui publié — intégré dans son *Bulletin* nº 4 (14 mars 1914, p. 1-9) —, mais simple listing des œuvres exposées, sans texte de présentation, avec toutefois 6 précieuses illustrations N&B.

Fabian Avenarius Lloyd, tel que né, avait déjà opté, on le sait, pour le pseudonyme d'Arthur Cravan pour le lancement de sa revue *Maintenant* en 1912 : « Arthur », en hommage manifeste à l'indiscipliné (et indisciplinable) Rimbaud ; « Cravan »(s), du nom du village de naissance de sa longue (et patiente !) compagne « Renée » — une belle jeune femme de trente ans[5], disent les commentateurs —, qu'il aurait raptée au critique d'art Gustave Coquiot… Mais pourquoi aussi, et en sus, « Archinard » ? Il ne fallait pas être grand clerc pour y lire un anagramme d'« anarchie », au « d » près ; mais avec un brin de plus de sagacité, il suffisait de remonter à une expression très prisée des caricaturistes dans leurs critiques des Salons, expression elle-même détournée d'une expression datée fin XVIIIe, « c'est du lard ou du cochon ? »[6].

Cela dit, Arthur se réfère lui-même à un pasteur d'origine alsacienne, Charles Archinard (Wesserling/Alsace, 1819–Chailly/Suisse, 19 déc. 1905), devenu directeur et professeur au Collège cantonal de Lausanne à partir de 1864, et qui eut l'heur d'inaugurer les nouveaux bâtiments, rue du Valentin, en 1879[7]. Et c'est effectivement là que Fabian Lloyd fit ses premières classes[8].

Mais peut-être faut-il aussi y voir un trait d'humour de Cravan. Faisait alors les unes de la politique (et de la politique coloniale), un certain

5. Elle figure de fait à l'état-civil de Cravans (Charente-inférieure), sous les nom et prénom d'Alphonsine Bouchet, née le 22 août 1880, fille de tailleur et tailleuse de pierre.
6. L'espagnol semble, comme l'italien, s'être limité à cette transcription « no ser ni carne ni pescado ».
7. Cf. Charles Archinard-Roman, « Le collège cantonal : notice historique lue le 26 août 1879, jour de l'installation du collège au Valentin ». À noter qu'on y enseignait aussi l'escrime et l'équitation.
8. Voir « Davel – Inventaire des archives cantonales vaudoises » (inventaire en ligne).

Louis Archinard, issu d'une famille protestante du Havre (Le Havre [Seine-inf.], 11 fév. 1850–Villiers-le-Bel [Seine-et-Oise], 8 mai 1932), qui venait d'être promu général de corps d'armée et s'était illustré comme « pacificateur » du Soudan français (l'actuel Mali), au prix notamment d'un horrible carnage aux dépens des Bambaras en avril 1890. De 1881 à 1914, il franchit sans mal tous les grades de la Légion d'honneur ; et on lui doit, semble-t-il, un *Manuel d'instruction pratique sur l'escrime et les duels*, Calais, Impr. des Orphelins (sic ! ça ne s'invente pas !), 1900.

Mais revenons à l'Art, dont il dit à plus d'une reprise l'avoir en détestation. Quel est ce « un de mes amis, Édouard Archinard » qui, dans son compte rendu du Salon des Indépendants de 1914, règle son compte à Maurice Denis[9] ? Est-ce le même qui, au même moment, et avec la complicité sans aucun doute de Félix Fénéon, expose 40 de ses toiles à la galerie Bernheim-Jeune, 15, rue Richepance ?

Signalons déjà que, sans citer nommément son auteur, Guillaume Apollinaire dira, de la « brochure vendue à la porte des Indépendants », « [avoir] goûté le savoureux pamphlet[10] ». Et voici maintenant les rares témoignages que nous avons pu relever de l'exposition Bernheim dans la presse de l'époque :

> *Gil Blas*, n° 18538, 16 mars 1914, p. 4, non signé [sans doute Louis Vauxcelles, responsable de la rubrique]
> « Les Arts. Exposition Édouard Archinard – C'est aujourd'hui que s'ouvre, à la Galerie Bernheim-Jeune, l'exposition des œuvres de ce jeune peintre dont la manière n'est point toujours sans rappeler – d'après la photographie tout au moins – celle de Picasso ou de Bonnard.

9. « L'Exposition des Indépendants », *Maintenant*, n° 4, mars-avril 1914 : 30e Salon de la Société, qui eut lieu au Quai d'Orsay-Pont de l'Alma, du 1er mars au 30 avril 1914. On a naturellement, et à juste titre, comparé cet article aux articles donnés par Félix Fénéon à la revue anarchiste *Le Père Peinard* en 1893, en particulier à la « Balade chez les artistes indépendants » parue dans les numéros 212 et 213 des 9 et 16 avril 1893 (repris par John Halperin, *in O.P.Q.C.*, Genève-Paris, Librairie Droz, tome I, 1970, p. 222-228).

10. Guillaume Apollinaire, « La critique des poètes », *Paris-Journal*, 5 mars 1914 (repris *in* Gallimard, Pléiade, t. II, 1991, p. 671-673 – ici, p. 673).

Le catalogue, présenté avec goût et sobriété, contient le n° 4 du sagace et charmant *Bulletin* de M. Félix Fénéon. »

La Renaissance, politique, littéraire et artistique, 2e année, n° 12, 21 mars 1914, p. 25, signé Robert Hénard
« Galerie Berhneim-Jeune - Exposition E. Archinard. – Que dire des peintures de M. Archinard ? Des formes vagues, inexistantes, dans des milieux plus vagues encore... trente à quarante ébauches d'une tonalité généralement rougeâtre, roussâtre... Et cela s'appelle : « C'est l'heure exquise » [n° 12], « L'air était doux comme de l'eau tiède » [n° 15], « En passant vite » [n° 37], etc. Passons ! »
[*Une publicité pour l'exposition figure à la page 32.*]

Der Cicerone : Halbmonatsschrift für die Interessen des Kunstforschers und Sammlers, Leipzig : Klinkhardt und Biermann, 6e année, Heft 9, 6 mai 1914, p. 336, signé « O.G. » [soit, Otto Grautoff, son correspondant à Paris] « Ausstellungen. Pariser Frühjahrsausstellungen. Bernheim-Jeune veranstaltete eine Ausstellung von Édouard Archinard, einem mittelmässigen Eklektiker. » / « Expositions. Expositions du printemps à Paris. Bernheim-Jeune a organisé une exposition d'Édouard Archinard, un médiocre éclectique. »

Difficile d'être plus laconique !

On sait, grâce aux *Souvenirs* d'André Level[11], que Cravan a pas mal fricoté dans le milieu de l'art, courtier pour le même André Level précisément, également pour Charles Malpel, haut défenseur de l'art moderne installé à Toulouse[12], et qu'il envisagea même d'ouvrir sa propre galerie, sous le nom de « Galerie Isaac Cravan ». Entreprise demeurée sans lendemain, mais dont subsistent au moins deux placards publicitaires :

13. André Level (1863-1947), *Souvenirs d'un collectionneur.* Paris, Alain C. Mazo, 1959. L'initiateur, on le sait, de l'opération « La Peau de l'Ours ».
14. Charles Malpel (1874-1926), *Notes sur l'art d'aujourd'hui et peut-être de demain*, Paris, Bernard Grasset / Toulouse, Privat, 1910, 2 vol. À la veille de la Première Guerre, il avait également ouvert une galerie dans la capitale, au 15, rue Montaigne.

«GALERIE ISAAC CRAVAN
du 2 500 % !
SPÉCULATEURS ! Achetez de la Peinture
Ce que vous paierez 200 francs aujourd'hui
Vaudra 10.000 francs dans 10 ans.»

Plus éclairant sur ses choix esthétiques :

«GALERIE ISAAC CRAVAN

Modigliani	Italien
Hayden	Polonais
Rivera (champion du cubisme)	Espagnol
Van Dongen (L'Hollandais veillant)	Hollandais»

Mais quid du peintre, qui fait bien partie des titres dont il se targue ? Faut-il prendre le risque d'un inventaire ? D'autant que notre homme aime à se déguiser, et que les titres donnés aux œuvres qu'on peut ou non lui attribuer ressemblent plus à une improvisation décidée à la veille d'un accrochage qu'à une réelle volonté d'identification des tableaux. Risquons-le néanmoins.

Comme l'a exposé Bernard Heidsieck dans un des rares catalogues consacrés à son œuvre[13], ont pu être recensées sous la signature d'Édouard Archinard, 4 toiles, datées «Nice, 1914», «fiables», provenant de la collection Félix Fénéon et léguées par lui au médecin qui l'avait soigné à Valescure en 1939, le Dr Émile Janicot[14]. Un autre «Archinard» aurait transité par le peintre Émile Compard, cadeau aussi de Félix Fénéon, également daté «Nice, 1914», légué par sa fille Brita, sculptrice, épouse du sculpteur Alberto Guzman, à Bernard Heidsieck.

13. *Arthur Cravan : poète et boxeur*, catalogue de l'exposition organisée par Marcel Fleiss en sa Galerie 1900-2000, 8, rue Bonaparte, Paris VI, du 7 avril au 5 mai 1992, Terrain vague / Galerie 1900-2000, 1992, p. 69-70. Et ajoutons ici : *Arthur Cravan, le neveu d'Oscar Wilde*, catalogue de l'exposition organisée au Musée d'art moderne et contemporain de Strasbourg, du 18 nov. 2005 au 26 fév. 2006, sous la dir. d'Emmanuel Guigon, Musées de Strasbourg, 2005.

14. S'en est trouvée l'héritière sa fille, Françoise Janicot, épouse de Bernard Heidsieck.

Catalogue de l'exposition
d'Édouard Archinard
à la Galerie Bernheim-Jeune,
Paris, 1914

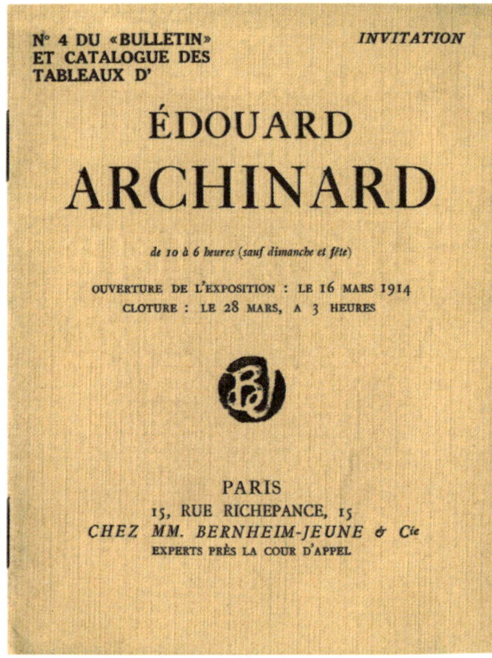

N° 4 DU «BULLETIN»
ET CATALOGUE DES
TABLEAUX D'

INVITATION

ÉDOUARD
ARCHINARD

de 10 à 6 heures (sauf dimanche et fête)

OUVERTURE DE L'EXPOSITION : LE 16 MARS 1914
CLOTURE : LE 28 MARS, A 3 HEURES

PARIS
15, RUE RICHEPANCE, 15
CHEZ MM. BERNHEIM-JEUNE & Cie
EXPERTS PRÈS LA COUR D'APPEL

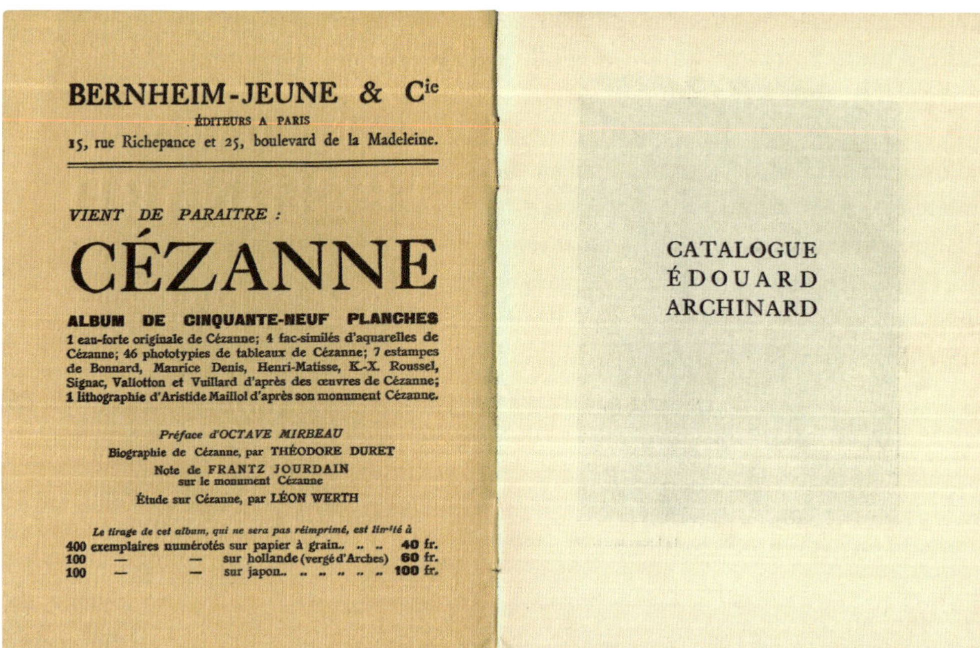

BERNHEIM-JEUNE & Cie
ÉDITEURS A PARIS
15, rue Richepance et 25, boulevard de la Madeleine.

VIENT DE PARAITRE :

CÉZANNE

ALBUM DE CINQUANTE-NEUF PLANCHES
1 eau-forte originale de Cézanne; 4 fac-similés d'aquarelles de Cézanne; 46 phototypies de tableaux de Cézanne; 7 estampes de Bonnard, Maurice Denis, Henri-Matisse, K.-X. Roussel, Signac, Vallotton et Vuillard d'après des œuvres de Cézanne; 1 lithographie d'Aristide Maillol d'après son monument Cézanne.

Préface d'OCTAVE MIRBEAU
Biographie de Cézanne, par THÉODORE DURET
Note de FRANTZ JOURDAIN
sur le monument Cézanne
Étude sur Cézanne, par LÉON WERTH

Le tirage de cet album, qui ne sera pas réimprimé, est limité à

400	exemplaires	numérotés	sur papier à grain..	40 fr.
100	—	—	sur hollande (vergé d'Arches)	60 fr.
100	—	—	sur japon..	100 fr.

CATALOGUE
ÉDOUARD
ARCHINARD

N° 10. La bonne mère.

2

N° 30. Dans la rue.

1. Les adieux.
2. La ronde.
3. Une réunion.
4. Printemps.
5. Les deux âges.
6. Mademoiselle.

3

N° 12. C'est l'heure exquise.

4

N° 217. Les chevaux au soleil.

5

7. Passante.
8. La corrida (en trois parties).
9. Les chevaux de marbre.
10. La bonne mère.
11. Soleil de fin d'après-midi.
12. C'est l'heure exquise.
13. Grieg.
14. Vol de mouettes.
15. L'air était doux comme de l'eau tiède.
16. Une après-midi.
17. Les chevaux au soleil.
18. Brise.
19. L'embusquée.
20. Le cheval.
21. La grève.
22. Au repos.
23. L'enfant et l'automne.
24. Au balcon.

6

Nº 26. A la fenêtre.

7

25. Les plaisirs champêtres (paravent composé de trois peintures).
26. A la fenêtre.
27. Lumière froide.
28. Dans l'allée aux roses.
29. La promenade.
30. Dans la rue.
31. Portrait.
32. Le chapeau de paille.
33. Au long des terrasses.
34. La famille du jardinier.
35. L'arrivée.
36. Le picador.
37. En passant vite.
38. Le jour s'en va.
39. Au crépuscule.
40. Le soleil moribond.

8

Nº 28. Dans l'allée aux roses.

9

BERNHEIM-JEUNE & Cie

ÉDITEURS A PARIS

15, rue Richepance et 25, boulevard de la Madeleine.

EN PRÉPARATION

RODIN

ALBUM DE SOIXANTE PHOTOTYPIES

10

N° 4 **BULLETIN** 14 mars 1914

Dessin de Bonnard.

Mallarmé et les peintres.

Dans son *Manet* (1884), Edmond Bazire cite ce quintil :

Quand lasse de songer Olympia s'éveille
Le Printemps entre au bras du doux messager noir :
C'est l'esclave à la Nuit amoureuse pareille
Qui vient fleurir le Jour délicieux à voir,
L'auguste jeune fille en qui la flamme veille.

œuvre, dit l'avantageux publiciste, d'un « rimeur bien intentionné ».

En fait, de qui ces vers charmants sont-ils? Il ne semble pas que personne les ait revendiqués ni qu'on les ait attribués à personne. Donnons-les à Stéphane Mallarmé.

Plus tard S. M. nomma avec honneur, dans ses poèmes, Puvis de Chavannes et Whistler, traduisit le *Ten o'clock* de celui-ci et écrivit sur Manet et Morisot les pages lumineuses qu'on retrouve dans *Divagations.* Il eut pour portraitistes Renoir, Manet, Whistler, Gauguin, Edvard Munch, Vallotton. Sa traduction du *Corbeau* et son *Après-midi d'un faune* furent ornés par Manet. On voyait une rivière de Monet, un Hamlet de Manet au mur de sa salle à manger.

11

Textes.

Extrait du *Livre des Métiers,* de l'Hindou Wehli Zunbul Zadé :

« Ainsi parla Mani, le peintre donneur de préceptes :

« Le linge et la chair ne se peignent que si l'on a le secret de l'art. Qui vous dit que le vermillon clair est la chair et que le linge s'ombre de gris? Mettez une étoffe blanche à côté d'un chou ou à côté d'une botte de roses, et vous verrez si elle sera teintée de gris.

« Rejetez le noir et ce mélange de blanc et de noir qu'on nomme gris. Rien n'est noir et rien n'est gris. Ce qui semble noir est un composé de plusieurs couleurs; ce qui semble gris est composé de nuances claires qu'un œil exercé devine.

« Qui vous dit que l'on doit chercher l'opposition des couleurs? Quoi de plus doux à l'artiste que de faire discerner dans une touffe de roses la qualité de chacune? Deux fleurs semblables ne pourraient donc jamais être pétale à pétale?

« Cherchez l'harmonie, non l'opposition; l'accord, non le heurt. C'est l'œil de l'ignorance qui assigne une couleur fixe et immuable à chaque objet. Cet objet, exercez-vous à le peindre accouplé ou ombré, c'est-à-dire voisin d'autres corps ou dans leur ombre : ainsi plairez-vous par votre vérité et votre variété.

« Allez du clair au foncé, et non du foncé au clair : votre travail ne sera jamais trop lumineux. L'œil cherche à se récréer par votre travail; donnez-lui plaisir et non chagrin.

« Evitez en peignant d'avoir un vêtement clair.

« C'est au barbouilleur d'enseignes qu'affère la copie de l'œuvre d'autrui. Si vous reproduisez l'œuvre d'un autre, vous n'êtes qu'un faiseur de mélanges; vous émoussez votre sensibilité et immobilisez votre coloris. Que chez vous tout respire le calme et la paix de l'âme.

« Evitez la pose en mouvement. Chacun de vos personnages doit être à l'état statique. Quand Oumra a représenté le supplice d'Okraï, il n'a pas brandi le sabre du bourreau, prêté au klakhan un geste de menace et tordu dans les convulsions la mère du patient. Assis sur son trône, le sultan plisse à son front la ride de la colère; le bourreau, droit, regarde Okraï comme une proie, une proie qui lui inspire pitié; la mère, accotée à un pilier, témoigne de sa douleur sans espoir par l'affaissement de ses forces et de son corps. Ainsi une heure se passe-t-elle sans fatigue devant cette scène, plus pathétique dans son calme que si, la première minute passée, l'attitude impossible à garder eût fait sourire de dédain.

« Pourquoi embellir à plaisir et de propos délibéré? Ainsi la vérité, l'odeur de chaque personnalité, fleur, homme ou arbre, disparaît : tout s'efface dans une même note de joli qui soulève le cœur du connaisseur. Non qu'il faille proscrire le sujet gracieux, mais...

« Ne finissez pas trop : une impression est trop fugace pour que l'ultérieure recherche de l'infime détail ne nuise au premier jet. Vous en refroidiriez la lave, d'un sang bouillonnant feriez une pierre, fût-elle un rubis, — loin de vous!

« Je ne vous dirai point quel pinceau préférer, quel papier prendre, à quelle orientation se mettre : ce sont là choses que demandent les jeunes filles à longs cheveux et à esprit court qui mettent notre art au niveau de celui de broder des pantoufles et de faire de succulents gâteaux. »

Ce texte circulait en copies manuscrites, vers 1886, parmi les néo-impressionnistes, qui le tenaient probablement de Gauguin. Nous l'avons reproduit tel qu'il fut publié à cette époque dans l'*Art Moderne,* l'hebdomadaire bruxellois d'Octave Maus. Le *Paul Gauguin* de Jean de Rotonchamp, imprimé en 1906 à Weimar, à 300 exemplaires, par les soins du comte de Kessler, le réédita sur manuscrit de Gauguin rédigé en Océanie et comportant de légères variantes de noms et de libellé et une petite mise en scène romanesque. La « parabole » du « grand professeur Mani-

12

13

Vehni-Zunbul-Zadi » y est considérée, du fait sans doute de sa présence dans les papiers de Gauguin, comme une fantaisie de celui-ci.

Laissons en suspens la question d'authenticité. Que ce soit Gauguin qui s'exprime, ou une sagesse plus vieille, le document garde de l'intérêt.

Opinions de jadis.

Du *Journal des Goncourt* (tome VII) :

« Jeudi 12 mars 1885.

« Exposition de Delacroix aux Beaux-Arts. Je n'ai pas d'estime pour le génie d'Ingres, mais, je l'avoue, je n'en ai guère plus pour le génie de Delacroix.

« On veut que Delacroix soit un coloriste, je le veux bien, mais alors c'est le coloriste le plus inharmonieux qui soit. Il a des rouges de cire à cacheter de papetiers en faillite, des bleus à la dureté du bleu de Prusse, des jaunes et des violets des vieilles faïences de l'Europe, et ces éclairages de parties de nud avec des hachures de blanc pur, sont, je l'ai déjà dit, tout ce qu'il y a de plus insupportable, de plus cruel pour l'œil. »

Circonstance atténuante, le juge était en mauvais état. Il dit, en effet, à la même date :

« Dans le montage fiévreux de la pièce [la reprise d'*Henriette Maréchal*], dans le coup de fouet des répétitions, dans l'émotion de la première, je n'avais pas conscience de la fatigue cérébrale; aujourd'hui, elle se fait sentir, et tous les matins je me réveille la tête lourde. »

Sur Courbet. Au tome III, on lit :

« 18 septembre 1867.

« Rien, rien et rien, dans cette exposition de Courbet. A peine deux ciels de mer. Hors de là, chose piquante,

chez ce maître du réalisme, rien de l'étude de la nature...

« Puis le laid, toujours le laid, et le *laid bourgeois*, le laid sans son caractère, sans la beauté du laid. »

Il est vrai que, vingt-deux ans après, dans le tome VIII, Edmond de Goncourt vient à résipiscence :

« 29 juin 1889.

« Aujourd'hui, un marchand m'écrit qu'il avait reçu des livres et des objets japonais, et comme je regarde, de deux yeux ennuyés, le très médiocre envoi de l'Empire du Lever du Soleil, le marchand me dit : « Connaissez-vous ça? » et il ouvre avec une clef un tableau, dont le panneau extérieur montre une église de village dans la neige, et dont le panneau secret, peint par Courbet, pour Kalil-Bey, représente un ventre et un bas-ventre de femme. Devant cette toile que je n'avais jamais vue, je dois faire amende honorable à Courbet : ce ventre, c'est beau comme la chair d'un Corrège. »

[Le paysage en question est actuellement dans la collection du baron de Herzog; le nu, dans celle du baron François de Hatvany.]

La mort des teintes.

Venise, palais ducal. Le « Paradis » de Tintoret avait été enlevé du mur et installé horizontal, pour réparations. Quand on en faisait le tour (promenade de 58 mètres), on constatait ceci : de la toile peinte est repliée sur chaque côté du châssis et, sur ces quatre bandes qui ont passé les siècles à l'abri de la poussière, des fumées, des vernis et des restaurateurs, les teintes sont intactes; elles n'ont rien de commun avec celles de la surface exhibée et, par exemple, on voyait une robe, chocolat sur cette surface-ci, reprendre allègrement son bleu originel, dès qu'elle avait franchi l'arête du châssis.

A Venise encore, scuola di San Rocco. Dans la salle du grand « Crucifiement » règne une frise de fruits du même

Tintoret. Elle est sombre, terne, morne. Trop longue pour le local, son bout avait été replié. A une époque récente, on s'en avisa, on le coupa et maintenant, dans le cadre où il fut installé, une pomme de Tintoret verdoie et rutile à l'égal d'une pomme de Cézanne. Maurice Denis a cité le fait, et Paul Signac a copié ce fragment de frise en une aquarelle que l'on put voir, galerie Bernheim-Jeune (18-30 avril 1910, à l'exposition « D'après les maîtres ».

Livres sur l'art.

Le 25 mars, Gustave Coquiot publiera chez Ollendorff un livre nombreusement illustré et divisé en deux parties : « la Jeune peinture » (Bonnard, Denis, Derain, Van Dongen, Flandrin, les Futuristes, Henri-Matisse, Jean-Joveneau, Lucien Laforge, Marquet, Picasso, Rouault, K.-X. Roussel, Signac, les Synchromistes, Vallotton, Vlaminck, Vuillard, etc.); et « la Jeune sculpture » (Boccioni, Bourdelle, Durrio, Ernesto de Fiori, Manolo, etc.). Comme on voit, le sujet déborde le titre, qui est *Cubistes, futuristes, passéistes*.

Elie Faure prépare le tome IV (« l'Art moderne ») de sa neuve, lucide et ardente *Histoire de l'Art* (Floury, éditeur). Le tome III (« l'Art renaissant ») a paru ce mois-ci. Comme les deux premiers volumes (« l'Art antique » et « l'Art médiéval »), il est illustré de façon expressive et suivi d'une table synoptique, ce qui est une innovation, et heureuse, dans cette sorte d'ouvrages.

La galerie Alfred Flechtheim, de Düsseldorf, édite luxueusement l'*Henri Rousseau* de Wilhelm Uhde (50 illustrations et un catalogue de l'œuvre).

Moderne Imprimerie, 37, rue Gandon, Paris (XIIIe).

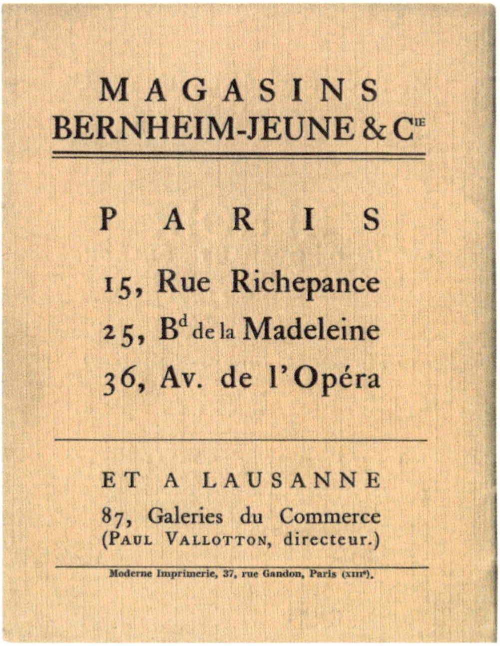

MAGASINS

BERNHEIM-JEUNE & CIE

PARIS

15, Rue Richepance

25, B^d^ de la Madeleine

36, Av. de l'Opéra

ET A LAUSANNE

87, Galeries du Commerce

(PAUL VALLOTTON, directeur.)

Moderne Imprimerie, 37, rue Gandon, Paris (XIIIe).

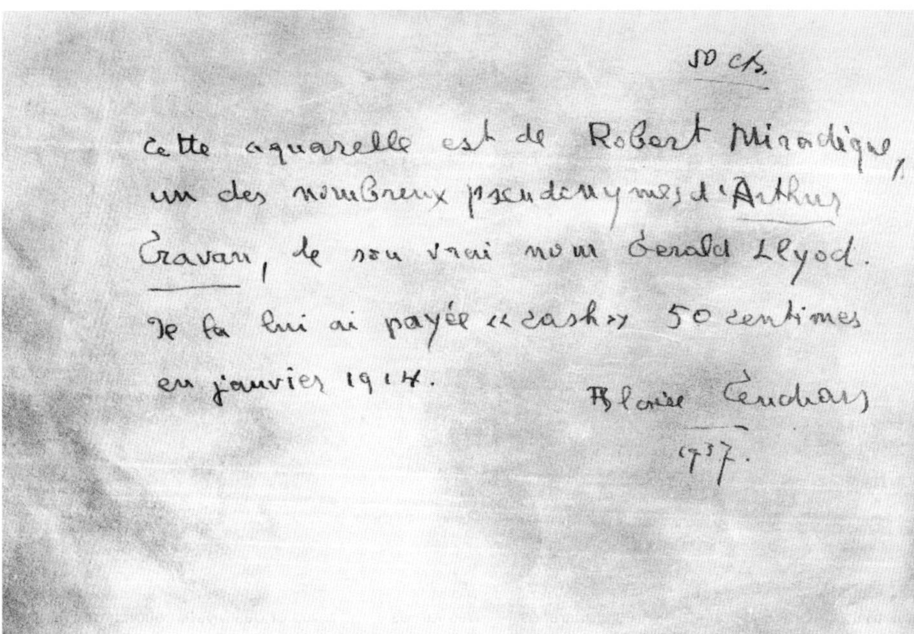

50 cts.

Cette aquarelle est de Robert Miradique, un des nombreux pseudonymes d'Arthur Cravan, de son vrai nom Gerald Llyod. Je la lui ai payée « cash » 50 centimes en janvier 1914.

Blaise Cendrars

1937.

Photographie d'une aquarelle de Robert Miradique avec une annotation au dos de Blaise Cendrars de 1937, vers 1940

Sous la signature de « Robert Miradique » est réapparue à la vente de la Bibliothèque Bernard Loliée, en avril 2016, une aquarelle[15] comportant au dos l'attestation suivante : « 50 cts. / Cette aquarelle est de Robert Miradique, un des nombreux pseudonymes d'Arthur Cravan, de son vrai nom Gerald Lloyd. Je la lui ai payée « cash » 50 centimes en janvier 1914. / Blaise Cendrars / 1937 [16] ».

Reste (et ça n'est pas un moindre reste !) la question des 40 toiles exposées en mars 1914 à la galerie Bernheim-Jeune, auxquelles il faut ajouter 2 toiles présentées sous la même signature, dans la même galerie, à l'occasion d'une exposition collective, du 1er au 11 mai 1917. Des toiles dans l'ensemble de facture fort différente, et qui font douter Maria Lluïsa Borràs de leur authenticité[17].

Alors, mystification, sinon escroquerie, montée de concert entre Arthur Cravan et Félix Fénéon ? On ne peut s'empêcher de penser, dans le domaine artistique, à Frenhofer, peintre imaginé de toutes pièces par Balzac[18], ou mieux encore, à Jusep Torres Campalans, peintre dit catalan – biographie et œuvres imaginées et créées non moins de toutes pièces par le critique d'art Max Aub[19].

Retrouvons donc maintenant les toiles d'Édouard Archinard…

---

15. Vente Sotheby's - Paris / Me Binoche & Giquello, 76, rue du Fbg St-Honoré, Me 27 avril 2016, lot n° 425. Acquise pour 30 000 Euros (37 500 avec les droits). Merci à Jean-Paul Goujon pour ces précisions.

16. Est-ce à cela que se réfère Blaise Cendrars lorsqu'il écrit : « En 1936, un jour de purée que j'avais ma chambre d'hôtel à payer, avenue Montaigne, j'ai vendu à Matarasso, le marchand d'autographes de la rue Bonaparte, tout ce que je tenais d'Arthur Cravan : papiers, lettres, *aquarelles*, l'ébauche d'un grand poème resté inédit et la collection complète et rarissime de sa revue *Maintenant* ». Henri Matarasso, expert en matière de Rimbaud, était installé depuis 1935 au 72, rue de Seine ; avec Cendrars, la mémoire n'est jamais sûre…

17. Cf. Maria Lluïsa Borrà, *Arthur Cravan : une stratégie du scandale*, Jean-Michel Place, 1996.

18. « Le chef-d'œuvre inconnu. Conte fantastique », 1re éd. en feuill., *L'Artiste*, 31 juill. 1831, p. 319-323 et 7 août 1831, p. 7-10. Signalons au passage que c'est à Pablo Picasso qu'Ambroise Vollard confiera l'illustration de sa propre édition de l'ouvrage en 1931.

19. Max Aub, *Jusep Torres Campalans* (1886-1956), Gallimard, 1961 – publié avec la complicité d'André Malraux. Lequel a obtenu droit de cité dans l'*Encyclopédie des farces et attrapes et des mystifications*, de François Caradec et Noël Arnaud, J.-J. Pauvert, 1964, p. 382-383. Une exposition, *Jusep Torres Campalans, ingenio de la vanguardia española*, a été réalisée au Museo Nacional Centro de Arte Reina Sofía de Madrid, du 13 juin au 23 août 2003, catalogue sous la dir. de Paloma Martín Llopis.

Le picador, 1914

La conversation, 1914

La femme en rouge, 1914

Sans titre, 1914

Au balcon, 1914

Les chevaux au soleil, 1914

Homme dans un fauteuil, 1914

Vol de mouettes, 1914

Le couple, 1914

Femmes au piano, 1914

Portrait, 1914

C'est l'heure exquise, 1914

Promenade en voiture au Panthéon, vers 1914

Le Pont-neuf, 1914

Allée des Acacias, 1914

Le trot du cheval, 1914

La bonne-mère, 1914

Mademoiselle, 1914

La baignade, 1914

Le fauteuil rouge devant la fenêtre, 1914

Promeneuses au chien, 1914

Le cheval, 1914

La corrida, 1914

La corrida II, 1914

La corrida III, 1914

Statue dans un parc, vers 1914

Lettre d'Édouard Archinard à Félix Fénéon, s. d.
(p. 100-101)

Dans l'allée aux roses, vers 1914

Monsieur

Je ne puis pas ne pas être très étonné que vous me menaciez de me retourner ce qu'<u>à titre personnel</u> je vous avais remis ! Vous me répondrez que vous n'avez pas à conserver ce qui, sans l'avoir sollicité, vous avez reçu. J'en disconviens si peu que, aussi, avais-je pris mes précautions, et vous avais-je dit que, ce que je vous faisais parvenir, je n'avais pas l'effronterie de vous l'adresser pour que vous le conservassiez mais pour que, si cela vous embarrassait, vous le détruisissiez. On ne pouvait, ce me semble, mieux mettre les points sur les i.

La lettre que vous m'adressez, Monsieur, ne tend rien moins qu'à me faire croire que, tout ce que je vous ai dit, je ne vous l'ai dit

qu'afin que vous crussiez exactement le contraire.
Je considérerai, Monsieur, comme une injure
personnelle que vous me retourniez ce que vous
me menacez de me retourner. Je me plais à
espérer que vous aurez à honneur de ne pas me
l'infliger. Et si vous me retournez mon envoi,
je vous le renverrai : vous donnant ainsi la preuve
que vous n'avez pas à mettre en doute ma
sincérité. N'importe quel brocanteur, vous
disais-je, Monsieur, vous soulagera de mon
modeste apport. Je ne suis pas le brocanteur. Je
me refuse à recevoir ce don, sans retour, je
me suis défait. Prenez-en l'assurance, Monsieur,
& veuillez agréer celle de ma parfaite considération.

Edouard Archinard

Arthur Cravan boxeur, s. d.

Aitor Quiney

À Maria Lluïsa Borràs

L'image poétique du boxeur Arthur Cravan : un double combat

En 1912, Kees van Dongen peint une huile fauve sur laquelle Charley Mac Avoy et Arthur Cravan font un combat-spectacle de boxe, en tenue de ville, la veste de costume tout juste ôtée, tels deux pochards prêts à en découdre dans un boui-boui, au petit matin. Certains disent que le combat avait probablement eu lieu sur un ring improvisé dans l'atelier de l'artiste néerlandais. Sur le tableau, on voit un Cravan grand et mince, aux longs bras et aux jambes interminables, légèrement voûté. Nellie, sa mère, s'était toujours inquiétée pour la colonne vertébrale de Fabian, alias Arthur ; en 1915 cependant, lorsque Cravan lui rendit visite à Lausanne, alors qu'il fuyait la guerre, elle fut soulagée de le voir bien portant. C'était le sport et la nature qui lui réussissaient : « Il est en très bonne santé », écrivit-elle à son fils aîné, Otho. « L'exercice physique l'a embelli, sa manière de s'habiller aussi. C'est tant mieux, car son dos ne l'avantageait pas[1]. » Vers 1919, ce même peintre à la longue barbe fit le portrait en pied du boxeur Jack Johnson dans un style très proche de celui du Douanier Rousseau.

1. Maria Lluïsa Borràs, *Arthur Cravan, una biografía.* Barcelone : Sirmio, Quaderns Crema, 1993, p. 130.

On voyait ce superbe homme noir nu sur fond bleu, une canne dans une main et un haut-de-forme dans l'autre, incroyablement élégant. Un portrait africain proche de l'art premier. Rien sur son visage n'évoque un boxeur américain, et son air très gentleman rappelle le harponneur polynésien Queequeg de *Moby Dick* plutôt qu'un chanteur de blues. Entre ces deux tableaux il y a un combat de boxe : celui de Barcelone, organisé dans les arènes La Monumental le 23 avril 1916.

Arthur Cravan, de poète et boxeur amateur à champion de France des poids moyens. Son activité pugilistique, 1909-1914

L'intérêt d'Arthur Cravan pour la boxe s'éveilla pendant son séjour à Paris, où il arriva en 1909, tout juste majeur. Il avait en poche l'argent de l'héritage de son père, qui allait lui donner l'autonomie suffisante pour se consacrer à sa vocation la plus sérieuse, la poésie, sans être perturbé par des contingences matérielles. C'est là que Fabian Avenarius Lloyd, qui s'installa dans un grand appartement à côté du jardin du Luxembourg, prit pour pseudonyme Arthur Cravan. Son frère, Otho Lloyd, le suivra quelques mois plus tard et emménagera non loin. À Paris, Cravan fréquentait assidûment divers cafés et brasseries, comme Le Dôme, La Rotonde et La Closerie des Lilas, prisés des poètes, des écrivains et des artistes, mais aussi le bal Bullier, où des combats de boxe étaient parfois organisés. C'est au Dôme qu'il rencontra Paul Fort, Catulle Mendès, André Gide, Guillaume Apollinaire, Léon-Paul Fargue, Jules Laforgue, André Salmon et Francis Carco. Parmi les artistes qu'il côtoyait se trouvaient Jean Metzinger, Le Fauconnier, Marcel Duchamp ou encore Georges Braque. Nombre d'artistes et d'écrivains se retrouvaient au Bullier, comme Blaise Cendrars, Robert et Sonia Delaunay et Kees van Dongen, avec lesquels il se lia d'amitié. D'après Dominique Desanti, Cravan aurait affronté Delaunay au bal Bullier, mais elle ne précise pas en quelle année[2]. C'est avec Blaise Cendrars et Kees van Dongen que ses liens étaient les plus fraternels, même si la personnalité de

2. Dominique Desanti, *Les Argonautes : les cercles du poète disparu*. Paris : Calmann-Lévy, 1997, p. 24.

Cravan, poète nomade enclin à la dispersion, ne le prédisposait pas à se plier aux mondanités d'usage, et encore moins aux protocoles. À cette époque, la poésie et la boxe sont donc ses deux principaux centres d'intérêt. Il écrit quelques poèmes, sans les faire publier, et cultive son corps en boxant. Cravan ne laisse personne indifférent – il y tenait plus que tout – et il se démarque en tout, dans la lutte corps à corps aussi bien qu'en littérature.

À Paris, la boxe anglaise était à la mode, mais le public était particulièrement friand des combats où les boxeurs s'affrontaient tels d'élégants danseurs, galvanisés par les cris de la foule, plutôt que comme des brutes sauvages. La boxe était considérée comme faisant partie des beaux-arts à part entière, et les pugilistes français soignaient leurs corps autant que leurs mouvements. La beauté résidait dans la simplicité d'exécution des mouvements : les pas devaient être légers et les coups propres. La technique personnelle, ensuite, dépendait de la gymnastique des corps et de la solidité psychologique face au rival. Cet art, dans sa version amateur, gagna une grande popularité chez les jeunes gens de toute condition. Cravan et son frère devinrent ainsi membre du club Cuny, propriété du boxeur Fernand Cuny, qui se chargea de les entraîner[3].

En février 1910, Cravan et Otho se présentèrent aux championnats de France de boxe amateur, organisés à la salle Wagram, où s'étaient déjà affrontés Jack Scales et Sam McVea, deux figures mythiques de l'époque. Les deux frères arrivèrent en demi-finale après avoir écrasé tous leurs adversaires, et Fabian Lloyd, sous son vrai nom, fut déclaré champion des poids moyens grâce au forfait de son rival, Eugen Gette. Lors de la finale du 14 mars contre Pecqueriaux – régulièrement présenté par la salle de boxe

3. Fernand Cuny fut champion de France de ce que l'on appelait alors « boxe anglaise amateur » dans la catégorie des poids super-légers de 1906 jusqu'en 1910, année où il décida de se consacrer à l'enseignement de la boxe et ouvrit son propre club. Il eut l'occasion d'affronter la légende de la boxe française, le champion Georges Carpentier. Il fut l'un des grands maîtres de la boxe professionnelle en France et le capitaine de l'équipe de France aux Jeux olympiques de Los Angeles et de Berlin, où deux de ses élèves, Michelot et Despeaux, remportèrent des médailles. Il mourut à Paris en 1937. Voir « Cuny est mort », *Le Figaro*, Paris (1er juin 1937).

LES CHAMPIONNATS DE BOXE AMATEURS

Les championnats de boxe amateurs ont donné lieu à des combats magnifiques. Si nos purs ont encore beaucoup à gagner sous le rapport de la science, bien des professionnels pourraient envier leur courage et leur endurance

Les champions de boxe anglaise de 1910.

Monys, champion poids mouche, bat Agnellet. — *F. Nastors, champion poids coq, bat Viez.* — *Chanceau, champion poids plume, bat Davis.* — *Damasso, champion poids léger, bat Chassefoin.*

Que de champions! que de champions! Est-ce à l'engouement de *Chantecler* que nous devons les catégories empruntées au poulailler, telle celle des poids coqs qui précède celle des poids plumes? Je l'ignore. Mais nous ne devons pas nous repentir de cette avalanche de titres qui permet d'égaliser les chances plus qu'autrefois et qui nous fit assister à de nombreux combats, chaudement disputés par des jeunes gens dont le courage fit merveille.

Il est certain qu'au point de vue endurance, on ne pouvait rêver mieux, mais c'est la science qui manque le plus encore aux amateurs. Si nous avions pu nous faire la moindre illusion à ce sujet, d'ailleurs, la rencontre de nos champions avec les Anglais des championnats nous aurait rappelé à la triste réalité des choses. Aucun homme ne put dépasser les éliminatoires; seul Néret parvint aux demi-finales. Et lorsqu'on compare les progrès de nos professionnels, qui tiennent hardiment tête aux meilleurs Anglais, au travail des amateurs, on est bien forcé d'avouer que ceux-ci ont encore bien à faire, mais qu'ils peuvent arriver à un bon résultat.

C'est avec un très réel plaisir, par contre, que nous avons constaté les progrès effectués par la province. C'est en effet un provincial, Seguinaud, de Bordeaux, qui a remporté le championnat des poids moyens.

Dans les autres catégories, quelques nouveaux venus ont été admirés avec raison. Parmi les vaincus, il convient de citer l'Anglais Davis, deux fois champion d'Angleterre de catch-as-catch-can, champion de France de lutte poids extra-léger, qui, sous les conseils du professeur Doerr, s'est mis à la boxe depuis deux mois seulement. Vous entendez bien, deux mois. Or ce merveilleux petit athlète a fini second de la catégorie des poids plume, victime d'un coup malheureux, alors qu'il menait la danse rondement, je vous prie de le croire. Citons également le courage extraordinaire de Ch. Clercq. Il est triste qu'Auger ait déclaré forfait pour sa rencontre avec de Nève.

Mais s'il est bon de saluer les glorieux vaincus, il ne faut pas oublier les vainqueurs. La catégorie des poids mouche est revenue à Monys qui força Agnellet à abandonner au troisième round. Nastors prit sa revanche sur Viez, champion de 1909, dans la catégorie des poids coq. Chanceau battit Davis pour le championnat des poids plume. Damasso, un excellent élève de Géo Max, scientifique et adroit, a brillamment battu Chossefoin pour le titre des poids légers. R. Belli remporta une jolie victoire sur Meroux dans les poids mi-moyens. Seguinaud s'assura le titre des poids moyens. Dans les poids mi-lourds, F. Lloyd fut déclaré vainqueur de Pecqueriaux, l'élève de Bayle, qu'une fâcheuse grippe empêcha de défendre sa chance. Enfin, le poids lourd Néret conserva le titre qu'il avait pris l'an dernier à Lovel Graham et que tenta de lui ravir son camarade de club, Jourlet.

Notons en terminant le beau succès remporté par le professeur Cuny, dont quatre élèves sont sortis champions: Monys, Nastors, Chanceau et Lloyd.

Jacques Mortane.

Les champions de boxe anglaise de 1910.

R. Belli, champion poids mi-moyen, bat Meroux. — *Seguinaud, champion poids moyen, bat de Nève.* — *F. Lloyd, champion poids mi-lourd, bat Pecquenieux.* — *C. Néret, champion poids lourd, bat son camarade de club, A. Jourlet.*

Bayle aux championnats universitaires –, Cravan fut sacré champion de France mi-lourd, car son adversaire, grippé, ne se présenta pas sur le ring[4]. Ce fut là un tournoi très heureux pour le club Cuny, car quatre de ses membres – Monys, Nastors, Chanceu et Lloyd (alias Cravan) – remportèrent un titre.

Sans en avoir l'intention, Cravan accomplissait ainsi son premier acte dada à partir du néant, et ceci des années avant l'apparition de ce mouvement qu'il allait finir par rejoindre, aussi, si l'on peut dire, sans le faire exprès. Dada avait une signification différente pour chacun de ses membres, mais l'on peut supposer que la posture de Cravan était proche de celle d'Hugo Ball, l'un des écrivains les plus emblématiques de ce mouvement : « Ce que nous appelons Dada est une bouffonnerie issue du néant et toutes les grandes questions y entrent en jeu ; un geste de gladiateur ; un jeu avec de misérables résidus ; une mise à mort de la moralité[5] [...] » Cravan remporta le titre sans assener un seul coup !

Son tempérament le poussait à convertir tout ce qu'il faisait en spectacle, voire en provocation. Ses mouvements et son corps firent rapidement de lui un boxeur fascinant qu'il fallait aller voir. La boxe lui donna la force qui stimulait en lui le poète, dont les mots défiaient ceux qui le lisaient ou l'écoutaient.

D'après Maria Lluïsa Borràs, sa biographe, l'obsédante passion de Cravan pour la boxe fut passagère, et prit fin le 10 mai 1910 – soit peu après le combat de la salle Wagram – à Angoulême, lorsqu'il affronta le Français Cussot Brien pour conserver son titre. Cravan, le bras disloqué, ne put encaisser le deuxième round de ce combat qui devait pourtant durer « dix rounds de trois minutes », et ses assistants jetèrent l'éponge[6].

« Les championnats de boxe amateur » dans La Vie au Grand Air, Paris, 26 mars 1910

4. Jacques Morante, « Les championnats de boxe amateurs ». *La Vie au grand air*, Paris, n° 601 (26 mars 1910), p. 208.
5. Hugo Ball, Dada à Zurich : le mot et l'image (1916-1917). Dijon : *Les Presses du réel*, 2006.
6. M. L. Borràs, « Arthur Cravan, poeta y boxeador ». *El Europeo*, Madrid, n° 42 (été 1992), p. 124-131 (125).

Maria Lluïsa Borràs affirme que sa carrière dans la boxe s'arrêta là, si l'on excepte le combat culte contre Jack Johnson organisé en 1916 à Barcelone : « Il ne participa plus à aucune compétition. En réalité, Lloyd ne fit sur les rings français qu'un passage éclair d'à peine trois mois, entre février et mai 1910. Cette fugace incursion avait pourtant suffi pour tisser une sorte de légende autour de sa personne. Une légende qui le suivit tout au long de sa vie et dont il n'hésita pas à tirer parti en faisant de la boxe tantôt un mythe tantôt un métier[7]. » Cravan — en utilisant son hétéronyme, cette fois, et quelques titres farfelus — affronta cependant en 1913 le boxeur noir Jack Johnson, au moins une fois. Le combat eut lieu un mois après la parution du deuxième numéro de sa revue littéraire *Maintenant*, dans laquelle il fait une description délirante de sa visite chez André Gide, écrivant notamment : « Je lui étais un étonnement avec ma taille, mes épaules, ma beauté, mes excentricités, mes mots[8]. »

On peut lire dans le numéro du quotidien parisien *Comœdia* daté du 17 août 1913 que « sir Arthur Cravan, petit-fils du chancelier de la reine Victoria, sir Arthur Cravan, neveu d'Oscar Wilde, se battra, sur la scène des Folies-Bergère, contre Jim Johnson, le terrible boxeur noir ! [...] Comment Paul Franck est-il arrivé à organiser cette unique série de matches vraiment sensationnels ? Là est son secret[9]. » Le pseudonyme Arthur Cravan, désormais précédé d'un « sir » décoratif, et les titres fantaisistes (à l'exception de celui indiquant sa parenté avec Wilde) constituent une mise en scène effrontée et provocante. Ils sont un rugissement, une pratique artistique qui l'affranchissait de toutes les conventions. Au cours des jours suivants, le journal continua d'annoncer le combat avec les mêmes formules publicitaires. Ces matches, toutefois, étaient loin d'opposer des professionnels. Dans ces spectacles purs et durs, le vainqueur était choisi à l'avance, c'était du chiqué. Les affrontements étaient pour Cravan un acte artistique, dans le plus pur esprit dadaïste.

---

7. M. L. Borràs, Arthur Cravan..., *op. cit.*, p. 82-83.
8. Arthur Cravan, « André Gide ». *Maintenant*, Paris, IIe année, nº 2 (juillet 1913), p. 2.
9. « Échos ». *Comœdia*, Paris (17 août 1913).

Les insolents combats de boxe de Cravan étaient en effet des performances, de violentes danses poétiques qui préfiguraient les poèmes en onomatopées d'Hugo Ball ou les poèmes phonétiques de Kurt Schwitters. En définitive, le corps du boxeur se mouvant en une muette contorsion, les vers du poète qui frappe de ses mots ou les sons gutturaux se faisant coups de poing étaient autant de vecteurs de la confrontation artistique dada. Dans le poème « Hie ! », paru dans le numéro de *Maintenant* de juillet 1913 déjà mentionné, Cravan se demande :

> *Les poètes et les boxeurs.*
> *Ce soir, quelle est ma méprise,*
> *Qu'avec tant de tristesse,*
> *Tout me semble beau ?*

Et termine par ces mots :

> *Que mes âmes pourtant*
> *redeviendraient attentives !*

Arthur Cravan allait devoir se débrouiller à Paris par ses propres moyens, car sa mère lui avait coupé les vivres. Il se mit ainsi à vendre des œuvres d'art et à donner des conférences, dans lesquelles la boxe faisait partie de la performance. À la fin 1913, il en organisa deux, et pour attirer le public il fit paraître des annonces provocatrices dans la presse. L'affiche d'une conférence qui devait avoir lieu en mars 1914 aux Noctambules, disait:

> Ce soir, aux « Noctambules » Arthur Cravan, neveu d'Oscar Wilde, conférenciera, dansera, boxera.
> [...]

Soirées Parisiennes

Ce soir, aux « Noctambules », Arthur Cravan, neveu d'Oscar Wilde, conférenciera, dansera, boxera.

Oscar Wilde a laissé des œuvres posthumes dont la plus curieuse est son neveu, le seul, l'authentique neveu, prince de la boxe ès-lettres, directeur de *Maintenant*, revue à gros tirage, enfin Arthur Cravan.

Et Arthur Cravan sur le fragile plateau des « Noctambules », dansera comme boxe la Zambelli, boxera comme danse Joë Jeannette. Il initiera l'auditoire émerveillé aux plus audacieuses beautés des lettres présentes. Sa conférence sera un sensationnel coup de poing dans la sympathique figure du public. Mais ce coup de poing fera éclater un rire comme notre Président de la République lui-même n'en connut pas au dernier Vernissage des *Indépendants*.

ARTHUR CRAVAN

Amateurs du dernier tango où l'on cause, gens férus de polkas et autres danses du Pape devant le miroir, financiers qui placez dans le cubisme et dans l'orphisme vos plus sonores espérances, dames du monde éprises du cours et des manchettes de M. Bergson, jeunes filles qui faites de *Maintenant* vos rêves de demain, soyez tous à cette soiree des *Noctambules* où Arthur Cravan élèvera la conférence à la hauteur d'une raison sociale d'utilité reconnue publique.

Arbitre d'honneur : Fernand Cuny.

Prix d'entrée : 2 fr. 50. Il est prudent de louer ses places.

Annonce de la conférence d'Arthur Cravan aux Noctambules, parue dans La Presse, Paris, 7 mars 1914

> Et Arthur Cravan, sur le fragile plateau des « Noctambules », dansera comme boxe la Zambelli, boxera comme danse Joe Jeannette. Il initiera l'auditoire émerveillé aux plus audacieuses beautés des lettres présentes. Sa conférence sera un sensationnel coup de poing dans la sympathique figure du public[10].

La Grande Guerre, « La Valse de Dixie Kid » et « Poète et Boxeur », 1915

En juin 1914 ont lieu des élections législatives en France, et un changement de gouvernement s'en suit. Les rumeurs de guerre grondent dans les rues, dans les cafés, dans les cercles littéraires, mais aussi sur les rings. Cravan sait que sa destinée est liée à celle de l'Europe, qui s'achemine inéluctablement vers un bouleversement. En août, la guerre éclate et tout vacille. Cravan a peur, son corps d'ours et sa violence poétique s'effondrent face à l'horreur qu'il sent approcher. Tout en continuant ses activités à Paris, il voyage beaucoup. Au cours de ce même mois d'août, après un périple dans toute l'Europe – narré dans la biographie de Maria Lluïsa Borràs –, Cravan participe à un combat à Athènes. Par peur d'un possible enrôlement, sans doute, il se fait passer pour un champion canadien. Ou peut-être s'agit-il d'un nouveau jeu de camouflage destiné à brouiller les pistes ? L'affiche du match se présente ainsi :

Affiche du combat d'Arthur Cravan contre Georges Calafatis au théâtre de L'Olympia,
Athènes, 16 août 1914

> Pour la première fois a Athènes
> Grand Match de Boxe
> Le Champion Canadien de Boxe
> M. Arthur Cravan
> Un defi contre le Champion Grec des Jeux Olympiques
> M. Georges Calafatis

10. « Soirées parisiennes ». *La Presse*, Paris (7 mars 1914). Maria Lluïsa Borrás a relevé jusqu'à trois conférences de ce type, deux à la fin 1913 et une en août 1914. Il est possible que cette conférence de mars n'ait pas eu lieu, car, apparemment, Cravan aurait été arrêté dans un bar de Montparnasse pour avoir rossé son frère (M.L. Borràs, *Arthur Cravan…, op. cit.*, p. 104-105). D'après sa biographe, Cravan se serait inspiré des conférences des futuristes, provocatrices à l'extrême, qui se terminaient toujours en fracassantes bagarres. Cravan constata que cette méthode permettait d'attirer l'attention de la presse et du public (*Ibidem*, p. 100-101).

De retour à Paris, « il prétend être de nationalité britannique, et le 28 août il reçoit de la part du bureau d'enrôlement un titre de séjour en tant qu'étranger. Il s'installe au calme, à Poigny, en Seine-et-Marne, et prépare le cinquième et dernier numéro de *Maintenant*, qui paraîtra en mars 1915[11]. » Le sommaire de ce numéro figurait dans l'édition précédente, annonçant notamment un « prosopoème » intitulé « Poète et Boxeur », un article intitulé « L'Appartement d'Oscar Wilde » et, signé Cravan, un conte en vers ayant pour titre « Alfred » (une référence à lord Alfred Douglas, peut-être, ou à lord Alfred Tennyson ?), un autre article intitulé « La Valse de Dixie Kid » et une « Critique » signée Robert Miradique.

Finalement, seuls furent publiés dans ce dernier numéro « Poète et Boxeur », « Critique » et « Pff », signé Marie Lowitska – sans doute un autre pseudonyme de Cravan, tout comme Robert Miradique. C'est le texte intitulé « La Valse de Dixie Kid », jamais publié – mais fut-il jamais écrit ? –, qui m'intéresse particulièrement, car il traite de boxe.

Dixie Kid était un boxeur noir – un de ceux qui plaisaient à Cravan pour leur originalité et leur refus des règles établies – qui faisait de ses matches des spectacles parfois grotesques. Il se tordait souvent de douleur ou d'épuisement feints, et se laissait tomber au sol ; lorsque son adversaire s'approchait, il pouvait ainsi le surprendre d'un crochet du droit ou d'un uppercut du gauche. Ces ruses de combat durent séduire Cravan, tout comme la technique fort prisée par Dixie Kid qui consistait à se jeter sur les cordes pour rebondir et retomber sur l'adversaire avec un fort coup de poing, telle une catapulte. Il est très possible que Cravan l'ait rencontré à Paris, pendant sa tournée européenne, en 1911 (à Trouville, il avait affronté le mythique Georges Carpentier, ainsi que Jim Johnson).

11. *Ibidem*, p. 129.

Il est difficile de connaître les intentions de Cravan lorsqu'il décida d'écrire « La Valse de Dixie Kid », mais le titre laisse penser qu'il aurait pu s'agir d'une ode à sa façon de se déplacer sur le ring, d'éviter les coups de son adversaire en une sorte de chorégraphie, et de l'épuiser. Tout cela évoque le jeu des contraires de la poésie primitive de Cravan, également présent chez Lautréamont. La beauté de Dixie Kid a à voir avec le besoin viscéral d'un pouvoir, d'une énergie, d'une conquête. Lorsqu'à Paris Cravan se présente face au public des Noctambules, il annonce qu'il dansera comme boxe la danseuse Zambelli[12] et qu'il boxera comme danse Joe Jeannette, le boxeur noir.

Cravan recrée le jeu de la provocation des contraires, et essaie de faire naître ces images sur la rétine du lecteur ou du public. C'est ce que Gaston Bachelard dit de la poésie de Lautréamont, très proche de celle de Cravan par bien des aspects, lorsqu'il affirme que le beau ne peut être simplement reproduit, qu'il doit d'abord être produit et qu'il prend à la vie, à la matière même, des énergies élémentaires qui sont d'abord transformées, puis transfigurées. Pour Bachelard, certaines poésies sont liées à la transformation et d'autres à la transfiguration[13]. La fonction principale des images poétiques de Cravan le boxeur était donc de transformer Cravan le poète en une paranoïa musculaire : danse, boxe et intelligence. Là encore, Cravan préfigure Dada.

Les hasards de la vie firent qu'en 1918, après le voyage et la disparition de Cravan en Amérique, Dixie Kid passa deux ans à Barcelone et combattit à plusieurs occasions contre Frank Hoche à l'Iris Park. C'est pour gagner sa vie que Dixie Kid disputait des matches dans ce parc, aujourd'hui appelé parc de la Ciutadella.

Le prosopoème intitulé « Poète et Boxeur » est bien sûr un autoportrait, une image poétique de lui-même qu'il veut projeter au monde, et a également à voir avec les stratégies de Dixie Kid[14]. En parallèle,

---

12. Carlotta Zambelli (Milan, 1875-1968) fut première danseuse à l'Opéra de Paris.

13. Voir Gaston Bachelard, *Lautréamont*. Paris : José Corti, 1995 (1939).

14. Arthur Cravan, « Poète et Boxeur ». *Maintenant*, Paris, IVe année, n° 5 (mars-avril 1915), p. 2.

Combat entre Frank Hoche et Frank Crozier à l'Iris Park, Barcelone, 1918

cette stratégie évoque la capacité de Cravan à se transformer en un autre que soi, ou d'être deux personnes en une – pas nécessairement contraires, mais complémentaires. Il s'appropriait des titres de noblesse, par exemple, pour faire la promotion de ses performances, et justifiait cette démarche dans le prosopoème par des raisons lucratives : « Et puis, vous ne devineriez jamais ce que je devais faire : je devais lutter sous le pseudonyme de *Mysterious Sir Arthur Cravan*, le poète aux cheveux les plus courts du monde, *petit-fils du Chancelier de la Reine*, naturellement, *neveu d'Oscar Wilde*, renaturellement, et *petit neveu de Lord Alfred Tennyson*, rerenaturellement (je deviens intelligent)[15]. » Finalement, comme Maldoror ou Gregor Samsa, Cravan se transforme, subit une métamorphose animale et se voit sacré champion du monde : « Et sous mon crâne de homard je remuais mes globes de Champion du Monde[16]. » Chez Cravan, dans ses conférences comme dans ses critiques d'art ou ses poèmes, l'agression littéraire et l'agression physique transgressent l'espace et s'affrontent sur un ring où seule l'attaque permet de gagner. L'agression doit être imprévisible non seulement pour l'attaqué, mais aussi pour Cravan lui-même. Et ce caractère imprévisible se trouve justement dans l'intelligence

15. *Idem.*
16. *Ibidem*, p. 5.

qu'atteint Cravan — « Je deviens intelligent » — à partir de son instinct animal, avec toutes ses transfigurations. C'est dans le parallèle bergsonien entre l'instinct et l'intelligence que Cravan se situe comme poète et boxeur, et d'où naît l'agression. Pour lui, la beauté réside dans l'image poétique de l'attaque, dans l'instinct animal qui emploie l'intelligence pour attirer la proie. En effet, pour Cravan, insulter le public ou tirer un coup de pistolet en pleine conférence étaient des actes d'une beauté ineffable.

Arthur Cravan à Barcelone, 1915-1916

Après la parution de ce dernier numéro de *Maintenant*, Cravan part à Lausanne rendre visite à sa mère ; terrorisé à l'idée de se voir mobilisé, il décide de gagner l'Espagne le 6 décembre 1915 et de s'installer à Barcelone pendant un certain temps, avec l'espoir de s'embarquer ensuite pour l'Amérique du Sud. La capitale catalane était à cette époque très prisée par plusieurs artistes et intellectuels qu'il avait connus à Paris ; ils fuyaient la guerre, tout comme Cravan et Renée Bouchet, sa compagne.

Certains se trouvaient déjà sur place, d'autres arrivèrent plus tard, comme son frère, Otho Lloyd, l'épouse de ce dernier (la peintre Olga Sacharoff), Albert Gleizes et sa femme (Juliette Roche), Sonia et Robert Delaunay, Marie Laurencin, Serge Charchoune, Francis Picabia ou Ricciotto Canudo. C'était là une partie de l'avant-garde artistique du moment, réunie autour du marchand d'art Josep Dalmau. Pour eux Cravan était un rustre, mais il faut dire qu'il avait férocement insulté Marie Laurencin et Sonia Delaunay dans *Maintenant*, et inondé de sarcasmes Robert Delaunay. Lorsqu'il arriva à Barcelone à l'été 1916, Picabia fut presque le seul à entretenir des rapports cordiaux — et professionnels — avec lui.

Kees van Dongen, l'un des rares peintres qu'admirait Cravan, se trouvait alors à Barcelone, où il préparait son exposition aux

Galeries Dalmau[17]. À ses côtés allait exposer l'éditeur, graveur et xylographe catalan Lluís Jou, naturalisé Français sous le nom de Louis Jou. Jou présenta notamment une illustration gravée sur bois intitulée *Salomé*, destinée à une édition française du drame éponyme d'Oscar Wilde, oncle de Cravan[18]. Ses œuvres les plus poignantes exposées aux Galeries Dalmau étaient toutefois ses eaux-fortes sur les horreurs de la guerre.

À Barcelone, Cravan doit commencer à gagner sa vie, et c'est dans la boxe qu'il trouvera un moyen de subsister. La presse barcelonaise de l'époque n'est pas avare d'informations sur le sujet, et Maria Lluïsa Borràs y a puisé quantité d'éléments pour la rédaction de la biographie déjà citée. Le poète boxeur arriva dans la ville précédé de sa réputation de grand champion de boxe professionnelle — qu'il s'était lui-même chargé de propager[19] — et n'eut aucun mal à se faire engager pour superviser les cours de boxe du Club Marítimo.

Le combat de l'année à Barcelone : « le boxeur noir et le déserteur anglais », 1916. Histoire d'une aventure dada

Juliette Roche, la femme d'Albert Gleizes, qui s'était installée à Barcelone pendant le conflit, publia un poème dédié à l'année 1916 intitulé « L'Année », dont un vers mentionne le « boxeur noir et le déserteur anglais ». Cela illustre bien l'intérêt que souleva le combat entre Johnson et Cravan dans les milieux artistiques barcelonais, même s'il s'agissait surtout de s'assurer que le frère d'Otho Lloyd était bel et bien la brute épaisse qu'on disait.

17. Voir Francesc Fontbona, « Sobre la Exposición Van Dongen de Barcelona (1915) ». *Kees van Dongen* [cat. expo.]. Barcelone : Museu Picasso, 2009.

18. Maria Lluïsa Borràs dit que Cravan alla voir cette exposition pas uniquement pour Kees van Dongen, mais aussi pour les gravures que Lluís Jou réalisait pour une édition du drame *Salomé*, de son oncle Oscar Wilde, avec une préface d'Ernest La Jeunesse, qui avait rencontré l'écrivain irlandais et collaboré à la revue *Maintenant*. L'ouvrage fut en effet publié à Paris en 1917 par George Crès et les éditions du Théâtre d'Art, avec des illustrations de Louis Jou (son nom francisé). D'après Maria Lluïsa Borràs, Louis Jou et Cravan avaient été amis à Paris. En 1932, Louis Jou réédita *Salomé*, cette fois-ci chez Les Médecins bibliophiles, une collection de beaux-livres.

19. « Sports ». *La Veu de Catalunya*, Barcelone (26 février 1916), p. 158. La nouvelle fut annoncée en ces termes tout au long de février dans divers journaux de la ville.

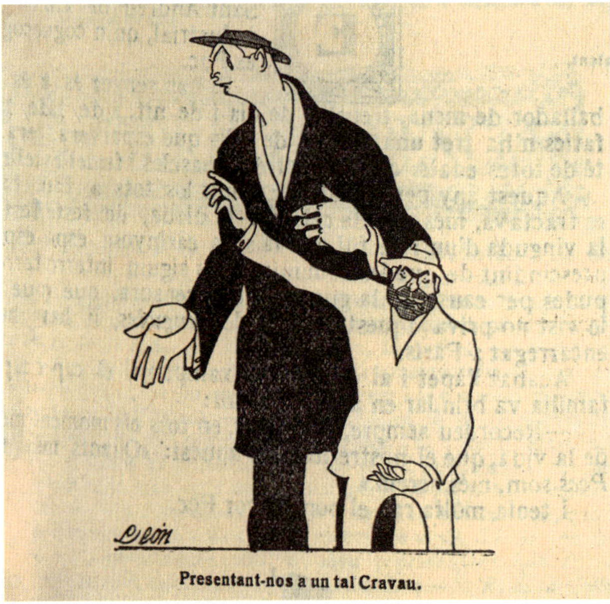

Caricature d'Arthur Cravan parue dans Papitu, Barcelone, 22 mars 1916

Le quotidien *El Mundo Deportivo* du 20 mars de cette année-là présente Cravan en ces termes :

> Hier a été présenté au public barcelonais le remarquable boxeur M. A. Cravan, actuellement professeur de boxe au Real Club Marítimo et au Gimnasio Solé. Cravan est connu du public qui assiste à nos tournois de boxe car il y a officié en tant qu'arbitre. Il est récemment venu dans nos bureaux pour nous parler de ses projets. Il semble avoir désormais l'occasion de s'établir à Barcelone pour y démontrer le talent qu'on lui prête. Ses élèves ne tarissent pas d'éloges sur lui. Mais quel est le sens de la présentation de Cravan qui a eu lieu hier soir avec une telle solennité sportive[20] ?

Dans la revue satirique *Papitu*, on peut voir une caricature de Cravan le jour de la présentation. L'illustrateur León, qui l'avait dessiné à plusieurs reprises (de même que Johnson) pour cet hebdomadaire, avait très bien cerné ses traits les plus caractéristiques[21].

20. « Jack Johnson en España ». *El Mundo Deportivo*, Barcelone (20 mars 1916).

21. « Sports ». *Papitu*, Barcelone (22 mars 1916), p. 187.

D'après Otho Lloyd, c'est Frank Hoche et un certain Hernández qui avaient convaincu Cravan de défier Jack Johnson[22], qui se trouvait alors à Madrid pour disputer un match contre le Jamaïcain Frank Crozier. Pour provoquer la rencontre et en faire la promotion, Cravan envoya un télégramme à Johnson. Non satisfait de sa réponse, il adressa une lettre au journal madrilène *El Correo Español*, publiée le 23 mars 1916. La missive était ainsi formulée :

> À l'attention de Monsieur le rédacteur de la rubrique sportive du *Correo Español*.
>
> Très cher Monsieur, je porte à votre connaissance les faits suivants, dans l'espoir que votre vénérable journal en rendra compte dans ses colonnes :
>
> Ayant fait deux matches nuls contre Jim Johnson, qui, comme on le sait, a lui-même fait match nul contre Jack Johnson, le célèbre Noir, je m'estime autorisé à défier le champion noir, qui se trouve actuellement à Madrid. Je lui ai envoyé un télégramme depuis Barcelone, pour savoir à quelles conditions il serait disposé à me rencontrer. Le champion du monde m'a répondu par le même moyen qu'il relevait mon défi, mais à la condition formelle qu'une garantie de cinquante mille pesetas fût déposée dans une banque.
>
> Cette demande de garantie n'est qu'un subterfuge ; en effet, Johnson est persuadé que je ne trouverai en Espagne aucun organisateur prêt à offrir cette somme. C'est là un truc bien connu des boxeurs célèbres, qui ne souhaitent plus affronter que des faire-valoir, pour ne mettre en danger ni leur titre ni leur réputation.

22. M. L. Borràs, *Arthur Cravan...*, *op. cit.*, p. 152.

JACK JHONSON, RETADO

Una conversación con Arthur Cravan.

Angelo, el maestro de interviús que encubre la monotonía de las conversaciones con una prosa galana salpicada de agudezas, os hace hoy, amables lectores, un flojo favor. Ahí es nada, encargarme á mí, ¡á mí!, que soy un novato en todo, la tarea que le estaba encomendada. Pero de cuando en vez, nuestro hombre gandulea, y hoy no sentía con ganas de trabajar. ¡Qué se va á hacer!... Yo cumplo con pediros perdón cordialmente y con prometer que no volveré á pecar. Amén.

¿Quién es el retador de Jhonson?

Míster Cravan es un hombre muy simpático, parlanchín con sustancia, un verdadero "causeur" que os entretiene y os admira con la fluidez de su charla admirable. Nos cuenta sus viajes por todo el mundo—porque Mr. Cravan ha recorrido una gran cantidad de países—y apunta detalles de observación propia que le colocan en el rango de los viajeros no vulgares.

Nació en Londres hace veinticinco años y unos meses. No fué deportista hasta pocos años pasados; ni siquiera practicó el "foot-ball", tan popular en Inglaterra.

Le animó á introducirse en la vida deportiva, la admiración de la gente por sus extraordinarias facultades físicas: entonces, y esto fué hace cinco ó seis años, tenía el angelito la friolera de 1.98 metros y pesaba "nada más" que 106 kilos.

Arthur Cravan,

retador de Jhonson, que aspira á que el negro reconozca por completo el record de los Dioses. ¡Allá veremos!

« Jack Johnson, retado » *dans* España Sportiva, Madrid, 29 mars 1916

> Mais, cette fois-ci, Jack a mal calculé son coup : j'ai trouvé un sportman millionnaire qui a versé cette précieuse somme de cinquante mille pesetas, et j'ai pris le premier train pour Madrid. J'y ai trouvé Jack Johnson au Palace Hotel, où il se terre car il ne veut pas entendre parler du match.
> J'espère que tous les sportmen apprécieront cette attitude, pour ne pas dire… cette comédie.
>
> Jack Johnson ne supporte pas l'idée d'affronter un boxeur moins célèbre que lui, plus jeune et mieux entraîné, aussi lourd et aussi grand ; sans fausse modestie, j'espère le vaincre s'il m'en donne l'occasion.
>
> Arthur Cravan

Le jour de la parution de cette provocation publique, Cravan partit pour Madrid et assista le soir même au combat entre Jack Johnson et Crozier. Le contrat scellant le combat qui allait avoir lieu à Barcelone le mois d'après fut signé deux jours plus tard.

Le quotidien *España Sportiva* se fit immédiatement l'écho de ce défi en réalisant un petit entretien avec Cravan, accompagné d'un portrait en pied – une image jamais reproduite jusqu'à présent – qui occupait un quart de page :

> **Qui est donc l'homme qui a défié Johnson ?** Mister Cravan est un homme très sympathique, bavard, original, un véritable « causeur » [*sic*] qui divertit et étonne par sa verve et son charisme. Il nous raconte ses voyages dans le monde entier – M. Cravan a en effet exploré de nombreux pays – et relate des détails qui font de lui un voyageur hors du commun. Il est né à Londres voici vingt-cinq ans et quelques mois. Cela ne fait que quelques années qu'il est sportif ; il n'a même jamais joué au « Football » [*sic*], pourtant si populaire en Angleterre.

Lucille et Jack Johnson avec Arthur Cravan, Kid Johnson, Gus Rhodes et les organisateurs du combat pendant le repas organisé à l'occasion de la conférence de presse, Barcelone, 5 avril 1916

El campeón del mundo
Jack Johnson,
su rival
Arturo Cravan
y el organizador del match JOHNSON - CRAVAN, D. EUSEBIO HERNANDEZ, tienen el honor de invitar a Vd. al lunch que en honor de la prensa de esta ciudad, tendrá lugar el miércoles 5 de Abril a las 5 de la tarde, en el local del "EXCELSIOR", Rambla del Centro, 34.

Sr. ....

Invitation au repas organisé à l'Hotel Excelsior à l'occasion de la conférence de presse du combat de boxe entre Arthur Cravan et Jack Johnson à La Monumental, Barcelone, 5 avril 1916

> C'est l'admiration de son entourage pour ses extraordinaires facultés physiques qui l'a encouragé à entrer dans le monde du sport, voilà cinq ou six ans ; le petit ange mesurait alors la bagatelle de 1,98 mètres et ne pesait « que » 106 kilos.
>
> Arthur Cravan, l'homme qui a défié Johnson et qui souhaite que le boxeur noir reconnaisse le record des Dieux. Nous verrons bien[23] !

Jack Johnson à Barcelone

C'est à la fin mars qu'arriva à Barcelone Jack Johnson, accompagné de son épouse, Lucille Johnson, et de son manager, Jack Morris, qui avait été champion dans la même catégorie que lui des années auparavant.

Jack Johnson et Arthur Cravan furent présentés ensemble pour la première fois au public le 30 mars à Barcelone, à l'occasion d'un tournoi organisé à l'Iris Park auquel participaient plusieurs autres boxeurs[24]. Le 5 avril, ils se donnaient rendez-vous à l'hôtel Excelsior de la même ville, où Jack Johnson fut présenté à la presse et où le contrat fut signé. Il nous reste une photographie de cet événement, sur laquelle on peut notamment voir, assis autour de la table, Lucille et Jack Johnson en compagnie d'Arthur Cravan, Monsieur Hernández (l'organisateur du combat) et Monsieur Fojo (le directeur de l'hebdomadaire *España Sportiva*), qui allait désormais suivre l'Américain à la trace pour rendre compte de ses faits et gestes. Les deux boxeurs furent peu loquaces : Johnson assura qu'il était très content de se trouver à Barcelone, « ville si captivante qu'il avait songé à s'y installer pour de bon », et Cravan exprima son enthousiasme ainsi que sa fierté de « pouvoir mesurer ses forces à celles du célèbre champion international ». Il déclara également qu'il ferait « tout son possible pour que le match soit à la hauteur des attentes qu'il a[vait] suscitées[25] ».

---

23. « Jack Johnson, retado ». *España Sportiva* (mars 1916).
24. « Boxeo ». *La Vanguardia*, Barcelone (1er avril 1916), p. 5.
25. « Johnson en Barcelona ». Stadium. *Revista il·lustrada de sports*, Barcelone, VIe année, n° 153 (29 avril 1916), p. 236.

Publicité du combat entre Arthur Cravan et Jack Johnson à La Monumental, Barcelone, avril 1916

SPORTS

De tot un xic

La veritat és que'l cós humà de la persona només té de deportiu braços i cames. Els demés membres, per exercicis que facin—i algún n'hi ha que treballa de valent—no poden arribar a assolir la categoría sportiva. Aquí tenen l'estómec, per exemple. A ningú se li ha acudit calificar de sport un dinar de duro ni orga-

Aquí tenen an en Jonhson i au en Cravan.

Caricature de Johnson et Cravan parue dans Papitu, Barcelone, 4 avril 1916

Le lendemain, les journaux se faisaient l'écho de l'accord — mais passaient sous silence la somme de cinquante mille pesetas que devait recevoir le vainqueur — et annonçaient le combat et les entraînements, éveillant ainsi de fortes attentes au sein du public[26].

Les revues satiriques ne laissèrent pas passer l'occasion de commenter le combat à venir. Elles le firent non seulement par des articles, mais aussi par des caricatures très expressives. Dans *Papitu*, deux jours après la présentation à l'Iris Park, une caricature de León représentait les deux adversaires face à face, immenses, aux côtés de leurs femmes rapetissées pour l'occasion mais qui se défiaient du regard. Johnson est élégamment vêtu, les doigts garnis de multiples bagues, et Cravan muni de son habituel chapeau à larges bords. Le texte dit :

> Voici Johnson et Cravan, deux forces de la nature, capables de crever des sommiers de meublés. L'un est noir, d'un noir café au lait, et ses bras sont de ceux qui font réfléchir avant de risquer un coup de poing et assurent la fidélité de Madame ; l'autre est blanc, il est ami avec Pomés, et ferait un gendarme idéal. Nous pûmes assister gratuitement à une séance d'échanges de coups de poing en toc. On aurait dit deux « bibelots » posés sur une commode. Oh ! Et ils disent ne pas mordre. Bref, nous serons bien présents le jour de la bagarre[27] !

Les deux hommes continuent à faire tout ce qu'il faut pour faire parler d'eux, et les nouvelles les concernant, si insignifiantes soient-elles, arrivent en flux continu. Les entraînements sont annoncés dans la presse et le public invité à y assister, et leurs commentaires sur d'autres matches sont largement cités par les journaux[28].

---

26. « Jack Johnson ». *La Vanguardia*, Barcelone (9 avril 1916), p. 4.
27. « Sports ». *Papitu*, Barcelone (4 avril 1916), p. 219. Cette caricature de León a été reproduite en 1917 dans le quotidien new-yorkais *The Soil*.
28. « Boxe ». *Ilustració Catalana*, Barcelone (9 avril 1916), p. 212.

Arthur Cravan avec Jack Johnson à son arrivée à Barcelone, 3 avril 1916

DIARI CATALA
d'Avisos, Noticies i Anuncis

La Veu de Catalunya

5 cent.

Any XXVI núm. 6.097 — Barcelona: Divendres 21 d'abril de 1916 — Edició del VESPRE

Plaça de Toros Monumental de Barcelona

El diumenge, dia 23 d'abril, a dos quarts de quatre de la tarde, tindrà lloc el sensacional match de boxe, entre els famosos campions

JACK JOHNSON (negre) CONTRA ARTHUR CRAVAN (blanc)

en un match de 20 rounds dd tres minuts amb un de descans, i amb guants de cinc unces

Preus mòdics — Vegin-se programes

Fàbrica de Panyos i Novetats

Annonce du combat entre Jack Johnson et Arthur Cravan,
parue dans La Veu de Catalunya, Barcelone, 21 avril 1916

Les attentes du public quant au combat entre le légendaire champion du monde, le Noir Jack Johnson, et le géant blanc, poète, tireur azimuté et querelleur neveu d'Oscar Wilde étaient au plus haut. Lorsque le gouverneur de Barcelone, quelques jours avant la date fatidique, autorisa le match à condition qu'il soit un spectacle et non pas un combat, on eut peur que ceux qui avaient déjà payé leur entrée se mettent à réclamer violemment leur droit de voir le sang couler sur le ring. Le gouverneur avait donné des ordres explicites à la police, qui devait interrompre le match en cas de blessure ou d'effusion de sang. Le syndicat des journalistes sportifs et les organisateurs, de leur côté, protestèrent publiquement « au nom du progrès, de la liberté et de la culture physique[29] ». Finalement, le gouverneur céda face aux pressions[30], mais l'ambiance était désormais surchauffée ; à deux jours du spectacle, toute la ville se répandait en élucubrations, paris et débats enflammés.

À Barcelone, la boxe professionnelle était un phénomène relativement récent. Ses détracteurs estimaient qu'il ne s'agissait pas d'un sport mais d'un spectacle sauvage et dépravé, dans lequel deux personnes – deux animaux, plutôt – luttaient jusqu'à l'épuisement pour de l'argent. À ces critiques vinrent s'ajouter celles du peintre et écrivain Santiago Rusiñol qui, sous le pseudonyme de Xarau (qu'il utilisait dans *L'Esquella de la Torratxa*), rédigea un article aussi sévère que sarcastique sur la brutalité des entraînements :

> Cravan et Johnson, les boxeurs qui vont dimanche prochain s'éclater le nez ou ce qu'il leur plaira, aux arènes La Monumental, s'entraînent depuis des jours. Cela veut dire que ces deux « athlètes » s'entraînent à recevoir des coups et à en donner ; ils passent des heures et des heures à perfectionner leur uppercut ou à esquiver les caresses de leur adversaire.

29. « Última hora ». *La Veu de Catalunya*, Barcelone (21 avril 1916), p. 3.
30. Anonyme, « El match Johnson-Cravan ». *La Vanguardia*, Barcelone (22 avril 1916), p. 4.

Comme ils ne peuvent s'entraîner seuls, devant leur miroir – ce qui serait une absurdité et porterait malheur –, ni avec leur adversaire – ce qui serait inconvenant et dangereux pour les finances –, les athlètes ont des serviteurs, des hommes loués pour l'occasion, qui en viennent à être comme des satellites de la force brute.

J'ai assisté aux entraînements de Johnson et Cravan, et y ai croisé bon nombre des membres de notre sportocratie. [...] Pendant une heure et quart, l'autre jour, nous avons vu deux portefaix en pagne se frapper la poitrine, la tête, le ventre – en bref partout où ils le pouvaient[31].

Les entraînements de Cravan et Johnson furent suivis par la presse, notamment par les reporters photo spécialisés dans le sport comme Josep Maria Co i de Triola, qui travaillait entre autres pour la revue *Stadium*. C'est grâce à ses reportages que sont parvenus jusqu'à nous de très précieux témoignages des entraînements et du match[32]. À l'approche de la date de la rencontre, les pronostics de la plupart des commentateurs de presse étaient favorables à Jack Johnson, dont le corps, estimaient certains, était un bloc de granit que ne pouvait ébranler aucun coup de son entraîneur. Le jour du combat, une nouvelle fit l'effet d'un tremblement de terre :

Josep Maria Co i de Triola, *Arthur Cravan s'entraînant en plein air,* Barcelone, 1916

Nous avons eu vent de certaines divergences entre Arthur Cravan et Jack Johnson ; une discussion animée dans un bar de la Rambla s'est terminée en pugilat. Arthur Cravan aurait ensuite dit qu'il refusait de prendre part au combat et aurait disparu. Si personne ne parvient à le convaincre, il est probable qu'il faudra annuler le match prévu aujourd'hui dans les arènes La Monumental[33].

31. Xarau, « Glosari. Entrenadors ». *L'Esquella de la Torratxa*, Barcelone (21 avril 1916), p. 279.

32. Les archives photographiques du Centre Excursionista de Catalunya conservent les clichés pris par Co i de Triola. Les photos des entraînements de Cravan et des scènes de combat entre Johnson et Cravan publiées sur la page Facebook du Centre, en octobre 2013, n'identifient ni les boxeurs ni le combat. J'ai alors eu l'occasion d'indiquer aux responsables du Centre qui était qui, ainsi que la date et le lieu de cet affrontement. Une fois les noms indexés, les photos ont alors pris un incroyable envol, et ont été réclamées pour des articles, des livres et des expositions.

33. « Gacetilla ». *El Diluvio*, Barcelone (23 avril 1916), p. 10.

Josep Maria Co i de Triola, *Arthur Cravan s'entraînant avec Torella en plein air,* Barcelone, 1916

Josep Maria Co i de Triola, *Arthur Cravan, Frank Hoche, des coachs et d'autres boxeurs s'entraînant pour le combat,* Barcelone, 1916

Le motif de la dispute aurait été que Cravan, « après avoir signé le contrat à Madrid, aurait demandé un sac d'argent supplémentaire à Hernández, qui avait organisé le match. Johnson l'aurait appris, se serait fâché et aurait frappé Cravan pour lui donner une leçon[34] ». Cependant, d'autres personnes disaient que Johnson s'était mis d'accord avec le metteur en scène Ricardo Baños pour qu'il filme la rencontre, mais sans demander la permission de Cravan ou, en tout cas, sans prévoir de partager les bénéfices avec lui.

Après le combat : Jack Johnson, vainqueur

D'après l'affiche, le début du combat était fixé à trois heures et demie de l'après-midi du 23 avril 1916, jour de la Saint-Georges, aux arènes La Monumental.

Plusieurs matches de deux minutes devaient avoir lieu avant l'entrée en scène de nos deux vrais protagonistes du jour : Enrique vs Montero, Mora vs Solsona, Dalmases vs Barcino, Munich vs Allack, Martínez vs Fred Jaks, et Gus Rhodes (neveu de Jack Johnson) vs Kid Johnson.

Selon Otho Lloyd, après la bagarre de la veille au soir, Cravan ne pouvait maîtriser ses tremblements lorsqu'il fit son apparition dans les arènes. Contrairement à ce que colportaient des rumeurs, il n'avait pas bu[35]. Le combat dura six rounds, à l'issue desquels Johnson gratifia Cravan d'un direct du droit suivi d'un crochet du gauche qui le mirent hors de combat et l'envoyèrent au tapis.

Cravan fuyait la guerre qui faisait rage en Europe pour éviter les attaques et les bombes des « Boches », mais, cet après-midi-là sur le ring, il ne put se soustraire aux coups de Johnson. Les soldats britanniques avaient baptisé « Jack Johnson » l'une des bombes fabriquées par les Allemands, car lorsqu'elle explosait, disaient les soldats, elle pouvait déchirer le sol d'un immense trou où tenaient

34. Récit d'Otho Lloyd à Maria Lluïsa Borràs : *Arthur Cravan…*, *op. cit.*, p. 158.
35. *Ibidem*, p. 159.

jusqu'à cinq chevaux morts, et de cette faille sortait une épaisse colonne de fumée noire qui propageait autour d'elle les ténèbres. Parfaite métaphore de l'humour anglais !

Au cours des jours qui suivirent le combat, les journaux se répandirent en commentaires particulièrement hargneux. Ils estimaient que la montagne avait accouché d'une souris. *El Diluvio* publia une critique sévère et en profita pour glisser des remarques condamnant les États-Unis. Voici ce que ce journal écrivait à propos du match :

> Il semble bien que le combat de boxe au cours duquel Cravan (le Blanc) devait disputer le trophée de la victoire à Johnson (le Noir) n'ait pas été à la hauteur du remue-ménage qui avait entouré sa préparation. Samedi, on parlait d'une probable intervention des autorités, résolues à interrompre la rencontre dès qu'une goutte de sang aurait jailli d'un nez malmené. Et l'on supposait que les spectateurs se sentiraient escroqués, trompés, si on les privait de la partie la plus « sensationnelle » du combat. [...] Tout cela n'a été qu'une plaisanterie : les adversaires ont à peine échangé quelques coups prudents ; bien souvent, le boxeur noir, le héros du jour, se laissait frapper sans même prendre la peine de retourner le compliment.

Dans la page des sports de ce même quotidien, le même jour, on peut lire le compte rendu suivant :

> [...] Au lieu de cette ridicule pantomime, il aurait mieux valu présenter au public un seul combat à six rounds avec des gants de dix onces, pour éviter tout danger. [...]
> *Premier round.*– On observe une nette supériorité de Jack Johnson, qui domine et secoue son rival avec quelques directs.
> *Deuxième round.*– Johnson baisse la garde pour que Cravan

> puisse attaquer. Un petit crochet démontre que, s'il le voulait, il mettrait KO le Français.
> *Troisième round.*– Cravan donne l'impression d'être là par obligation ; Johnson fait ce qu'il veut de son rival.
> *Quatrième round.*– Cravan est toujours aussi perdu.
> *Cinquième round.*– Le Français est lamentable. Johnson pourrait le pulvériser, s'il le voulait.
> *Sixième round.*– La plaisanterie traîne en longueur, Johnson décide d'y mettre fin. Un direct et un crochet au menton suffisent à mettre Cravan KO.
> Pour contenter le public, Johnson a ensuite fait une belle démonstration de boxe avec Rhodes et son neveu, Kid, qui ont été ovationnés. C'est par là qu'il aurait fallu commencer[36].

La Publicidad, pour sa part, en profita pour s'en prendre à la boxe en tant que telle :

> Si la boxe est un spectacle destiné à amuser le public, alors nous ne savons pas ce que c'est que s'amuser. Des coups de poing, encore et encore ; des visages bestiaux et des gestes pleins de brutalité, sans la moindre grâce. Voilà ce qu'est la boxe. Johnson, le « roi noir », le boxeur aux muscles d'acier et à l'échine de taureau, à l'éternel sourire idiot, le champion du monde qui a vaincu les durs à coups de poing, nous évoque un homme préhistorique : dépourvu de la moindre spiritualité, il n'est que force brute… Quant à Arthur Cravan, sacré champion d'Europe on ne sait trop pourquoi, on aurait dit un renard tentant d'échapper à un lion. Les bras de Johnson sont une véritable catapulte : les projectiles, tels des coups de marteau, faisaient de Cravan un pantin désarticulé et sanguinolent. Un nuage de sueur et d'angoisse émanait du ring.
> Nous faisons grâce à nos lecteurs des détails du combat d'hier. D'abord parce que nous sommes de farouches ennemis

36. « Jack Johnson o lo que el negro del sermón » et « Boxeo ». *El Diluvio*, Barcelone (24 avril 1916), p. 6 et 12.

Caricature de la fin du combat entre Cravan et Johnson parue dans Papitu, Barcelone, 26 avril 1916

> de cette nouvelle brutalité qui, si elle s'implantait au sein de notre patrie, aux côtés de la tauromachie, créerait une situation fort dommageable ; ensuite parce que cette comédie a été si abjecte que nous garderions le silence si nous ne voulions manifester notre désaccord le plus vif.

El Poble Català alla encore plus loin et accusa d'escroquerie Johnson et l'organisateur de cette rencontre, qu'il qualifiait de mascarade publicitaire :

> C'est après une indigne « réclame » et une propagande éhontée qu'a finalement eu lieu aux arènes La Monumental ce que certains ont appelé le « Grand combat Johnson vs Cravan », mais que nous préférons nommer « Grande escroquerie mensongère ». Ceux qui connaissent le passé de filou de Johnson et le caractère avide et peu scrupuleux de l'impresario Hernández se sont détournés sans plus attendre et avec dégoût de cette parodie de sport à la gloire des pesetas[37].

Papitu publia une critique satirique et une caricature très réussie de la fin du match, dans laquelle on voit un Cravan à bout de forces, qui peine

37. « Boxa ». *El Poble Català*, Barcelone (25 avril 1916), p. 2.

à rester debout, appuyé contre l'épaule de l'arbitre et sur le point d'être frappé avec une grande douceur par un Johnson qui sourit sans malice :

> Le barbier qui a eu l'honneur de me raser me l'a bien dit, tout en faisant le deuxième passage de blaireau :
> – Croyez-moi sur parole, ne vous laissez pas embobiner. Ce Johnson, il lui faudrait une demi-douzaine de Cravan pour l'amuser un peu. Vous ne voyez pas qu'il lui suffirait de souffler pour l'envoyer au tapis ou le mettre knock-out ?
> [...]
> J'y suis allé, et je me suis convaincu que se faire refaire le portrait en échange d'un peu d'argent, c'est un commerce comme un autre ; par les temps qui courent, ça vaut la peine d'y penser. C'est ce que devait se dire Cravan tout en se palpant les poches : « Bon, il va pas te tuer. Quelques claques, quatre quolibets du public, je me ridiculise… Tout ça vaut bien de l'argent facile[38]. »

La revue *Stadium*, qui avait déployé les grands moyens à l'occasion du combat et soutenu avec une innocente candeur la proposition de l'organiser dans les arènes, présenta ses excuses et rejeta toute la faute sur le boxeur poète. Les journalistes avouèrent leur déception : ils avaient cru en toute bonne foi dans les forces et les talents de Cravan, « mais nous nous sommes trompés », déclarèrent-ils. « Dès le début du combat, l'infériorité de Cravan était si flagrante qu'on aurait dit un novice montant sur le ring pour la première fois. Si Johnson ne l'a pas mis KO dès le premier round, c'est parce qu'il s'est délecté pendant quelques minutes de la situation ridicule de celui qui l'avait défié de la manière la plus effrontée qui soit. Il s'en débarrassa dès qu'il le voulut, et comme il le voulut[39]. » . La revue publia en couverture l'une des photos prises par Josep Maria Co i de Triola, et dans les pages intérieures on pouvait voir trois clichés de ce photographe ainsi que deux caricatures des boxeurs réalisées par León. Celle de Cravan était la même que celle de l'édition de *Papitu* du 4 avril.

---

38. « Negres i Blancs ». *Papitu*, Barcelone (26 avril 1916), p. 267.

39. « Boxeo : El match Jack Johnson-Arthur Cravan ». *Stadium*, Barcelone (29 avril 1916), p. 281.

Caricature du combat entre Willard et Johnson,
parue dans Sancho Panza, Barcelone, 30 avril 1916

Les jours suivant la rencontre, on put voir à l'Eldorado le film du combat entre Willard et Johnson à La Havane, en 1915, au cours duquel Johnson avait perdu le titre de champion du monde qu'il détenait depuis 1908. Cette salle barcelonaise était pleine à craquer tous les soirs. Au Gran Salón Cine Doré, on annonçait une parodie du match Johnson vs Cravan : « [La compagnie *The Onoto* présente] une véritable parodie et imite les célèbres JACK JOHNSON – ARTHUR CRAVAN – GUS RHODES, les premiers à reconnaître que les artistes sont plus proches de la réalité que de la parodie ».

Dans un entretien donné en avril 1917 à *The Soil*, un journal new-yorkais, Cravan critique la frappe de Johnson, et raconte des anecdotes de sa vie barcelonaise. Il donne sa version du combat, sans abandonner le moins du monde son attitude effrontée :

> C'est un grand bonhomme qui possède toutes les qualités d'un bon lutteur, à l'exception du coup de poing. [...] Les maigrichons ont une frappe âpre, rugueuse, mais celle de Johnson a quelque chose de mou et de rond. Lorsqu'il donne un coup, on a l'impression que son gant est bien plus lourd qu'il ne l'est en réalité. Pendant notre affrontement, il m'a été presque impossible de passer la barrière de son gauche, et il a fait preuve d'une impressionnante endurance. Alors qu'il cherchait à me donner un coup dans le ventre, il s'est manqué d'une fraction de seconde, et je dus parer son terrible coup avec mon coude. Il a éclaté de rire, et je jurerais que j'en ai fait autant. Je savais que j'allais perdre, mais, à ma décharge, il faut bien dire que cela faisait presque deux ans que je n'avais pas enfilé les gants... Johnson a quelque chose d'un nouveau riche. [...] Je l'admire profondément. [...] Lorsque nous sommes montés sur le ring, aucun de nous deux n'était en forme, et je n'ai pas tardé à être déconcentré.

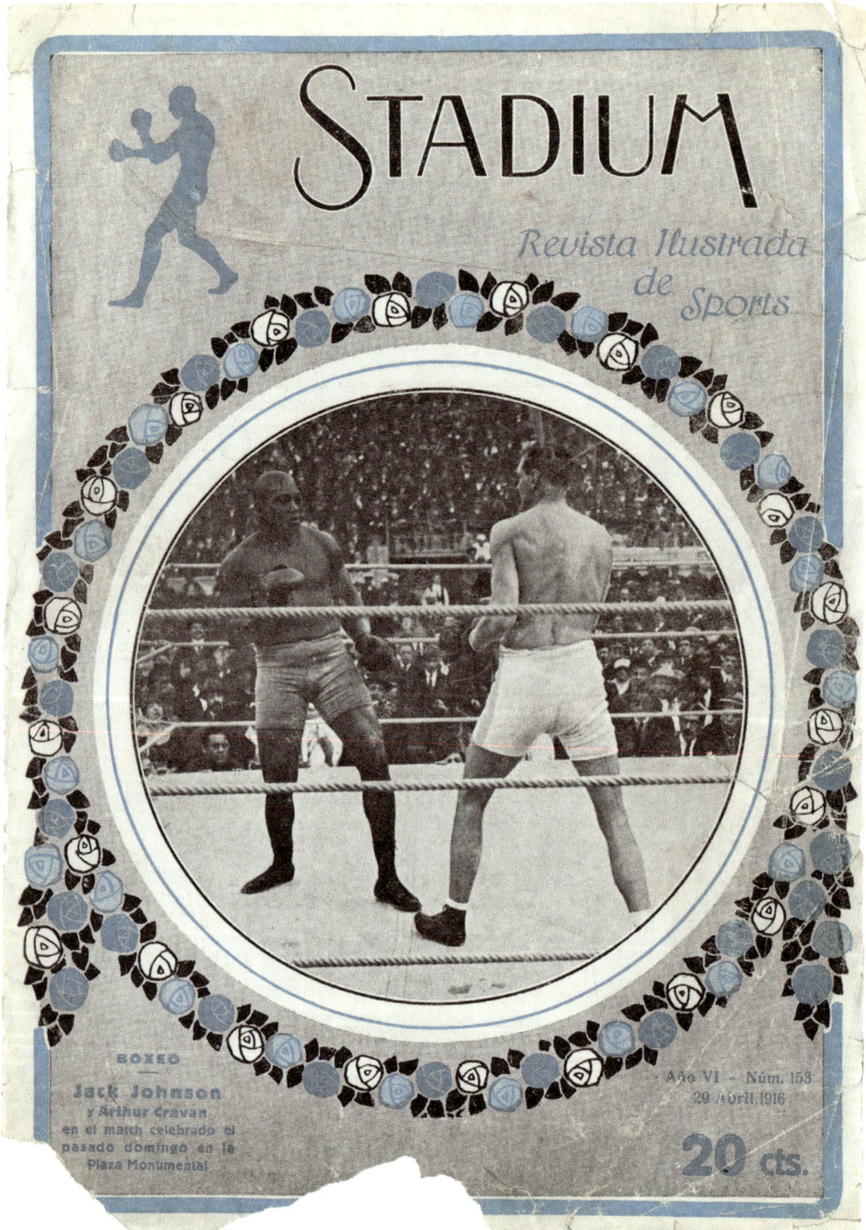

Couverture de la revue Stadium *montrant une photo du combat entre Johnson et Cravan à La Monumental,* Barcelone, 29 avril 1916

Affiche du combat de boxe d'Arthur Cravan contre Frank Hoche au Frontón Condal, Barcelone, 26 juin 1916

Caricature du combat entre Arthur Cravan et Frank Hoche, parue dans Papitu, Barcelone, 28 juin 1916

> Le plus gênant pour moi, c'était son gauche, qui lui permettait de me tenir à distance en permanence. Il mesure environ cinq centimètres de moins que moi. Après Poe, Whitman et Emerson, il est le plus grand Américain de tous les temps. Le jour où ce pays connaîtra une révolution, je ferai tout mon possible pour qu'il soit sacré roi des États-Unis[40].

Le dernier combat d'Arthur Cravan à Barcelone

Le 26 juin, Cravan participa à un grand gala de boxe au Frontón Condal, où il affronta Frank Hoche en dix rounds de trois minutes. Avant ce match eurent lieu trois autres combats. *El Poble Català* narra l'événement :

> Tout de suite après montèrent sur le ring Frank Hoche et Arthur Cravan. Le premier round fut monotone et quelque peu flou, puis le combat commença à s'animer à mi-parcours. Pour résumer, on peut dire que la condition physique de Cravan empêchait son rival de pouvoir faire étalage de sa science et de ses connaissances, bien supérieures à celles de Cravan. Ce dernier, en revanche, est favorisé par sa haute taille, qui lui permet d'attaquer Hoche et de se défendre avec plus de facilité et d'élan.

40. Cité par M.L., Borràs, « Arthur Cravan. Maintenant ». *Poesía. Revista ilustrada de información poética*, Madrid, n.° 38 (1992), p. 193-240 [d'après la traduction espagnole de Gian Castelli].

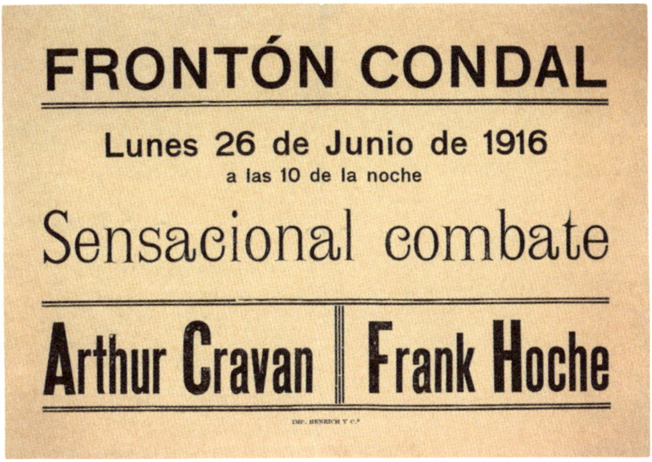

Affiche du combat de boxe d'Arthur Cravan contre Frank Hoche au Frontón Condal, Barcelone, 26 juin 1916

> Cependant, comme on l'a dit, Frank Hoche s'est montré très supérieur et a dominé son rival bien plus de fois que lui. Monsieur Tony Berton a finalement déclaré le match nul[41].

Toutefois, selon Borràs, c'est en ces termes que Cravan aurait raconté sa version de ce combat : « Je participai à un autre match contre un certain Frank Hoche, un homme dur, que j'ai largement battu aux points, bien que le combat fût déclaré nul[42]. » Cravan, fidèle à son attitude habituelle et bien qu'il eût perdu de la sorte, ne semblait accorder aucune importance à la défaite. Tout cela était pour lui un spectacle qui lui rapportait de l'argent et lui permettait donc de vivre. C'était un jeu, un mode de vie, une quête d'exaltation permanente. La provocation élevée au rang des beaux-arts. Un an après avoir quitté Barcelone, il allait écrire depuis Terre-Neuve au professeur Szilard, un scientifique hongrois avec qui il s'était lié d'amitié à Barcelone : « Et la boxe ? Je l'ai abandonnée dans un état de décomposition avancé. Quel régal, quand j'y pense[43] ! »

Plus tard, et avant de disparaître pour toujours, en novembre 1918 au Mexique, Cravan le poète, Cravan le dadaïste affronta Jim Smith (alias Black Diamond) sous une identité de « boxeur suisse » au cours du championnat de la République du Mexique. Le match eut lieu aux arènes El Toreo. Ce fut son dernier combat.
Quel régal !

41. « Els Deports. Boxa ». *El Poble Català*, Barcelone (29 juin 1916).
42. M. L. Borràs, *Arthur Cravan…*, *op. cit.*, p. 163.
43. *Ibidem*, p. 147.

Affiche de la conférence d'Arthur Cravan à la salle des Sociétés savantes, Paris, 5 juillet 1914

Affiche du combat de boxe entre Jim Johnson et Arthur Cravan aux Folies-Bergère, Paris, 18 août 1913

Affiche du combat de boxe d'Arthur Cravan contre Frank Hoche au Frontón Condal, Barcelone, 26 juin 1916

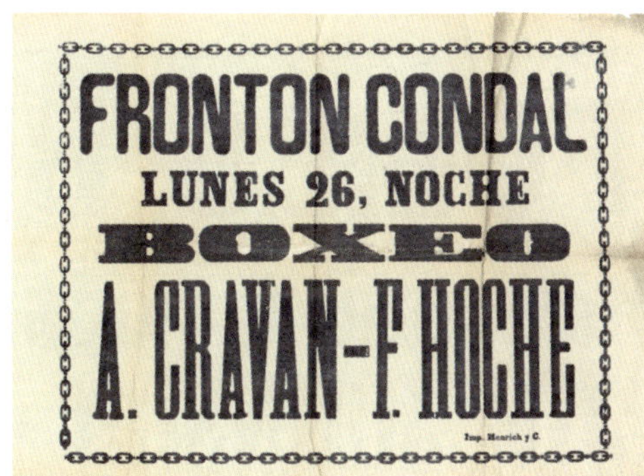

Affiche du combat d'Arthur Cravan contre Frank Hoche au Frontón Condal, Barcelone, 26 juin 1916

Affiche du combat entre Arthur Cravan et Jim Smith à El Toreo, Mexico, 15 septembre 1918

Affiche de la session extraordinaire de boxe
« El gran Jack Johnson, campeón del mundo » *à l'Iris Park*,
Barcelone, 12 avril 1916

Affiche du combat de boxe
entre Jack Johnson et Arthur Cravan
à La Monumental,
Barcelone, 23 avril 1916

Affiche du combat de boxe
entre Jack Johnson et Arthur Cravan
à La Monumental,
avec une illustration d'Otho Lloyd,
Barcelone, 23 avril 1916

Carles Fargas,
Combat entre Jack Johnson et Arthur Cravan à La Monumental,
Barcelone, 23 avril 1916

Carles Fargas,
Combat entre Jack Johnson et Arthur Cravan à La Monumental,
Barcelone, 23 avril 1916

(p. 146-163)
Josep Maria Co i de Triola,
Combat entre Jack Johnson et Arthur Cravan à La Monumental, Barcelone, 23 avril 1916

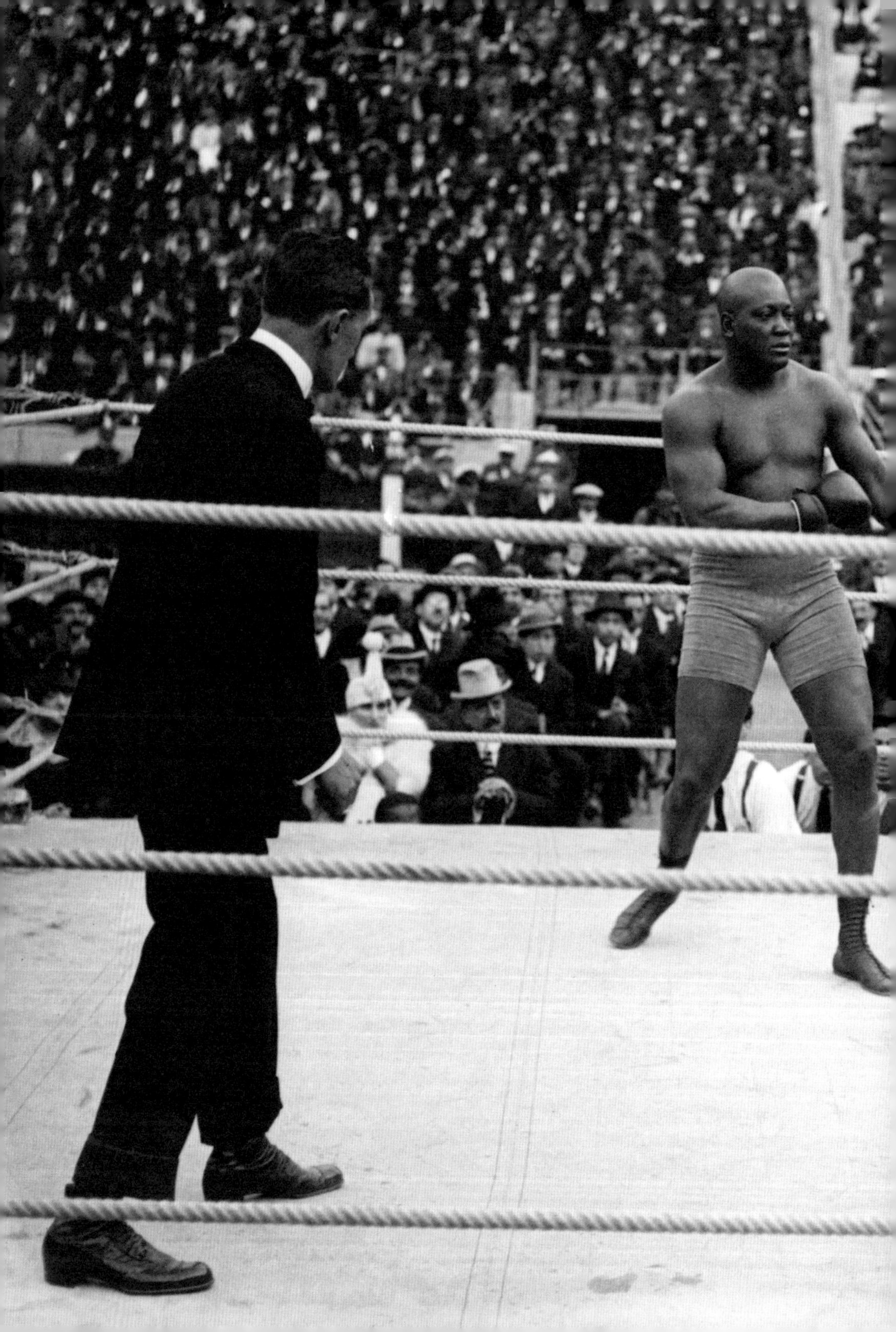

ELS GRANS HOMES DE LA FORÇA BRUTA

Jack Johnson, campió de la boxa.

Aitor Quiney

Jack Johnson le géant, ou la lutte pour la suprématie de l'individu

La vie de Jack Johnson, né en 1878 à Galveston, au Texas, dans une famille d'esclaves affranchis, s'est forgée à coups de blues. De ce premier blues de l'Amérique profonde, ce *Deep South* quasi cubiste, fait de bois, à l'heure des premières voitures mais aussi des ponts et des arbres auxquels des Noirs se retrouvaient pendus par des membres du Ku Klux Klan. Si aucun document n'atteste de l'année de naissance du blues, on la situe généralement aux alentours de 1870 ; il trouve ses origines dans les negro spirituals et les gospels qui inspirèrent les chants de travail des esclaves africains.

C'est en 1791 qu'un homme noir, Bill Richmond, monta sur un ring pour la première fois. C'était l'année de la signature de la Déclaration des Droits, qui garantissait un ensemble de libertés individuelles et limitait les pouvoirs du gouvernement fédéral. Ce texte eut peu d'impact juridique, ce dont les Noirs américains ne se souciaient guère, car ils n'étaient pas considérés comme des citoyens.

Jack Johnson fut sacré champion du monde le 26 décembre 1908, après avoir vaincu Tommy Burns, et perdit son titre le 5 avril 1915 face à Jess Willard, lors d'un combat à La Havane, à Cuba. Il lutta

Caricature de Jack Johnson « Els grans homes de la força bruta »,
L'Esquella de la Torratxa, Barcelone, 21 avril 1916

LE MATCH JOHNSON - STANLEY KETCHELL A COLMA (1909)

Quoique poids mi-lourd, c'est-à-dire bien plus léger que le champion du monde, Stanley Ketchell n'hésita pas à le défier. Au 12e round, il eut la gloire de renverser son adversaire, mais aussitôt relevé, celui-ci l'abattait à ses pieds et il y restait assez pour être « compté dehors ».

MES PREMIERS COMBATS

Par JACK JOHNSON

S'IL est vrai que tous les boxeurs célèbres ont montré dès leur plus jeune âge un caractère batailleur, je dois être une exception à la règle, car jamais on n'a rencontré sur le pavé d'Amérique négrillon plus placide que moi. Quand je jouais avec les autres gamins de couleur, dans les rues de Galveston, je n'étais pas celui qui cherchait noise aux autres. Au contraire, dès qu'une querelle s'élevait, je filais prudemment vers la maison.

Je me souviens cependant, qu'un beau jour, las d'être en butte aux moqueries et aux coups d'un mauvais garnement nommé Jake Morris, qui terrorisait tout le petit peuple du voisinage, je l'attendis au coin d'une rue, de pied ferme, et je lui administrai la plus belle volée qu'il ait jamais reçue. Depuis ce moment, chaque fois qu'il me voyait, il se sauvait et j'en tirai une grande autorité sur tous les gamins de couleur de Galveston. Mais je dois dire que je ne rencontrai pas la même admiration auprès de mes parents qui étaient de très braves gens, pieux et craignant Dieu et ne redoutant rien autant que les disputes et les coups.

Mon second combat fut moins impromptu. J'eus cette fois pour adversaire un nommé Dowe Pearson, qui, à la suite d'une aventure où il n'eût pas le plus beau rôle, m'avait traité de menteur. Après un défi solennel, nous nous rencontrâmes dans un carrefour, au centre d'un cercle de gamins qui nous excitaient de leurs encouragements. Mon adversaire était plus âgé et plus lourd que moi, mais je combattais avec un tel cœur que j'en vins à bout.

Ce fut mon premier combat en public. Depuis, j'eus souvent des batailles avec quelque autre garçon, mais toujours avec de plus grands et de plus forts que moi. Ma bataille la plus dure fut à Boston, un jour que je m'étais rendu dans cette ville pour chercher du travail et j'eus pour adversaire un garçon de couleur nommé Lewis. J'avais 14 ans et lui environ 16; il venait de l'Ouest et il avait appris à boxer. Il me donna une des plus dures leçons que j'ai jamais reçues. Mais j'avais ma réputation à conserver et je ne me laissais pas démonter. Nous combattîmes jusqu'à ce que le cercle des spectateurs décida que c'était assez et nous sépara.

Je dois dire que j'étais très content que ce fut fini, et mon adversaire aussi.

Tous les sports m'attiraient, et successivement je courus à cheval, à pied et à bicyclette, avec des succès variés. Mais mes parents voulaient absolument que je choisisse un métier, et ils me firent entrer à Dallas, chez un peintre nommé Walter Lewis. J'avais à ce moment 17 ans, j'étais grand et très musclé et je paraissais d'une force extraordinaire pour un jeune garçon de mon âge.

Mon patron était un grand amateur de boxe; il avait chez lui un stock de gants et rien ne lui faisait plus de plaisir, après une journée de travail, que deux ou trois rounds entre amis. Il ne connaissait pas grand chose et moi encore moins, tout ce qui était science était du grec pour moi. Néanmoins j'appris à frapper fort et dur.

C'est grâce à Lewis que je suis devenu boxeur.

— Jack, me disait-il, pourquoi ne voulez-vous pas vous mettre à combattre ? Vous avez la taille et l'allonge ; vous êtes plus fort qu'aucun garçon de votre âge. En vous entraînant sérieusement, pour conserver son titre pendant sept ans mais dut défendre son nom, sa dignité et sa couleur de peau toute sa vie. Le racisme blanc imprégna entièrement son existence, et Johnson était aussi combatif en dehors du ring qu'à l'extérieur, toujours provocant et jovial. Quant à sa rencontre avec le poète boxeur Arthur Cravan à Barcelone, en 1916, elle ne fut qu'une victoire parmi tant d'autres.

De Galveston à Sydney, 1898-1908

Comme il l'écrivit lui-même dans un article publié à Paris, *Mes premiers combats*[1], ses débuts dans la boxe avaient été entièrement fortuits. Lorsqu'il avait dix-sept ans, ses parents l'avaient envoyé à Dallas travailler avec un peintre en bâtiment qui avait un magasin en ville. Cet homme, Walter Lewis, était un passionné de boxe qui combattait en amateur. Lorsqu'il constata les capacités physiques de Johnson, il l'encouragea à se mettre à la boxe ; pour le convaincre, il n'eut qu'à lui dire : « Vous deviendrez un homme terrible et vous gagnerez tout de suite plus en une soirée que vous ne gagnez maintenant en un an[2] ». Johnson avait envie de gagner confortablement sa vie et ne s'imaginait pas passer toute son existence comme commis dans un magasin de peinture ; il retourna donc à Galveston pour trouver un entraîneur. Sa mère, très religieuse, ne voulait pas qu'il se consacre à la boxe, mais elle ne parvint pas à le faire changer d'avis. Combattre à Galveston n'était pas intéressant financièrement ; il partit donc pour Memphis, d'où il gagna Springfield puis Brooklyn. Là, il commença à travailler comme sparring-partner de Kid Carter, un boxeur blanc, juste au moment où ce dernier se préparait à combattre pour le titre de champion mi-lourd contre George Gardiner. Il raconte qu'un jour, pendant un entraînement qui avait lieu en présence de la presse, il se sentit possédé par une force inhabituelle qui s'intensifiait à chaque coup donné. Il commença à boxer comme s'il se fût agi d'un véritable combat, convaincu de sa supériorité. Il envoya Carter au tapis et celui-ci, furieux, le congédia. Le lendemain, Johnson eut le plaisir de voir dans les journaux son nom imprimé pour la première fois ; la presse

Article de Johnson « Mes premiers combats » paru dans La Vie au Grand Air, Paris, 10 décembre 1910

1. Jack Johnson, « Mes premiers combats ». *La Vie au Grand Air*, Paris, n.° 638 (10 décembre 1910), p. 899-902 (810).
2. *Ibidem*, p. 810.

Agence Rol, *Tommy Burns*, 1908

parlait de lui comme du « Noir qui a donné du fil à retordre à Kid Carter ». Gardiner remporta le titre cette année-là mais le perdit face à Johnson l'année suivante. Dès lors, Johnson se mit à parcourir la planète, au gré des matches. Il participa à cinquante-sept combats avant d'affronter le champion du monde Tommy Burns, en 1908, sans avoir connu la moindre défaite. Joe Jeannette, Sam McVey, Ed Martin, Sam Langford, Bob Fitzsimmons, Stanley Ketchel ou encore Jim Johnson – qui venait lui aussi de Galveston – sont quelques-uns des boxeurs mythiques qui l'ont affronté, la plupart plus d'une fois, sans jamais pouvoir le vaincre.

« Le combat du siècle », ou la suprématie blanche en jeu : Jeffries vs Johnson, 1908-1910

Pendant des années, depuis qu'il était le meilleur des boxeurs noirs et avant de remporter le titre mondial face à Tommy Burns, Jack Johnson avait voulu affronter le champion du monde des poids lourds, James Jackson Jeffries, mais ce Blanc de Los Angeles avait toujours refusé de boxer contre un Noir : « Dieu m'a fait blanc, et je suis prêt à affronter n'importe quel homme sur cette planète. Certains sont prêts à rencontrer des Noirs, et l'histoire de la boxe a démontré qu'un Blanc est pour le moins égal à un Noir. Mais, et je le dis pour la dernière fois, je ne franchirai pas la barrière de la couleur. Je ne l'ai jamais fait et ne le ferai jamais[3]. » Johnson insista encore et encore, et le défiait publiquement de manière provocante, mais Jeffries restait sur sa position. En 1905, le champion annonça qu'il prenait sa retraite car il ne trouvait aucun rival de sa catégorie capable de le vaincre, et ajouta qu'il céderait son titre au vainqueur du match Marvin Hart vs Jack Root. Le 3 juillet 1905, Marvin Hart fut sacré champion, un titre qu'il perdit peu après, le 23 février 1906, contre Tommy Burns. Pendant ce temps, Johnson continuait de provoquer Jeffries, qui passait sa retraite dans sa ferme californienne[4]. Finalement, le nouveau champion, Tommy Burns, céda aux défis incessants de Johnson et, en août 1907, ils se mirent d'accord par écrit pour

3. Jack London, « Jeff Will Fight White Man Only ». *Philadelphia Inquirer* (23 décembre 1906), p. 13.
4. Jack London, « Johnson would like to fight Jim Jeffries ». *Wilkes-Barre Times* (19 novembre 1907), p. 6.

LE MATCH JOHNSON-BURNS

Par M. H

Nous revenons encore sur le match Jack Johnson-Tommy Burns ✍ Nous devons, en effet, à l'amabilité de l'arbitre, M

VUE PANORAMIQUE PRISE PENDANT

Nous avons déjà publié (1) une photographie donnant l'aspect du Stadium de Sydney pendant le match Jack Johnson-Tommy Burns le 26 décembre der M. Mac Intosh qui fut arbitre de ce combat fameux, la plus grande épreuve disputée en boxe depuis le 14 août 1903, date de la rencontre entre Jim J. Je

Je suis très heureux de pouvoir écrire dans le magazine que je considère comme le plus bel hebdomadaire sportif du monde. Je n'en connais pas de plus complet concernant les sports et surtout la boxe. C'est pourquoi je vais parler avec le plus vif plaisir, une fois encore, du grand combat que j'ai organisé et arbitré à Sydney.

Je me permettrai avant tout de rappeler quelques chiffres. La bourse s'éleva, pour le vainqueur, à 38.450 francs et pour le vaincu à 155.300 francs. Le vainqueur fut Jack Johnson, de Galveston, ayant une taille de 1 mètre 83 et un poids de 92 kilos. Le perdant fut le Canadien Tommy Burns, haut de 1 mètre 70 et lourd de 75 kilos 286.

Le stade avait 4 acres 1/2 environ. Il fallut pour le construire et le mettre en état passer six semaines, nuit et jour. Pour le match, il y avait 244 employés, 250 hommes de la police, 150 policemen à cheval. La presse était représentée par 250 correspondants des plus grands journaux du monde.

Il y avait 20.400 spectateurs ayant payé leur entrée. A l'extérieur du stade, une foule de plus de 40.000 personnes se pressait. Les portes ouvrirent à 6 heures du matin. A 7 heures 30, 10.000 personnes étaient déjà assises. Plus une seule place n'était vacante une heure avant le début de la rencontre. J'avais eu l'idée de faire appel à une musique qui avait pris place sur le ring et qui faisait patienter le public en attendant 10 heures 30, heure à laquelle devait commencer le grand contest.

La recette de la location avait atteint 255.000 francs, record du monde, et les entrées totales établirent un autre record : 662.500 francs. De plus, il faut ajouter 50.000 francs obtenus aux exhitions d'entraînement des deux boxeurs et 52.500 francs obtenus avec la vente d'annuaires, de cartes et de souvenirs.

Après le combat, plus de 10.000 photographies des divers incidents du combat furent vendues en moins d'une semaine, moyennant 300.000 francs

Pendant le match, je fis prendre des vues cinématographiques, dont je suis l'exclusif propriétaire. Je n'ai pas commencé encore à l'exploiter en Europe et quand paraîtront ces lignes, je serai en route vers l'Amérique pour y vendre un film. J'ai traité pour la France avec la *Vie au Grand Air* et je suis he que ce soit ce grand magazine qui fasse connaî public les diverses péripéties du passionnant co après lui en avoir enseigné les principales ligne les articles si documentés et si véridiques de ami Jacques Mortane. En Angleterre, l'exploit n'a pas encore commencé : j'ai vendu mon moyennant 250 livres par semaine, pour 40 sem soit 250.000 francs.

Quelques mots sur le match. Je vous demande pardon d' insisté sur ces diverses statisti Les chiffres sont toujours arides, mais en occasion ils offrent une éloquence assez piqu Maintenant je me permettrai de revenir sur ce fa combat.

Quand Tommy Burns monta sur le ring, Joh alla lui serrer la main, sans affectation, mais empressement, et lui dit : « Vous voilà enfi Burns répondit en grommelant et en ajouta « Chien jaune ! » Chien jaune, telle était pou Canadien la suprême injure. C'est celle dont servit pendant tout le combat à l'adresse de

(1) Voir le n° 543.

L'OPINION DE L'ARBITRE

INTOSH

osh, l'article que nous publions aujourd'hui ainsi que les splendides photographies qui illustrent ces pages

MBAT JACK JOHNSON-TOMMY BURNS

mes J. Corbett, nous a communiqué la superbe vue panoramique que nous reproduisons ci-dessus et qui donne une idée de la foule énorme (20.400 spectateurs) qui se pressait autour du ring. Le combat commença à 10 h. 1/2 du matin et dès 6 heures la foule assiégeait les portes.

ueur. Il savait qu'elle lui attirerait de dures nandes de la part du nègre, mais sa haine était orte que son instinct de conservation et tout le s, il reprenait comme une litanie, servant quer les coups qu'il recevait : « Chien jaune ! » ns l'assistance, la majorité était pour Burns : s 20.400 spectateurs, 19.400 étaient pour lui 00 seulement pour Johnson. Après le combat, artisans du blanc avaient l'air de venir recon- un corps à la morgue. Les préférences allaient ns parce que Johnson avait trop parlé de la re facile qu'il comptait remporter, pour être cru. le donc la minorité des initiés se rendait compte urns allait trouver enfin son maître. Aucun ne intelligent et au courant un tant soit peu de e, ne pouvait douter de la victoire de cet homme emblait une tour vis-à-vis de son petit con- t.

si, dès l'entrée sur le ring des deux antagonistes, te subit-elle une fluctuation immédiate et on devint-il favori. La face de Jack Johnson ait celle des barbares antiques attendant le moment psychologique pour sauter sur leur proie. On remarquait le blanc de ses yeux brillants et il épiait les moindres mouvements de Burns. Un sourire béat élargissait sa face.

Dès que les deux hommes furent en présence, il était aisé de se rendre compte que Johnson n'avait pas le coup puissant qui rendit célèbre les Jeffries, les Corbett, les Fitzsimmons. Burns, pendant tout le match, eut un jeu ridiculement trop ouvert, même dans les derniers rounds. Et je crois que c'est ce défaut qui causa sa perte, son jeu de jambes lui commandait plus de prudence. Et il est curieux de constater qu'un boxeur aussi méthodique que Burns, ait manqué de tête à ce point.

Le poids et la taille de Johnson l'emportaient surtout quand Burns chargeait. Et celui-ci semblait fait sur mesure pour recevoir les uppercuts du nègre.

Le travail de Johnson fut magnifique : de son gauche, il heurta au moins vingt fois l'endroit exact qu'il visait, mais ce fut surtout de son droit qu'il accomplit l'œuvre destructrice. Ses coups arrivaient avec toute leur force, grâce à la petite taille de Burns. Tous ses coups du droit, Johnson les distribuait dans les clinches, quand il y entrait et quand il en sortait. Tandis que Burns ne semblait pas exister dans l'in-fighting : Johnson lui prenait les bras et semblait le dorloter comme un poupon, l'empêchant de porter toute attaque. C'est pourquoi le nègre lui dit entre autres apostrophes : « Eh bien ! Tommy, moi qui croyais que vous étiez un in-fighter ! Je me faisais une belle illusion ! »

J'ai compté les touches pendant le match et j'ai constaté que pendant les quatorze rounds, Johnson a atteint 85 fois son adversaire de façon efficace.

Après sa victoire, Johnson me dit :

« Depuis que je suis champion du monde, je ne me sens pas très différent, mais je suis un peu plus paisible. »

Quant à Burns, il me répondit : « Il m'a bravement battu, mais j'aurais dû me servir plus de ma tête. En ce qui concerne ma rentrée dans le ring, c'est ma femme qui décidera. »

HUGH D. MAC INTOSH.

«Le match Johnson-Burns, l'opinion de l'arbitre»,
La Vie au Grand Air,
Paris, 6 mars 1909,
(p. 170-171)

Agence Rol, *James Jeffries*, vers 1909

Agence Rol, *Combat Johnson* vs *Jeffries*, 2 octobre 1911

combattre à Sydney le 26 décembre 1908. Johnson remporta le match et devint ainsi le premier champion noir dans la catégorie poids lourds. C'était une catastrophe pour l'homme blanc américain, et le début d'une nouvelle ère pour la boxe. Parmi les centaines de journalistes et de cameramen qui couvrirent le combat entre Johnson et Burns se trouvait l'écrivain Jack London, connu pour ses propos racistes. Il se sentit humilié, et le raconta en ces termes : « Cela ressemblait tout à fait à un Éthiopien folâtre en bisbille avec un petit homme blanc de rien du tout, à un adulte administrant des taloches à un enfant turbulent, à un monologue par un certain Johnson qui faisait avec son poing un bruit ressemblant à une berceuse tandis qu'il fourrait un certain Burns dans son berceau pour l'emporter au pays des rêves ; à des funérailles avec Burns dans le rôle du défunt et Johnson dans ceux d'entrepreneur de pompes funèbres, de fossoyeur et de chantre[5]. » Dès lors, Jack London — comme bien d'autres — se mit en quête du boxeur blanc capable de détrôner Johnson et de rendre sa suprématie à l'homme blanc. Mais le géant de Galveston, l'homme au sourire en or, était invincible. Il accumulait les gains que lui rapportaient les combats et les royalties générées par les films qui en étaient faits, et devenait peu à peu un homme riche, un « mauvais Noir » pour certains. « Pire que tout, il méprisait le danger et les tabous interraciaux. Et, pour comble, il était intelligent, fin stratège, charmeur, expressif. Il n'avait connu que de rares défaites et démolissait ses rivaux blancs. Dans les États-Unis racistes du début du XXe siècle, Johnson était le "mauvais Noir" par excellence[6]. »

Tous les regards se tournèrent à nouveau vers l'ex-champion du monde à la retraite, Jeffries, qui n'avait jamais manqué de faire savoir qu'il déplorait le fait que Johnson eût remporté un titre qui revenait, selon lui, à la race blanche. Finalement, après presque une année de défis, d'allées et venues, de rumeurs et d'accusations, Jeffries accepta de combattre Johnson, mais à condition que fût mise en jeu une forte somme d'argent. Ils signèrent le 30 octobre 1909 un contrat précisant

5. Ibidem, p. 87. Citation de l'article : « Jack London describes the Fight and Jack Johnson's Golden's Smile ». *San Francisco Call* (27 décembre 1908), p. 1.

6. Barack Y. Orbach, « The Johnson-Jeffries Fight and Censorship of Black Supremacy ». *NYU Journal of Law & Liberty* (22 juillet 2010).

LE PROCÈS DE JACK JOHNSON

Jack Johnson vient de comparaître devant le tribunal à la suite d'une rixe

Il y a quelques mois, dans un bar, Jack Johnson rencontra un de ses anciens amis, un nommé Norman Pindar, nègre comme lui, et resté dans l'état de pauvreté dont le champion est si brillamment sorti. Pindar lui offrit un verre de vin.

— Je ne bois pas de vin, répondit Johnson.

— Oh ! comme tu es fier, dit Pindar. Jadis tu étais bien heureux quand tu pouvais en ingurgiter un verre.

Furieux de se voir rappeler ses origines, Johnson administra une formidable râclée à son camarade. Et pour cette faute, le champion comparaissait le 23 mars devant la Cour de Tombs.

Le juge Mulqueen, président, était informé au début de l'audience que le plaignant et les deux femmes qui l'accompagnaient avaient disparu. Il ajouta que cette disparition avait été machinée par Johnson.

« Si l'accusé a trempé dans cette affaire comme je le suppose, grommela le juge, quand le plaignant sera retrouvé, sans m'inquiéter des contrats et engagements du nègre, je le ferai comparaître immédiatement pour le juger... »

Et Jack Johnson fut condamné à payer la bagatelle de 15.000 francs de caution pour pouvoir être élargi. C'est Arthur Dunning, de Brooklyn qui répond pour le champion. Le nègre et son avocat obtinrent cette réduction — car la caution avait été fixée à 25.000 francs — après une longue discussion au cours de laquelle Johnson s'écria

— Je regrette que Norman Pindar ne soit pas là, car il aurait avoué que je ne l'avais pas brutalisé. C'est en renversant une table qu'il s'est coupé avec des débris de verre.

Et le champion du monde put se retirer entouré de tous ses admirateurs. Il avait plus de deux livres de diamants sur lui, portait un costume dernier cri, des bottines vernies, un petit nœud de cravate noir et un magnifique chapeau de feutre. Et c'est dans cet accoutrement somptueux qu'il avait attendu sa comparution dans la salle obscure de la cour, en compagnie de vagabonds.

Il faut espérer que si l'on retrouve Norman Pindar, ce ne sera pas avant le 4 juillet, sans quoi, d'après les intentions du juge, il y aurait des chances pour que le match de Johnson avec Jeffries, pour le championnat du monde, fût reculé.

J. M.

Une sortie triomphale.
Jack Johnson sort du tribunal entouré de ses admirateurs qui viennent d'assister au premier round de son match au finish avec la Cour.

15.000 francs pour un knock-out.
Jack Johnson signe le chèque de 15.000 francs qui va lui permettre de recouvrer sa liberté après être resté en cellule pendant six heures.

la répartition des gains – 75 % pour le vainqueur et 25 % pour le perdant – et indiquant que les deux adversaires devaient respecter les règles de la boxe anglaise dites « du Marquis de Queensberry » et utiliser des gants de cinq livres.

Entre-temps, Johnson subit mille et une persécutions policières : « À Chicago, il fut arrêté pour excès de vitesse et condamné à des amendes scandaleusement élevées, qui atteignaient parfois deux ou trois mille dollars. Cette haine féroce du Noir en Amérique ne changera jamais et je suppose qu'il y aura de plus en plus de lynchages, parce que – passez-moi l'expression – Johnson a mis une raclée à l'Amérique du Nord[7]. »

« Le combat du siècle » devait avoir lieu le 4 juillet 1910 à Reno, dans le Nevada. La presse américaine prenait parti pour Jeffries, tandis que la presse européenne, notamment les journaux français, soutenait Johnson, qui était spontané, gai et aimable avec les journalistes. Plus d'une vingtaine de cameramen de presse et plus de cent cinquante journalistes et photographes couvrirent l'événement, non sans s'être acquittés au préalable de fortes sommes pour obtenir une accréditation. Plus de vingt mille entrées furent vendues. C'était un commerce lucratif, qui brassait des millions. Parmi les journalistes se trouvait le grand défenseur de « l'espoir blanc », l'écrivain Jack London, envoyé par le *New York Herald* pour rédiger une chronique quotidienne pendant les dix jours précédant l'événement. Dans sa deuxième chronique, il écrivait à propos de Johnson : « Sous cet important étalage de force combative, Johnson est d'un caractère frivole, aussi léger et insouciant qu'un enfant. Il s'amuse d'un rien. Il vit surtout dans l'instant, chez lui le chagrin et la joie sont des états d'âme passagers. [...] On dit Johnson incapable de rancune[8]. »

« Le procès de Jack Johnson »,
La Vie au Grand Air, Paris, 16 avril 1910

---

7. Anonyme, « El gran match en el que el negro Johnson conquistó el campeonato del mundo ». *La ilustración artística*, Barcelone (6 février 1911), p. 107. Cet article est une transcription de l'article rédigé le 4 juillet 1910 par le journaliste Georges Dupuy, correspondant de la revue *La Vie au Grand Air*. Voir Georges Dupuy, « Le grand match Johnson-Jeffries ». *La Vie au Grand Air*, Paris (23 juillet 1910), p. 512-536.
8. Jack London, *New York Herald* (25 juin 1910).

Agence Rol, *Jack Johnson montrant ses muscles dorsaux*, 2 octobre 1911

Agence de presse Meurisse,
Jack Johnson en tenue de boxeur,
Paris, 22 mai 1914

Agence Rol, *Jack Johnson*, 2 octobre 1911

Après la victoire de Johnson sur Jeffries, Jack London commence sa dernière chronique par ces mots :

> Une fois de plus, Johnson a réussi à infliger une défaite au représentant choisi de la race blanche, et, cette fois, le plus grand de tous. Et, comme par le passé, c'est Johnson qui a dominé le jeu. Du début jusqu'à la fin il est resté en alerte, et a échangé de spirituelles répliques avec les assistants de son rival et avec les spectateurs. Ainsi, à chaque assaut, il avait toujours quelque chose de drôle à dire à Jeffries. Il a montré son sourire en or aussi fréquemment que d'habitude, sans le pétrifier sur son visage ni l'effacer. Il allait et venait avec simplicité et naturel tout au long du combat[9].

La victoire de Johnson provoqua d'innombrables troubles raciaux dans tout le pays. Les journaux parlaient d'affrontements sanglants ayant fait de nombreux blessés, des dizaines de morts chez les Noirs et quelques-uns chez les Blancs. Selon la presse, dix-neuf Noirs et cinq Blancs auraient ainsi péri.

9. *Ibidem*, p. 48-49.

La perte de la suprématie blanche devint une affaire d'État. Elle ébranla les racines de la nation américaine et contribua à raviver les tensions raciales. Il fut interdit de filmer les combats de boxe et de projeter dans les salles de cinéma ou tout autre lieu public les images du match entre Johnson et Jeffries. Le gouvernement justifiait cette censure en disant que les projections étaient susceptibles de provoquer des troubles graves. Mais, en vérité, il s'agissait bel et bien d'une mesure raciste, une mesure dirigée contre Johnson, qui voyait ses revenus diminuer considérablement. Dans toutes les villes des États-Unis, cette censure devint un sujet de débat. Chaque journal prenait position. Mais la lutte féroce engagée autour de cette mesure se termina par la victoire des censeurs et, partant, du racisme. Elle déboucha sur l'adoption de lois ségrégationnistes qui ne firent que creuser le fossé entre Noirs et Blancs. Persécuté sans relâche, Jack Johnson fut l'une des principales victimes de cette situation.

Agence Rol, *Jack Johnson au Grand Prix de l'Aéroclub de France,* Saint-Cloud, 17 septembre 1911

Agence de presse Meurisse, *Jack Johnson et Lucille Cameron*, 30 juillet 1913

Jack Johnson, de champion du monde à millionnaire, 1910-1915

Après avoir remporté son titre, Johnson commença à forger sa légende, basée sur son mépris des préjugés sociaux et raciaux – ceux des Blancs autant que ceux des Noirs. Ainsi, tel un défricheur de possibles, le champion du monde joua son rôle de « mauvais Noir » à la perfection en se mariant en 1911 avec Etta Terry Duryea, une femme blanche. Peu après, en 1912, la revue *La Culture physique* annonçait le suicide de cette dernière en des termes racistes : « La femme de Jack Johnson s'est suicidée à Chicago, dans une crise de neurasthénie. Étant une Blanche ayant épousé un Nègre, cela suffisait à l'exiler à tout jamais de la société de sa couleur. Certainement, cet état de choses a dû être pour beaucoup dans son suicide[10]. » Etta se tira une balle de revolver en septembre et, en octobre, Johnson fut arrêté et accusé de traite de Blanches pour avoir franchi une frontière d'État avec une certaine Lucille Cameron.

10. Le Boxeur masqué, « À travers les coups de poing ». *La Culture physique*, Paris (1er octobre 1912), p. 8.

Agence Meurisse,
Frank Moran, 25 mai 1914

Il fut inculpé en vertu de la loi Mann, qui interdisait de passer les frontières d'un État avec une femme « à des fins de prostitution ou de débauche, ou pour tout autre motif immoral[11] ». C'était apparemment imparable, mais Lucille Cameron et lui s'étaient fiancés, et l'accusation s'effondra. Ils se marièrent en décembre 1912. Le boxeur fut malgré tout arrêté une nouvelle fois en janvier 1913, pour des motifs semblables, mais cette fois-ci le procureur trouva une prostituée du nom de Belle Schreiber qui témoigna contre lui. Johnson fut condamné par un jury blanc à un an et un jour de prison.

Après la condamnation et le versement de la caution, les journaux américains annoncèrent la disparition de Jack Johnson. En effet, il avait changé toutes les valeurs qu'il détenait en billets de banque, vendu ses voitures et tout ce qu'il put vendre, et il entama un périple qui allait le mener en Europe[12].

11. Barack Y. Orbach, *op. cit,* p. 67, note 8.

12. Anonyme, « Hacia Europa. La desaparición del negro Jack Johnson ». *La correspondencia de España*, Madrid (1er juillet 1913), p. 2.

Après avoir fui, Johnson s'installa en France en 1913 et demanda la nationalité française. Il acheta un domaine sur les bords de la Marne, à Joinville-le-Pont[13]. Le 26 juin, il affronta Al Palzer en empochant 60 % des recettes des entrées ainsi que 50 000 francs[14] ; en décembre, il rencontrait un autre boxeur noir, Jim Johnson, à l'Élysée-Montmartre. D'après les chroniques, le combat fut si mou que les arbitres, face aux protestations du public qui réclamait davantage de sang, déclarèrent le match nul. Jack Johnson se fractura le bras, mais certaines rumeurs disaient que cette blessure datait d'avant le match[15].

Son combat du 27 juin 1914 au Vélodrome d'Hiver, toujours à Paris, contre Franck Moran, éveilla les mêmes attentes que celles qui avaient animé les défenseurs de la suprématie blanche. Mais, là encore, alors que Moran était bien plus jeune que Johnson – il avait 27 ans et Johnson 36 –, ce dernier remporta le match et toute la presse américaine se fit l'écho de cette nouvelle victoire. Johnson s'était beaucoup amusé pendant la rencontre, ce dont témoigne un reportage d'un journal madrilène :

> Johnson a joué avec nos attentes comme un chat avec une souris. Le Noir a passé tout le combat à s'esclaffer pour exhiber la mine d'or qu'il a dans la bouche et pour montrer tant aux Noirs qu'aux Blancs qu'il ne fallait pas prendre tout ça au sérieux. Lorsqu'une DAME impétueuse lui cria à la quinzième minute : « Come on Jack, kill him ! » (« Allez Jack, tue-le ! »), Jack sourit à cette terrible femme comme pour lui dire : « Pourquoi le tuer ? Il ne m'a fait aucun mal ! » Enfin, une fois la comédie terminée, Johnson reçut une grosse liasse de billets de banque, l'empocha, son perpétuel sourire aux lèvres, et partit dormir à poings fermés, avec la conscience tranquille de celui qui a été doux et miséricordieux[16].

13. Anonyme, « Alrededor del mundo. Un negro célebre ». *Las ocurrencias* (26 septembre 1913), p. 7.
14. Paul, « Match sensacional. Una fortuna a puñetazos ». *El Heraldo militar*, Madrid (23 avril 1913).
15. Anonyme, « Match sensacional de boxeo. París ». *El Heraldo* de Madrid, Madrid (20 décembre 1913).
16. Echauri, « La moderna civilización laica ». *El siglo futuro*, Madrid (2 juillet 1914).

Agence Rol, *Jess Willard,* juillet 1919

Agence Rol, *Jack Johnson perd le championnat du monde dans le combat contre Jess Willard*, La Havane, 5 avril 1915

Mais c'est néanmoins le lendemain du match que fut assené le coup le plus brutal. Et ce fut par Gavrilo Princip, qui assassina à Sarajevo l'archiduc François-Ferdinand d'Autriche, héritier de la couronne de l'Empire austro-hongrois, ainsi que son épouse, ce qui déclencha la Première Guerre mondiale.

Après plusieurs autres combats en 1914, les imprésarios de Johnson et ceux de Jess Willard – un cowboy texan déniché par ceux qui s'obstinaient à chercher à mettre fin une fois pour toutes au règne de Johnson – se mirent d'accord pour organiser un combat à l'Oriental Park de La Havane, à Cuba, le 5 avril 1915. Willard était un géant de deux mètres, à la masse musculaire imposante, qui avait déjà perdu contre Smith, Moran et Lewinsky, non sans, d'ailleurs, leur opposer une résistance farouche. Quinze mille spectateurs, pour la plupart blancs, sans compter tous ceux qui n'avaient pas pu entrer faute de place, répondirent au nouvel appel pour la suprématie de la race. Jack Johnson arriva au stade vêtu d'un costume en lin blanc immaculé. Une fois les deux boxeurs sur le ring, la différence de stature sauta aux yeux de tous ; bien que Johnson eût pris l'initiative de l'attaque pendant les vingt premiers rounds, il ne put affaiblir le boxeur blanc, qui avait pourtant reçu son compte de coups. Face à ce mur de muscles, Johnson s'épuisait inexorablement, et Willard commença à prendre le dessus. Avant le début du vingt-cinquième round, Johnson, voyant la défaite inéluctable, demanda à Lucille, assise au premier rang, de quitter les lieux. Elle refusa dans un premier temps, mais, à la moitié du round, les larmes aux yeux, elle se décida enfin à partir. Au vingt-sixième round, Willard assena à Johnson plusieurs coups violents qui le firent tomber à genoux. Lorsqu'il se releva, les quinze mille Blancs vociféraient de fureur. Willard lui assena un direct court du gauche puis un crochet du droit si brutal qu'il l'envoya au tapis. Les quinze mille Blancs hurlèrent de joie, pendant que l'arbitre comptait jusqu'à dix et levait le bras droit du nouveau champion[17].

17. Parmeno, « Johnson, destronado ». *Heraldo* de Madrid, Madrid (15 avril 1915), p. 2.

Josep Maria Co i de Triola, *Portrait de Jack Johnson et Kid Johnson à l'Iris Park,* Barcelone, 1916

Josep Maria Co i de Triola, *Portrait du boxeur Jack Johnson à l'Iris Park*, Barcelone, 1916

Affiche de la « Gran Soirée de Boxe » à l'Iris Park, Barcelone, 12 avril 1916

C'est ainsi que l'Hercule de bronze fut vaincu[18]; au même moment, Arthur Cravan publiait le cinquième numéro de sa revue *Maintenant*.

Jack Johnson à Barcelone : de la boxe, de l'argent, des femmes blondes, de la bière et du cinéma, 1916-1918

Pour conserver son train de vie princier et continuer à vivre dans le luxe – avec ses diamants, ses costumes de dandy et ses voitures –, Johnson ne pouvait abandonner les combats qui le menaient dans toute l'Europe, car tout cela dépendait de sa célébrité. Lors d'un séjour en Grande-Bretagne, il fut recruté par le gouvernement pour participer à la campagne de mobilisation des jeunes gens. Un journal madrilène, *El Globo*, se fit l'écho en des termes racistes et se voulant cocasses d'une nouvelle publiée par le quotidien parisien *Excelsior* :

> Jack Johnson est le grand agent recruteur de la Grande-Bretagne. La conscience de race des Anglais est-elle descendue si bas qu'ils doivent confier au boxeur noir Johnson, qui a été expulsé de son pays, le rôle de rappeler à la jeunesse britannique apte au service des armes ses devoirs envers la patrie, et de l'inciter à entrer dans l'Armée ? Et dans ce pays allié de la civilisation, on n'a même pas honte de cette ignominie[19] !

Jack Johnson quitta la Grande-Bretagne et arriva à Madrid début mars 1916. Les nouvelles parues alors dans la presse sont contradictoires. Certains journaux affirmaient qu'il venait s'entraîner pour un combat devant avoir lieu plus tard aux États-Unis, alors que d'autres soutenaient qu'il avait signé un contrat de 50 000 pesetas pour un match contre un champion dont l'identité était tenue secrète[20]. Sur les affiches, la plupart des noms de boxeurs étaient décorés et précédés du titre de « champion », même s'ils n'avaient jamais remporté le moindre combat. Johnson continua alors de brandir son titre de champion du monde, même s'il

18. Anonyme, « Interesante match de Boxe en La Habana - El Campeonato del Mundo ». *La ilustración artística*, Barcelone (26 avril 1915), p. 299.

19. Anonyme, « El buen negro ». *El Globo*, Madrid (4 janvier 1916).

20. Anonyme, « Jack Johnson ». *La correspondencia de España*, Madrid (11 mars 1916), p. 6.

Agence de presse Meurisse,
Frank *Crozier*, janvier 1909

Photographie de Jack Johnson avec une dédicace à M. Gilbert, vers 1916

Annonce du combat entre Jack Johnson et Arthur Cravan parue dans El liberal, 9 avril 1916

EL LIBERAL

PLAZA DE TOROS MONUMENTAL

El domingo, día 23 de Abril, tendrá lugar el sensacional combate de boxeo entre

Jack Johnson (negro) y Arthur Cravan (blanco)

en un match á 20 rounds de 3 minutos

Precios módicos **Véanse programas**

Lucha de boxeo en el Gran Teatro, de Madrid, entre los campeones negros Jack Johnson y Franck Crozier. *(Fot. Vidal.)*

Photographie du combat entre Johnson et Crozier, parue dans Hojas Selectas. Barcelone, 1916

n'avait que faire de tout cela ; en effet, il avait dominé le monde de la boxe pendant si longtemps que sa simple présence faisait monter le prix des entrées et attisait l'intérêt du public. Son séjour à Madrid fut bref, et dura juste le temps pour son imprésario, Jack Morris, de convenir d'un match contre Franck Crozier pour le 23 mars au Gran Teatro. Poids lourd contre poids moyen. Les paris allaient tous dans le même sens : Crozier ne pourrait jamais vaincre le géant noir. Les organisateurs furent donc conduits à rabaisser leurs prétentions et à ne plus qualifier ce match de « combat », mais, simplement, de « démonstration ». Sur le ring, Johnson se comporta en « professeur [qui] luttait avec beaucoup de fair-play, sans harceler son rival, portait les coups avec une grande habileté et contenait Crozier sans le moindre effort. […] Ceux qui étaient allés voir ce que promettait l'affiche et souhaitaient admirer l'habileté du célèbre boxeur qui avait amassé une fortune à la force de ses poings

Josep Maria Co i de Triola, *Combat entre Frank Hoche et Allack avec l'arbitre Jack Johnson à l'Iris Park,* Barcelone, 12 avril 1916

furent satisfaits de cette intéressante leçon[21]. » Parmi les spectateurs se trouvait Arthur Cravan, qui, le jour même, avait publiquement défié Johnson par le biais d'une lettre publiée dans le journal madrilène *El Correo Español*. Deux jours plus tard, ils signaient un contrat qui fixait la date et le lieu de leur combat : ce serait le 23 avril à Barcelone.

Lorsque Johnson arriva à Barcelone à la fin mars, il rencontra Ricardo de Baños, un cinéaste qui s'intéressait au personnage qui avait été champion du monde des poids lourds et qui, de surcroît, était noir. Il conclut avec lui un accord sur la possibilité de filmer le combat, mais aussi de réaliser un long-métrage dans lequel Johnson tiendrait le premier rôle, celui d'un héros noir doté de toutes les vertus morales et d'une grande force physique. Johnson était comme un poisson dans l'eau dans la ville à la fois cosmopolite et provinciale qu'était alors Barcelone[22]. Sa présence ne faisait que renforcer ce cosmopolitisme. Il devint le centre de tous les regards, ce qui n'était pas pour lui déplaire. En outre, Cravan et lui mirent sur pied une formidable opération publicitaire pour faire de leur combat « le match de l'année ». Ce face-à-face opposait deux personnalités égocentriques, deux poids

21. Anonyme, « Johnson y Crozier. El boxeo en Madrid ». *La época*, Madrid (26 mars 1916), p. 3.
22. Don Félix de Albaniego, « Lucille Johnson ». *El Mundo Cinematográfico*, Barcelone, n° 140 (25 mars 1918), p. 7.

CINEMATÓGRAFOS Y VARIEDADES

TEATRO CINE ELDORADO y PALACE CINE

Hoy, miércoles, escogidos programas con estrenos, todos de bonito argumento y éxito.—Hoy, 4 estrenos: «Las pelucoñas de don Antonio», «Actualidades Gaumont», Actualidades guerra, El anarquista y el perro policía (dibujos). Zi-Zi, «Corazón y conciencia», «La primavera de corazón»

Ultimo día de la película de gran actualidad, «GRAN MATCH DE BOXEO», donde los amantes de este importante sport podrán admirar el desarrollo de la lucha en los runds más importantes y contemplar los emocionantes ataques que se efectuaron en el celebrado en la Habana (Cuba)

WILLARD CONTRA JHONSON

En cuyo MATCH perdió JHONSON el campeonato del mundo

EN EL TEATRO CINE ELDORADO

Exito extraordinario, sin precedente

LOS PEREZZOFF'S (Un souper animé chez Máxim.)

Mañana, jueves, nuevos estrenos entre los que figura: «El pasado de su mujer», Nordisk, «Las dos perlas», Film de Art.

EMPRESA BOHEMIA

GRAN TEATRO CONDAL, GRAN CINE BOHEMIA Y CINE IRIS PARK

Hoy, miércoles, grandes programas con estrenos de éxito.

Actualidades guerra, El anarquista y el perro policía, dibujos; La otra cara, EL SALTIMBANQUI MILLONARIO, Memorias de un criminal, Nordisk. Ultimo día de la película 9.ª y 10.ª series de La moneda rota, cuyos títulos son: El crimen del hotel y Al filo de la muerte; Mañana, jueves, nuevas y escogidas películas: Las dos perlas, La inocencia revelada, Hernán el aventurero, 11.ª y 12.ª series de La moneda rota.

Publicité du film du combat entre Willard et Jack Johnson au Teatro Cine El Dorado parue dans El Diluvio, *Barcelone, 12 avril 1916*

lourds, et Barcelone devint le théâtre non seulement de leurs entraînements, mais aussi de leurs altercations et de leurs excentricités, ce qui ne faisait qu'alimenter les rumeurs. Johnson était à la tête d'une grande fortune, gagnée grâce à ses multiples combats, aux films qui en avaient été tirés et aux royalties. Il menait un train de vie de millionnaire et ne pouvait se permettre de cesser de monter sur le ring, car c'est de ses matches que se nourrissait sa célébrité, et donc sa force. Chaque combat lui rapportait énormément ; le 23 avril, c'est 50 000 pesetas qui étaient en jeu. C'était précisément la somme dont Cravan avait besoin pour pouvoir s'embarquer en direction de l'Amérique, et ainsi fuir une possible mobilisation pour la guerre qui faisait rage en Europe.

Avant l'arrivée de Johnson, la presse barcelonaise avait dit qu'il avait envisagé de s'installer pour de bon dans la ville et invitait le public à aller assister à ses échauffements quotidiens à l'Iris Park ou ailleurs. Les photos prises par Josep Maria Co i de Triola, qui travaillait pour plusieurs magazines sportifs, nous montrent certains des entraînements de Cravan (voir « L'image poétique du boxeur Arthur Cravan : un

Caricature de Jack Johnson parue dans
L'Esquella de la Torratxa, Barcelone, 28 avril 1916

double jeu », dans le présent catalogue). Il existe deux clichés particulièrement significatifs : l'un sur lequel on voit Jack Johnson en train de s'entraîner à mains nues avec Kid Johnson, et un autre sur lequel il pose seul pour le photographe, avec, en arrière-plan, beaucoup de spectateurs. Nous pouvons également le voir en train d'arbitrer un combat entre Hoche et Allack, à l'Iris Park[23]. Le 16 avril, à ce même endroit, Johnson commence son séjour barcelonais par un entraînement l'opposant à son neveu, Rhodes, et à son masseur, comme le rapporte la revue *Ilustració Catalana*[24].

Les revues satiriques de Barcelone s'intéressèrent elles aussi à Johnson avant le combat, et le boxeur fut caricaturé à de nombreuses reprises – surtout dans *Papitu* (par León), mais aussi dans *L'Esquella de la Torratxa*. C'est dans cette dernière revue, dans un numéro où le célèbre peintre et écrivain Santiago Rusiñol avait rédigé, sous le pseudonyme de Xarau, une diatribe sur les entraînements de Johnson, qu'il jugeait brutaux (mais où il s'en prenait surtout à Cravan), que fut publiée une caricature anonyme du boxeur noir en pleine page, très évocatrice. On pouvait voir un gigantesque Jack Johnson arborant son habituel sourire moqueur et des gants de boxe bleus, les pieds enracinés sur un ring en forme de globe terrestre. Jack Johnson semble dominer le monde, et le titre dit : « LES GRANDS HOMMES DE LA FORCE BRUTE. Jack Johnson, champion de boxe[25] ».

Le combat dura six rounds, à l'issue desquels Johnson gratifia Cravan d'un direct du droit suivi d'un crochet du gauche qui le mirent KO, le

---

23. Anonyme, « Pugilato. Jack Johnson arbitra en el Iris Park ». *Stadium. Revista selecta ilustrada de sports*, Barcelone (15 avril 1916), p. 249.

24. Anonyme, « Boxe ». *Ilustració Catalana, Barcelone* (16 avril 1916), p. 223.

25. *L'Esquella de la Torratxa*, Barcelone (21 avril 1916), p. 281.

laissant étendu sur le ring. Cravan fut pathétique : il n'était pas le moins du monde prêt à affronter le champion. *L'Esquella de la Torratxa* de la semaine suivante publia en première page une caricature du visage de Johnson coiffé d'un béret, avec la légende suivante : « Vous pouvez me couvrir de bleus, de toutes façons ça ne se voit pas[26] ! »

Après le combat, et pour apaiser l'ire des rares spectateurs, Jack Johnson affronta Kid Johnson, puis son neveu Gus Rhodes, et cette démonstration de véritable professionnalisme lui valut d'être enfin applaudi.

La vie de Jack Johnson à Barcelone

Il existe différentes sources d'informations sur la vie que mena Johnson dans la capitale catalane. Deux d'entre elles sont particulièrement importantes : l'une est contemporaine de l'époque — c'est Arthur Cravan —, tandis que l'autre date de 1960 – c'est le critique d'art Sebastià Gasch. Tous deux nous aident à mieux comprendre la personnalité de Johnson et nous renseignent sur ce que fut sa vie jusqu'au tournage du film *Fuerza y nobleza*. Dans un entretien accordé au journal new-yorkais *The Soil* en 1917, Cravan déclare à son propos :

> Johnson a quelque chose d'un nouveau riche ; à Barcelone, il s'est acheté des meubles pour vingt-sept mille pesetas ; peu après, alors que nous étions dans le hall de l'hôtel, près d'un quidam, il me dit : « Racontez ça à ce type », en parlant de l'achat qu'il venait de faire. « Mais je ne le connais pas », protestai-je. « Pas grave, racontez-lui », exigea le grand exilé. Il a quelque chose d'un nouveau riche, mais encore plus d'un roi ; l'expression de ses paupières est majestueuse, on dirait Louis XIV. À l'hôtel, chaque fois qu'il rencontrait un journaliste, il disait : « Encore un de ces maudits reporters... ». Les journalistes sont obligés d'attendre deux ou trois heures

26. *L'Esquella de la Torratxa*, Barcelone (28 avril 1916), couverture.

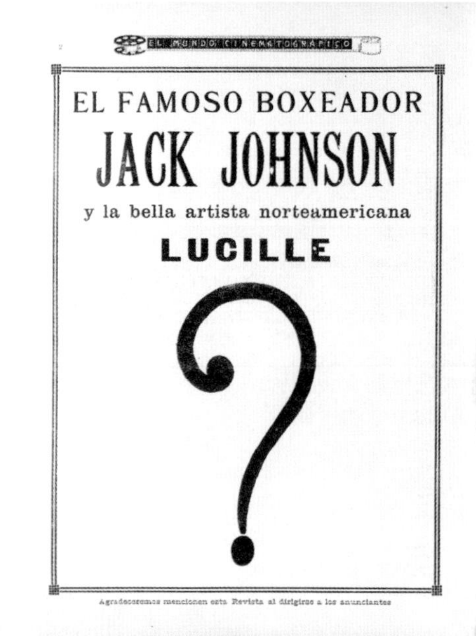

Publicités du film Fuerza y nobleza *parues dans* El Mundo Cinematográfico, Barcelone, 10 mars 1917

avant de pouvoir le voir. Quand on lui présentait une facture, il disait à chaque fois «*mañana, mañana*» («demain, demain») et ajoutait sur un ton méprisant: «Réclamer de l'argent à un champion du monde, il faut oser...» Je ne dis pas cela pour le dénigrer; c'est tour à tour un fumiste et un enfant. En dehors du ring, c'est un personnage tapageur. J'aime qu'il soit excentrique, joyeux, bienveillant, merveilleusement prétentieux. Quoi que Johnson fasse, il sera prudent d'avoir une dizaine de policiers sous la main[27].

Si les déclarations farfelues de Cravan sur son adversaire de 1916 sont à prendre avec précaution, sa description coïncide par certains aspects avec le souvenir qu'en gardait Sebastià Gasch lorsqu'il relatait pour la revue *Destino* les tribulations de Johnson à Barcelone ainsi que d'autres anecdotes sur Cravan et la boxe dans cette ville:

27. Anonyme, «Arthur Cravan vs. Jack Johnson». *The Soil*, New York, t. 1, n° 4 (avril 1917), p. 161-162.

> [Après le combat avec Cravan,] Jack Johnson s'installa à Barcelone et se mit à mener un train de vie princier. Il ne voulait rien savoir des gens humbles. On l'appelait Don Jack ; il habitait Carrer de Mallorca et avait une ribambelle de domestiques vêtus d'incroyables livrées. Don Jack se promenait tous les après-midi sur le Passeig de Gràcia dans sa splendide calèche, accompagné d'une petite dame blonde. Après avoir fait quelques tours il allait à l'Edén, Carrer Nova. Ou à l'Excelsior, sur la Rambla – c'est là, dans un coin sur la gauche, qu'il commença à parler de son ancêtre, la reine de Saba, et qu'il se mit en tête que Salomon et tous les personnages bibliques étaient noirs comme la poix.

Publicité du film Fuerza y nobleza *parue dans* El Mundo Cinematográfico, Barcelone, 25 octobre 1917

> Tout en se consacrant à ces recherches, il consommait toute la bière de l'Excelsior et tissait des liens avec les demoiselles au teint pâle qui fréquentaient le cabaret. Il monta ensuite une agence de messagerie, tourna un film — *Fuerza y nobleza* — et se retrouva sans le sou. Pour quitter l'Espagne, il dut mettre en gage les livrées de ses serviteurs[28].

Au sujet de sa femme, Lucille, les commentaires étaient peu ou prou du même acabit. Félix de Albaniego écrivait ainsi :

> Un jour, une femme impétueuse, subjuguée par la célébrité du grand athlète noir, l'épousa. Johnson venait de remporter le championnat du monde de boxe et quelques millions de francs. […] Nous l'avons vue porter des atours valant une fortune sur les promenades de Barcelone[29]…

28. Sebastià Gasch, « Jack Johnson en Barcelona ». *Destino*, Barcelone, nº 1212 (29 octobre 1960), p. 39.
29. Don Félix de Albaniego, « Lucille Johnson ». *op. cit.* p. 7.

Dossier de presse du film Fuerza y nobleza, Barcelone, vers 1918

Fuerza y nobleza, un film de Ricardo de Baños avec Jack Johnson, Barcelone, 1917-1918

Le tournage du film *Fuerza y nobleza*, dont le titre anglais était *Strength & Nobility*, commença fin 1916 et s'acheva en 1917. Ricardo de Baños (Barcelone, 1882-1939) en était le metteur en scène, Ramón de Baños (Barcelone, 1890-1980) le directeur de la photographie, et Royal Films la société de production. Jack Johnson et sa femme Lucille, Max Besançon, Fernando Delgado, Nicolás Perchicot, Miguel del Llano, Ticiano Lombia et Francisco Aguiló Torrandell en étaient les interprètes. Royal Films appartenait aux frères Baños, mais Johnson avait investi une partie de son capital dans le film. C'était pour lui une manière de faire sa promotion en marge de la boxe. *Fuerza y nobleza*, qui était l'un des films espagnols les plus chers du moment, fut acheté par la compagnie Empresa Cinematográfica, qui se chargea de la distribution. Ricardo de Baños, qui avait étudié à Paris, à Londres et en Allemagne, était connu pour ses trucages et ses revirements de scénario – il avait appris ces techniques d'un disciple de Méliès. Il rencontra Johnson lorsque le boxeur arriva à Barcelone pour affronter Arthur Cravan, et c'est à deux qu'ils conçurent cette histoire d'un héros de couleur.

En février 1917, la presse spécialisée indiqua que la Royal Films préparait la présentation du film, expressément écrit pour Johnson et son épouse[30], à l'aide d'une vaste opération publicitaire déployée dans toutes les revues de cinéma paraissant alors à Barcelone. Dans le numéro de mars de l'une de ces publications, on pouvait lire: «*Fuerza y nobleza*, un autre film à épisodes de la "Royal", dans lequel jouent le célèbre boxeur Jack Johnson et sa belle épouse Lucille. Voici quelques jours fut tournée une scène captivante: des lions féroces attaquent Johnson, qui s'écroule dans une forêt, blessé[31].» Dans ce même numéro, la revue consacra à la publicité du film une pleine page sur laquelle on pouvait voir une photo de Lucille Johnson, dont le nom était systématiquement précédé de «la belle». Certains des encarts publicitaires comportaient des photographies des acteurs et de scènes du film, d'autres seulement du texte, et quatre, parus dans les revues *El Mundo Cinematográfico* et *El Mundo Cinematográfico, Edición Popular*, avaient été illustrés par le dessinateur Joan Junceda i Supervia (Barcelone, 1881-Blanes, 1948). Dans les quatre, Junceda caricature les personnages du film – policiers, politiciens, voleurs, lions, serpents – et illustre certaines scènes. On fit également imprimer des posters représentant des images du film, des cartes postales et des brochures présentant le synopsis, et réaliser des mobiles en cartons et d'autres objets décoratifs dérivés du film.

Fuerza y nobleza était conçu comme un feuilleton et se vendait au mètre. Ce type de production avait ses partisans, mais aussi ses détracteurs. Pour les premiers, la durée du film renforçait son intérêt – car, plus le film était long, plus il y avait de retournements de situation – et permettait de définir « de façon plus sûre la psychologie

30. «Jack Johnson y la "Royal Film"». *El Mundo Cinematográfico*, Barcelone, nº 114 (25 février 1917), p. 39.

31. «Las grandes películas». *El Mundo Cinematográfico*, Barcelone, nº 116 (25 mars 1917), p. 3.

Publicité du film Fuerza y nobleza *dans le magazine* El Mundo Cinematográfico, Barcelone, 25 février 1918

des personnages, confrontés – comme dans la vie – à de multiples questions de morale et de passion que chacun résout en fonction de son tempérament. En outre, l'émotion du spectateur, provoquée de maintes manières, reste suspendue à l'intrigue[32]. » Ces films sont proches des séries télévisées d'aujourd'hui, mais comptaient quatre ou cinq épisodes tout au plus.

Le film de Baños compte quatre chapitres : *El testamento de un príncipe*, *Entre fieras*, *El film delator* et *Jack Johnson justiciero*. Après la projection au Salón Cataluña, *El Mundo Cinematográfico* déclara que le sujet aussi bien que la trame du film étaient captivants et remplis d'intrigantes péripéties[33].

Lucille et Jack Johnson conservaient dans le film leurs véritables noms et devenaient ainsi, aux yeux du spectateur, un héros et une héroïne réels. Un reportage sur Lucille Johnson publié dans *El Mundo Cinematográfico* indique que, bien que ce fût son premier film, elle s'était bien défendue : « Lucille, qui interprète le rôle de la petite princesse dans cette œuvre ambitieuse, nous a surpris par son aisance : jusque dans les passages les plus ardus, elle sait trouver le secret de l'émotion[34]. »

Dans les revues spécialisées, les commentaires des journalistes parus après la sortie disaient que le film avait été un succès commercial et public ; mais, malgré tout, il semblerait qu'il ait ruiné Johnson, qui dût quitter Barcelone.

Le boxeur incarnait le rôle principal dans ce film très différent de ce que faisaient à cette époque aux États-Unis les réalisateurs noirs. Oscar Micheaux (Illinois, 1884-Charlotte, 1951), le premier

32. La rédaction, « Las películas de serie ». *El Mundo Cinematográfico*, Barcelone, nº 127 (10 septembre 1917), p. 1.
33. « Fuerza y Nobleza ». *El Mundo Cinematográfico*, Barcelone, nº 137 (10 février 1918), p. 7.
34. Don Félix de Albaniego, « Lucille Johnson ». *op. cit.* p. 7.

*Jack Johnson et Lucille Cameron sur la couverture d'*El Mundo Cinematográfico, Barcelone, 10 décembre 1917

*La « Belle Lucille » en couverture d'*El Mundo Cinematográfico, Barcelone, 10 mars 1918

Publicité du film Fuerza y nobleza *dans le magazine* El Mundo Cinematográfico, Edición Popular ilustrada, Barcelone, 1918

metteur en scène afro-américain de l'histoire du cinéma muet, tourna son premier film, *The Homesteader*, en 1919 et le deuxième, *Within our Gates*, dès l'année suivante. Dans les deux il était aussi scénariste, et dans tous deux il dépeignait le racisme contre les Noirs dans toute sa crudité et dénonçait le retour en force du Ku Klux Klan, qui en vint à compter quatre millions de membres. Mais ces films, qualifiés de *race films*, s'adressaient essentiellement à un public noir, et se trouvaient donc en dehors du système de production hollywoodien. Leur impact politique sur les Blancs était ainsi presque inexistant.

En 1918, le peintre hollandais Kees van Dongen, ami d'Arthur Cravan, fit un portrait de Johnson aussi beau qu'original. Pour survivre, Johnson fit des matches de démonstration dans toute l'Europe. Puis, las de cette vie errante, il rentra en 1920 aux États-Unis, où il purgea sa peine et ouvrit à Harlem un club de jazz qu'il finit par vendre pendant la Prohibition au gangster Owney Madden, dit « The Killer », qui avait été un espoir de la boxe dans les années 1930. Ce dernier en fit le célèbre Cotton Club. Johnson se sépara de Lucille en 1924 et épousa l'année suivante Irene Pineau, avec qui

Vinfer (César Fernández Ardavín), *Affiche publicitaire rendant hommage à Jack Johnson, champion du monde, pour l'Empresa mexicana de variedades y deportes*, Madrid, 1916

Agence Mondial, *Johnson et sa femme Irene Pineau*, Paris, janvier 1933

il vécut jusqu'à sa mort. C'est avec elle qu'il ouvrit un autre club de jazz, le Showboat, à Los Angeles.

Johnson n'avait jamais caché son intention de vivre selon ses propres règles, à savoir être au monde en tant que personne libre, dépourvue de préjugés ; c'est ainsi qu'il développa le sens de la provocation contre ceux qui — Blancs ou Noirs — voulaient le placer dans le camp adverse. Il était au-dessus des conflits interraciaux. Il finit par diriger *Tiger Rag*, un orchestre de jazz, et mourut le 10 juin 1946 dans un accident de voiture en Caroline du Nord, à l'âge de 68 ans.

Jack Johnson fait partie de la culture populaire nord-américaine depuis lors. Jusqu'à aujourd'hui, il a fait l'objet de nombreux documentaires, films de fiction et livres. En 1971, Miles Davis — amateur de boxe et

admirateur de Johnson et de Sugar Ray Robinson – sortit un album intitulé *A Tribute to Jack Johnson*, à la fin duquel l'acteur noir Brock Peters, dans le rôle de Johnson, s'écrie :

> *Je suis Jack Johnson, champion du monde poids lourds !*
> *Je suis noir ! Ils ne me laisseront jamais l'oubliier.*
> *Je suis noir, pour sûr ; je ne les laisserai jamais l'oublier*[35].

Kees van Dongen,
Jack Johnson,
vers 1919

35. Miles Davis, *A Tribute to Jack Johnson*. BSO *Jack Johnson*, 1971, Columbia LP S 30455, 24 février 1971. Producteur : Teo Macero. Ingénieur du son : Stan Tonkel. Tous les thèmes sont de Miles Davis. Miles Davis (trompette) ; Steve Grossman (saxo) ; John McLaughlin (guitare électrique) ; Herbie Hancock (orgue) ; Michael Henderson (basse électrique) ; Billy Cobham (batterie) ; produit par Teo Macero ; avec la voix de Brock Peters. Columbia Studio B, New York, 7 avril 1970.

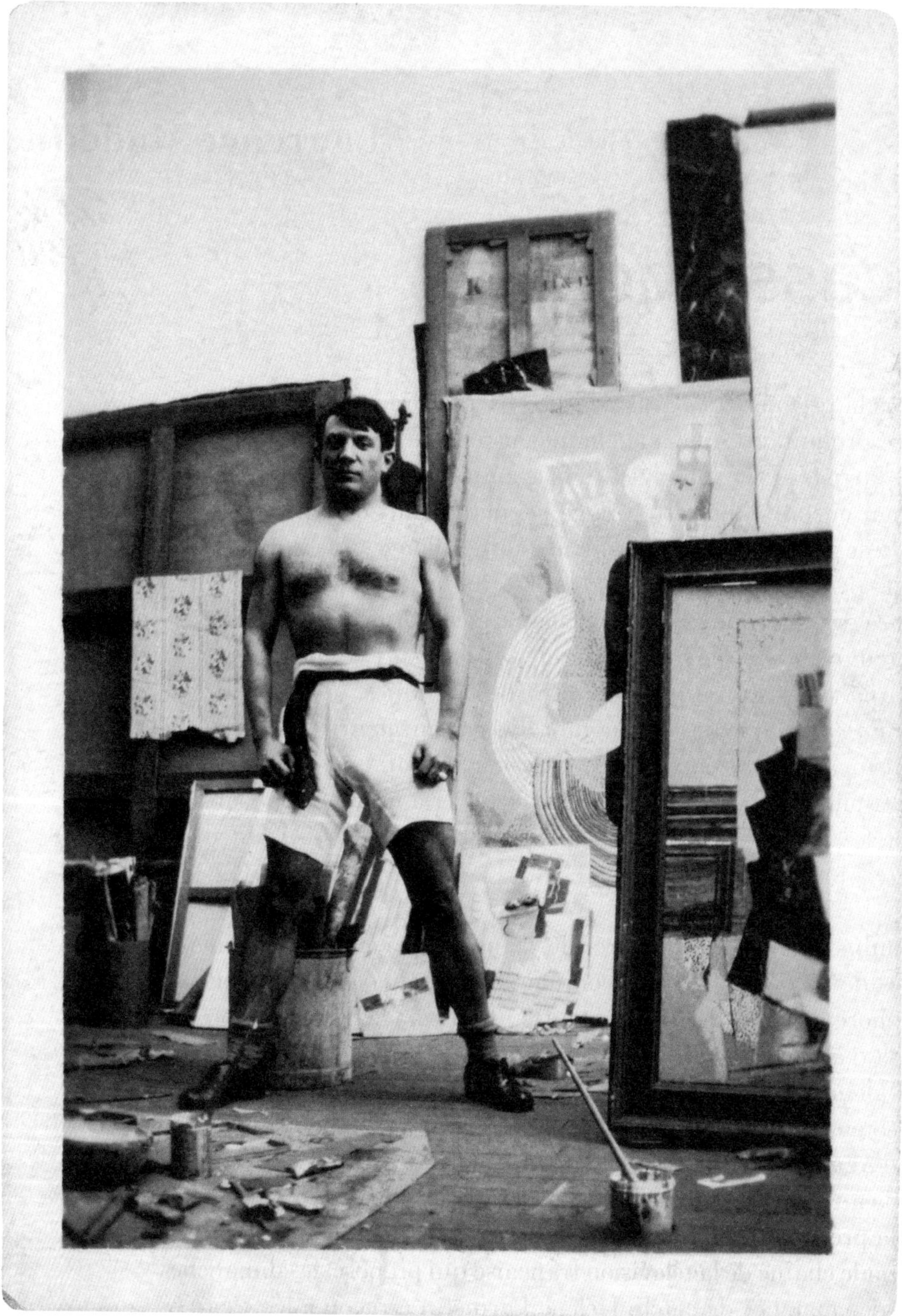

Picasso devant la peinture Homme assis au verre *en cours d'exécution dans l'atelier de la rue Schœlcher*, Paris, 1915-1916

Laurence Madeline

Picasso boxeur

1. Dans la première des gravures de l'extraordinaire *Suite 347* que Picasso produit, presque à la chaîne entre le 16 mars et le 5 octobre 1968, l'artiste se présente, vieilli, face à un catcheur, ou à un boxeur. Figurent encore dans cette image l'acteur Jean-Louis Barrault, de profil, une écuyère et son cheval, un homme allongé qui est, peut-être, l'adversaire terrassé du boxeur, ainsi qu'une nuée de spectateurs réduits à des yeux noirs et des bouches fermées. Brigitte Baer a intitulé cette œuvre, *Picasso, son œuvre et son public*, comme si l'artiste convoquait, dans un espace et un instant uniques, un condensé de son œuvre ainsi que de ses innombrables admirateurs[1]. Comme si le lutteur incarnait ses créations, passées ou à venir, comme si, encore, devant son public, il allait lui-même se livrer à un nouveau combat. De fait, la *Suite 347* représente bien un combat entre l'artiste, le temps, l'œuvre à produire.

Le combat de boxe est donc révélé, dans cette œuvre des dernières années de la vie de l'artiste, comme une métaphore de la création. Métaphore qui mêle les idées de lutte, de spectacle, d'exhibition, de force et d'audace… mais aussi le goût avéré de l'artiste pour ce sport et ses alentours, comme la lutte ou le catch. Le catch s'est imposé à Picasso en s'introduisant, via la télévision, dans ses demeures de la Côte d'Azur, et surtout à Notre-Dame-de-Vie. La télévision, en effet, et dès la fin des années 1950 offre un nouveau souffle à ce divertissement dont la présentation s'institutionnalise avec la création, en 1964, de la seconde chaîne de la télévision française qui propose, les dimanches soirs, des matches de catch. Hélène Parmelin a raconté les « soirées

1. Brigitte Baer, *Picasso Peintre-Graveur*. Berne, Kornfeld, 1986-1996, VI, 1496.

Pablo Picasso, *Picasso, son œuvre et son public*,
Mougins, 16-19 et 20-22 mars 1968

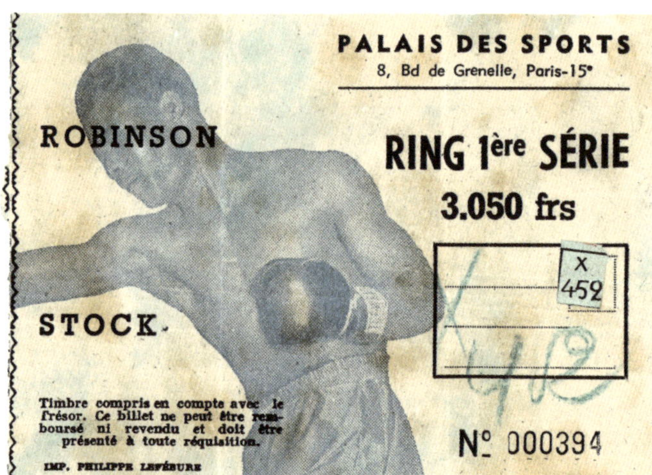

Billet d'entrée pour le combat Robinson vs Stock,
au Palais des Sports, Paris, 27 novembre 1950

catch » de Picasso et d'Ernest Pignon, et Roland Penrose a, à plusieurs reprises, noté dans ses carnets qu'il regardait le catch avec Picasso à la fin des années 1960 et en 1970 [2].

2. Le catch télévisé constitue une forme de palliatif aux matches de boxe, « en vrai » et en direct, auxquels Picasso assistait lorsqu'il vivait encore à Paris et qu'il se mêlait, tout près du ring, aux spectateurs du Palais des Sports ou autres salles parisiennes.

Fernande Olivier, sa compagne jusqu'en 1912, confirme le fait : « [Picasso] aimait la boxe… [3] » et, dans une phrase que l'on sent enthousiaste, Picasso écrit à son marchand Daniel-Henry Kahnweiler, « J'ai été dimanche à Avignon au cinématographe l'après-midi et j'ai vu le combat Carpentier-Klaus » [4]. Les archives personnelles de Picasso conservent aussi plusieurs tickets qui retracent, sans doute partiellement, la passion de l'artiste jusqu'à ce qu'il s'installe dans le sud. Le dernier combat auquel il assiste est celui « à sensation [5] » qui a opposé l'Américain Sugar Ray Robinson et le Français Jean Stock au Palais des Sports, le 27 novembre 1950. Combat remporté par Robinson en 5 minutes, après l'abandon de Stock, et qui s'inscrit dans la légende de l'Américain, toujours considéré comme un des plus grands boxeurs de tous les temps. Il est curieux de constater que le peintre, déjà installé à Vallauris où il était de retour depuis le 19 novembre, après avoir assisté à la seconde conférence mondiale pour la paix à Sheffield, repart à Paris et voit ce match aussi court qu'historique.

Picasso était également présent au match de boxe poids lourds qui a opposé l'Italien Carnera au Belge Pierre Charles, ainsi qu'à un des cinq autres combats dont celui Soren Petersen vs Walter Neusel, qui a eu lieu au Palais des Sports le lundi 29 février 1932. Un billet

---

2. Elizabeth Cowling, *Visiting Picasso. Notebooks and Letters of Roland Penrose*, Londres, Thames and Hudson, 2006, p. 317 et 321.
3. Fernande Olivier, *Picasso et ses amis*, Pygmalion - Gérard Watelet, 2001 p. 66.
4. La lettre est citée par Judy Cousins dans la chronologie du catalogue *Picasso et Braque. L'invention du cubisme*, Paris, Flammarion, 1990, p. 380. Dans la note 152, p. 412, Cousins précise que « Picasso a peut-être vu un film d'actualités sur le célèbre combat de boxe qui opposa Georges Carpentier à Frank Klaus le 24 juin 1912.
5. Reportage de la télévision française, archives INA.

conservé dans ses archives en fait foi. De même que d'autres tickets, moins précis (1er Grand Gala de boxe de 1934, Boxe au Palais des Sports, non daté), témoignent d'un intérêt constant pour ces rencontres sportives.

Si on ignore si Picasso, qui passait alors beaucoup de temps dans son atelier de sculpture à Boisgeloup a fait le déplacement à Paris pour participer au gala de boxe destiné à financer la mission Paris-Dakar-Djibouti, le 15 avril 1931 au Cirque d'Hiver, on sait qu'il y était expressément invité par Michel Leiris, ami et membre de l'expédition. Leiris lui écrit, à Boisgeloup, le 7 avril : « Je souhaite vraiment que vous puissiez venir, d'autant plus que la réunion sera très belle, une des plus belles certainement de l'année[6]. » Le programme de la soirée est détaillé par le journal *L'Intransigeant* : « Tout d'abord, citons la rencontre entre Al Brown, champion du monde des poids coqs, et le champion de France des poids plumes, Simendé. Puis le match comptant pour le titre de champion de France des poids moyens entre Marcel Thil (tenant) et Lebrize. D'autre part, Bouquillon sera opposé à Baiguerra, champion d'Italie des poids lourds, et Bensa rencontrera Miki Gelb. » Al Brown, remporte son combat et *L'Intransigeant* écrit : « Trente minutes après son combat, en smoking, endiamanté et gominé, Al Brown reparaissait dans la salle en spectateur. On eût dit qu'il venait de dîner *at home*, tant il paraissait frais[7]. »

3. Le personnage de Panama Al Brown, qui, tandis qu'il tente de regagner son titre de l'International Boxing Union, intègre la *Revue nègre*, suscite la fascination d'intellectuels parmi lesquels Jean Cocteau. La boxe, en effet, constitue, a priori, l'opposé exact de la vie quotidienne d'un écrivain ou d'un artiste, et met en lumière certains symboles de l'altérité, comme la force et la négritude. Double altérité que Cocteau traduit ainsi : « Brown me représente le sommet de la boxe, une sorte de poète, de mime, de danseur et de magicien

6. Lettre de Michel Leiris à Picasso du 7 avril, citée dans Les archives de Picasso *« On est ce que l'on garde! »*, Paris, RMN, 2003, p. 238.
7. *L'Intransigeant*, 17 avril 1931), p. 4.

qui transporte entre les cordes la réussite parfaite et mystérieuse d'une des énigmes humaines : l'énigme de la force[8] » et « Al était un poème à l'encre noire[9] ». Même si tous les boxeurs ne sont pas africains ou afro-américains, le ring se transforme en théâtre de la confrontation entre deux univers, noir et blanc. La tragique carrière de Battling Siki, le boxeur franco-sénégalais, démontre à la fois le racisme dont le boxeur africain est la victime et, malgré tout, la possibilité d'exister, par la boxe, dans un monde blanc. Dans ce difficile paradoxe, la boxe porte également une part de l'identité noire.

Nancy Cunard place, dans son « Anthologie nègre », la figure du boxeur, incarnée par Bob Scanlon, parmi les « Negro Stars[10] », auprès de Josephine Baker. La boxe, comme le jazz, ou la danse, ou la sculpture, font ainsi partie de l'histoire et de l'identité des Noirs que promeut Cunard dans son entreprise monumentale. Qu'Al Brown soit inscrit en première ligne du programme de la soirée du 15 avril — *L'Intransigeant* note encore que le boxeur « a des raisons de s'intéresser au continent noir[11] » — témoigne de la rencontre de l'intérêt, partagé par les intellectuels, les artistes, les écrivains, les scientifiques, pour le sport, d'une part, et pour une culture noire que certains « Blancs » tentent de définir, d'autre part. Les amateurs de matchs de boxe sont souvent des collectionneurs d'art africain ou d'œuvres de Picasso et d'autres artistes d'avant-gardes.

4. La boxe devient ce lieu de rencontre entre une avant-garde éclairée et la culture africaine et afro-américaine en 1907-1908, pendant les années précises où Picasso laisse entrer dans son œuvre des canons esthétiques nouveaux, inspirés, selon une historiographie bien établie, des collections du musée de l'Homme.

---

8. Georges Peeters, « Jean Cocteau poète de la boxe », *Ring*, n° 13, février 1950.
9. *Ibidem*.
10. Nancy Cunard, *Negro : An Anthology*, Londres, Wishart and Company, 1934. Le sommaire est publié dans, « "L'Atlantique noir" de Nancy Cunard. Negro Anthology. 1931-1934, », *Gradhiva*, n° 19, 2014, p. 204-207.
11. *L'Intransigeant* (16 avril 1931), p. 4.

LA BOXE ANGLAISE

LE CRITÉRIUM INTERNATIONAL DE BOXE

POUR LE PRIX DU CONSEIL MUNICIPAL DE PARIS

Organisé au Casino de Paris par L'AUTO. — 5,000 francs de prix

LE GALA DE CE SOIR

Nous assisterons ce soir à un véritable Gala sportif. — Le nègre James A. Rivers rencontrera Bill Pearce. — Le jeune français Marchand combattra à nouveau avec Randall. La soirée d'hier. — Les débuts du célèbre champion Anglais Pat O'Keefe. — Terrible combat entre Jack Hayes et Jim Watts. — Georges West et Luke Huntly fournissent un match émouvant. — Trois matches, trois knock-out.

Nous avons assisté l'autre soir aux débuts du célèbre nègre James A.Rivers, et je dois dire que les opinions des sportsmen compétents sur ce bel athlète sont très partagées. Les uns considèrent Rivers comme un homme de beaucoup inférieur à Bennett, tandis que d'autres, au contraire, estiment qu'il ne tardera pas à racheter sa défaite.

Le nègre Rivers me disait hier l'un de ses partisans, est un combattant terrible, croyez-moi; c'est un « encaisseur » de tout premier ordre. Mercredi soir, il a eu la malchance de recevoir dès le début un coup terrible au cœur, et jamais il n'a pu reprendre le dessus ensuite.

C'est pour cette raison du reste, que Rivers se couchait fréquemment à terre, espérant retrouver ainsi ses forces épuisées.

Je suis tenté d'être du même avis, car Rivers, qui ne pèse que 75 kilos, a réellement fait preuve d'un admirable courage devant ce grand diable de Bennett, qui ne pèse pas moins de 83 kilos.

Ce soir, du reste, nous jugerons définitivement le nègre fut l'égal des Walcot et Fitzsimons, puisqu'il va se rencontrer avec l'Anglais Bill Pearce.

Nous assisterons du reste aussi à un véritable gala sportif, car, en dehors de ce match réellement passionnant d'intérêt, nous verrons aux prises le scientifique champion d'Angleterre Peter Brown, avec Géo Max ; nous reverrons en match revanche Otto Nowosielski, ce petit Russe si courageux, avec Jim Watts, et une réédition du match Randall-Marchand.

Voici du reste la lettre qui nous a été adressée à ce sujet par le champion russe :

Monsieur,

Vous dites dans l'*Auto* que je manque d'expérience; vous paraissez croire que je ne suis pas entraîné, mais je tiens à affirmer, au contraire, que je suis capable de triompher même de Jim Watts, et si ce dernier veut m'accorder une revanche, je me tiens à son entière disposition.

Recevez, etc.

OTTO NOWOSIELSKI.

Encore une belle rencontre en perspective.

LA TROISIÈME SOIRÉE

de notre Critérium International de boxe anglaise fut, ainsi qu'il fallait s'y attendre, d'un éclat semblable à celui des deux précédentes.

Même cohue dans la splendide salle du Casino de Parits, même emballement de toute cette foule éminemment sportive et surtout même spectacle merveilleux et vraiment digne d'intéresser quiconque se pique de trouver quelque charme aux plus beaux exploits athlétiques.

Il faut dire aussi que le programme de cette troisième soirée était bien fait pour attirer la foule et la faire asssister à des rencontres de tout premier ordre.

N'avions-nous pas en perspective les débuts, en France, de l'étonnant Pat O'Keef, opposé à Bill Pearce ; ceux de George West, matché à Luke Huntly qui nous est arrivé avec une si solide réputation, et enfin une seconde exibition du terrible Jim Watts, qui devait rencontrer l'Anglais Jack Hayes que nous n'avions pu juger la veille, sur sa trop courte rencontre avec notre champion Géo Max.

Et jamais résultats ne furent moins contestables. Nous avons assisté à trois rencontres, qui toutes trois se sont terminées par le knock-out fatal, par le coup terrible qui couche à terre, sans espoir de se relever, l'homme le plus courageux, lors même qu'il s'appellerait Bill Pearce ou Luke Huntly.

Pour avoir triomphé aussi nettement de ces deux incontestables champions, Pat O'Keef et George West doivent être des gaillards tout simplement merveilleux, et devant de pareils résultats tout au début de ce tournoi si brillant déjà, il est permis de se demander ce que seront les rencontres dernières.

Je m'en voudrais de ne pas, en termes malheureusement trop courts, signaler aussi l'explcit vaillant accompli par Jim Watts, celui que tous ont déjà surnommé le « Terrible ».

En si peu de temps que même ses partisans en sont encore tout surpris, il a su mettre entièrement hors d'affaire, et cela par un knock-out

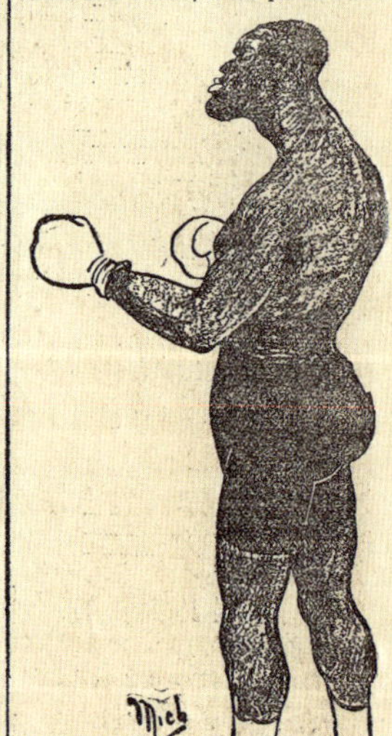

JAMES A. RIVERS

remarquable, l'excellent spécialiste Jack Hayes, qui nous avait semblé la veille devoir prendre le meilleur très nettement sur notre boxeur Géo Max.

Retenez les noms de Jim Watts, de Pat O'Keef et de George West, et soyez persuadés que ces trois véritables combattants, dont la science égale seule le courage, ne resteront pas sur ces premiers succès.

Résultats techniques :

POIDS MOYENS

JIM WATTS, 69 kilos (Anglais),
vainqueur de JACK HAYES, 70 kilos (Anglais).

Premier round. — Attaques vives de Watts, qui frappe constamment à la mâchoire.

Hayes, très courageux, résiste fort bien. mais à la fin du round son désavantage est manifeste.

Une première fois, il est tombé; très heureusement, la fin de la reprise lui permet de se reprendre à temps.

Deuxième round. — Pearce paraît fatigué et recherche une vigueur extraordinaire; deux fois Hayes est descendu, et deux fois il parvient à se relever avant les dix secondes réglementaires. Un swing à la mâchoire le descend cette fois sans rémission. Temps : 3 m. 35 s.

«Le championnat de boxe anglaise» dans L'Auto, Paris, 18 janvier 1907

Au cours de ces deux années, la France accueille ainsi plusieurs boxeurs noirs-américains comme Sam McVea (ou McVey) et Joe Jeannette : en effet, aux États-Unis, la « color line » interdit à un boxeur blanc d'affronter un boxeur noir et de conquérir le titre mondial.

Poids lourds l'un et l'autre, MacVea et Jeannette s'affrontent à Paris le 17 avril 1909 dans une rencontre qualifiée, encore une fois, d'historique. Les « deux merveilleux combattants » ont donné « le plus beau [match] que nous ayons jamais vu en France, mais peut-être le plus terrible et le plus sauvage dans l'histoire de la boxe à travers le monde » rapporte le quotidien sportif *L'Auto* qui, décrivant la fin rageuse de l'affrontement, ajoute, tandis que le boxeur Scanlon — héroïsé par Nancy Cunard — essaie de soulager MacVea, blessé : « Cet effrayant baiser à la sueur et au sang, ce nègre qui cherche à "gober" l'œil d'un autre nègre est un spectacle assez hallucinant[12]. » Joe Jeannette gagne par abandon de son adversaire après une très longue lutte.

La concomitance des deux événements — l'arrivée d'équipes de boxeurs noirs américains à Paris et l'apparition des modèles « africanisants » dans l'œuvre de Picasso — est troublante. Ainsi, tandis que Picasso révise les canons traditionnels de la figure humaine, les quotidiens sportifs s'enthousiasment pour ces champions noirs et « sauvages ». Sauvage étant le qualificatif que retient l'Américain Gelett Burgess lorsqu'il consacre un article, en 1908, à Picasso et à ses camarades, dans lequel une photo montre le jeune peintre posant près de ses fétiches « nègres[13] ». Ainsi, *L'Auto* annonce-t-il, au hasard, le 18 janvier 1907 : « Le nègre James A. Rivers rencontrera Bill Pearce...[14] » avec un dessin du colossal champion. Impossible d'affirmer, même si cela est probable, si Picasso fréquentait déjà les palais des sports à cette époque, mais il convient de relever cette irruption du corps noir dans le Paris du début du siècle.

12. Georges Dupuy, « Après le grand match », *L'Auto*, 19 avril 1909, p. 1

13. Les rencontres entre le journaliste et les artistes ont lieu en 1908 et le texte est publié en 1910. Gelett Burgess, « The Wild Men of Paris », *The Architectural Record*, mai 1910.

14. « Le championnat de boxe anglaise », *L'Auto*, 18 janvier 1907, p. 1 et 3

Pablo Picasso, *Homme nu assis*, 1908-1909

On peut d'ailleurs tenter un parallèle entre la remise en cause avec la boxe, de la suprématie des Blancs sur les Noirs, et la remise en cause des canons académiques occidentaux par Picasso qui aboutit, en 1907, aux *Demoiselles d'Avignon*. Le 26 décembre 1908, le boxeur noir Jack Johnson bat, en Australie, son compétiteur blanc Tommy Burns et devient le premier champion du monde noir de l'histoire. L'événement est largement repris par la presse française. Picasso peint, dans le même temps, son *Homme nu assis* : corps foncé, ferme, musclé, noueux, puissant, dont le dessin se ressent des recherches de l'année précédente, autour de la statuaire africaine.

LES GRANDS COMBATS DE BOXE

BURNS VAINCU !

LE NÈGRE A BATTU LE BLANC ;
JONHSON VAINQUEUR AUX POINTS.

La police arrête le combat au quatorzième round.

LE NOUVEAU CHAMPION DU MONDE

Jack Johnson vient d'être proclamé champion du monde ; le boxeur jaune a enfin triomphé de ce Tommy Burns que l'on disait invincible, mais cette victoire que l'on dit complète, reste néanmoins entachée d'irrégularité, puisque le combat a été arrêté par la police au cours du quatorzième round.

Si on s'en rapporte aux dépêches qui nous parviennent, on doit admettre que le Nègre est bien le véritable champion du monde, puisqu'au moment où la bataille fut interrompue, Tommy Burns, couvert de sang, trébuchait comme un homme ivre, les yeux hagards, l'écume aux lèvres, donnant bien l'aspect d'un homme absolument désemparé. Qui sait ? Une minute de repos aurait peut-être suffi pour permettre au Yankee de retrouver de nouvelles forces qui lui auraient permis, d'un seul coup, d'abattre le géant « coloured ».

Pour l'instant, il ne s'agit pas de discuter un résultat qui a été proclamé officiellement par l'arbitre ; il convient, au contraire, de saluer l'athlète extraordinaire qui vient de s'imposer à l'attention du monde entier en remportant le titre tant envié par les nombreux combattants qui pratiquent la boxe de combat !

La nouvelle de cette victoire s'est répandue vivement, hier matin, dans Paris ; dès huit heures, le résultat était, en effet, affiché dans notre Salle des Dépêches, et ce fut pendant toute la journée un défilé ininterrompu de sportsmen qui discutaient vivement ce résultat inattendu.

Le nouveau champion

Jack Johnson, le nouveau champion du monde, est un gars bien construit ; la carcasse paraît solide, la figure est énergique, les épaules larges, le cou court, les jambes musclées, les poings énormes, il fait, à la vue, plus d'impression que Tommy Burns, et lorsque nous l'avons

JACK JOHNSON

« Burns vaincu ! » dans L'Auto, Paris, 27 décembre 1908

Les corps noirs qui subjuguent et dominent les blancs sont finalement soumis au dogme de la beauté académique : « Le voici debout devant nous. Quelle merveilleuse statue de marbre noir ! Quel admirable athlète ! Ses larges et puissantes épaules aux contours arrondis, sa poitrine pleine et développée, ses flancs évasés, ses cuisses imposantes et toute sa jambe d'une ligne impeccable jusqu'à la cheville, aux métacarpes peu prononcés, sont un ensemble de beautés, qu'on ne se lasse pas de contempler avec admiration. Pas un muscle qui ne saille de cette magnifique académie […] » s'exclame le reporter Georges Dupuy lorsqu'il rencontre le boxeur Jack Johnson à Reno, en compagnie de Jack London[15]. Jack Johnson, qui réédite son exploit d'Australie et bat un boxeur blanc, dans un climat toujours aussi violemment raciste[16]. Mais, en Europe, on s'approprie le corps de ces athlètes que l'on photographie dans les poses de la statuaire grecque.

15. Georges Dupuy, « Reno. Dans les montagnes rouges I », *L'Auto*, 20 juillet, 1910, p. 400-414.

16. Combat Jim Jeffries vs Jack Johnson, Reno (Nevada), 4 juillet 1910.

Les Grands Combats de Boxe

CONTRE LE CHAMPION DU MONDE!

Plus heureux que Gunner Moir et que Roche, Jewey Smith résistera-t-il à Tommy Burns ?

UN VRAI GRAND COMBAT

Ce soir, à neuf heures, au Bowling-Palace de la Porte-Maillot.

Tommy Burns, champion du monde, va combattre ce soir au Bowling Palace de la Porte Maillot contre Jewey Smith pour le titre de champion du monde. C'est la première fois que le public parisien est convié à assister à un événement sportif aussi considérable.

Nul n'ignore, en effet, que l'organisation de pareilles batailles coûte des prix fous ; on désespérait même de voir combattre un jour en France un véritable champion du monde, et pourtant l'événement va se produire dans quelques heures, à l'occasion de l'inauguration du Bowling Palace, cette arène sportive modern-

Tommy Burns a triomphé tout dernièrement en 11 rounds de Gunner Moir, puis il n'a fait qu'une bouche de Jack Palmer et de Roche. Tommy Burns n'a subi, au cours de sa longue carrière, que trois défaites, et encore il ne fut battu qu'aux points, par Twin Sullivan, Mike Shreeke et Jack O'Brien.

Dernier galop

Tommy Burns s'est entraîné pour la dernière fois hier chez Jim Pratt, à Neuilly-sur-Seine, devant une véritable foule de connaisseurs.

Ce Tommy Burns est réellement vite, il ef

Les deux champions TOMMY BURNS et JEWEY SMITH.

« Contre le champion du monde ! »
dans L'Auto, Paris, 18 avril 1908

5. Le monde de la boxe s'organise à Paris autour de Sam McVey et de Joe Jeannette. La boxe anglaise éclipse la boxe française. En 1911, le championnat de boxe anglaise occupe l'actualité et captive les spectateurs : « [...] les Parisiens s'en montrent de plus en plus friands ; ils savent maintenant apprécier la beauté et surtout la force d'un swing admirablement appliqué... » se réjouit le quotidien sportif[17]. En effet, ainsi que le relève Timothée Jobert, les deux boxeurs noirs américains « parviennent à faire de la boxe un spectacle à la fois mondain et populaire[18] » et stimulent l'apparition de boxeurs français tels Georges Carpentier. Paris est la « Mecque du pugilisme ». Ce début des années 1910 est à la fois celui de l'ascension de la popularité de la boxe et de la création du cubisme.

L'intérêt pour la boxe qu'affiche Picasso doit donc se lire comme la proclamation de son goût pour le loisir populaire, à l'instar de ceux, bien connus, pour le cirque, les bandes dessinées, le *Wild West Show* de Buffalo Bill, le cinéma... autant d'éléments qui contribuent à la définition du cubisme. L'artiste cubiste rôde autour du ring, comme Manet flânait, au début des années 1860, sur les boulevards : la modernité est dans ces hommes qui s'affrontent, ces spectateurs qui crient, ces reporters qui retranscrivent la légende des héros qui donnent et prennent des coups.

17. L. Manaud, « Le championnat de boxe anglaise », *L'Auto*, 15 octobre 1911, p. 3.

18. Timothée Jobert (2006). Les combattants « nègres » de Paris : comparaison franco-américaine de l'attitude des « Blancs » à l'égard des pugilistes « noirs » durant la Belle Époque (1907-1914). *Staps*, n° 71, (1), 23-36 (doi:10.3917/sta.071.0023).

Un dessin de l'été 1911, *Les boxeurs*, montre l'intérêt de l'artiste pour ce sport, sans doute alimenté par les journaux qui publient les affiches des combats ainsi que des images des boxeurs, gants au poing, mimant des affrontements.

UN MATCH UNIQUE AUX ÉTATS-UNIS

LE NÈGRE JACK JOHNSON, CHAMPION DU MONDE DE BOXE a battu, hier, le blanc James Jeffries, ex-champion.

Un match sensationnel a mis aux prises, hier, en Amérique, deux formidables champions de boxe, le blanc James J. Jeffries et le nègre Jack Johnson.

Disons tout de suite que le nègre a triom- | clarer prêt à se mesurer avec le champion noir.

Enfin on tomba d'accord ; la rencontre fut fixée au 4 juillet et chacun des adversaires déposa un enjeu de 5.000 dollars (25.000 | C'est un véritable colosse dont les coups de poing terribles ont mis knock-out onze de ses adversaires.

Celui qui se dressait hier devant lui, le nègre Jack Johnson, naquit à Gal-

« Le nègre Jack Johnson, champion du monde de boxe... » dans
Le Petit-Journal, Paris, 5 juillet 1910

En 1915-16, le peintre est photographié, avec un invraisemblable short blanc fermement ceinturé, torse nu, les chaussettes roulées sur les chevilles, au milieu de son atelier de la rue Schœlcher, cerné de ses tableaux. Bien droit, les yeux plantés dans l'objectif de l'appareil, il adopte une position de lutteur au repos qui annonce celle de son catcheur de la gravure du 16 mars 1968. Georges Braque, véritable sportif, souvent décrit comme « un colosse sympathique[19] », s'était aussi représenté en boxeur quelques années plus tôt, les poings gantés et levés, dans une posture hybride entre la défense et l'attaque. Braque est le compagnon idéal pour voir un combat ; il est aussi le compagnon de lutte idéal, le « compagnon de cordée » pour reprendre la métaphore sportive de Braque.

6. Ces années, de la longue genèse des *Demoiselles d'Avignon* à la création du cubisme, sont des années de lutte comme en témoignent les textes de Kahnweiler : « [...] avec une audace folle Picasso s'attaque à... » : « [...] tentative téméraire... » ; « [...] combat désespéré... » ; « [...] ce premier assaut devait échouer [...] Picasso revenir...[20] » D'ailleurs, si l'on condense les textes du marchand, on peut les lire comme les

19. Cité par Judy Cousins, *op. cit.*, p. 370 et p. 407, note 110.
20. Daniel-Henry Kahnweiler, 1916, cité par Hélène Seckel, « Anthologie », Les Demoiselles d'Avignon, volume 2, Paris, RMN-musée Picasso, 1988, p. 658-661.

Agence Rol, *Jack Johnson*, Paris, 2 octobre 1911

commentaires d'un reporter sur un match de boxe, avec ses attaques, ses retraits, ses reprises, ses *knock out*. La lutte se livre face à la toile et aux problèmes qu'elle offre potentiellement, mais aussi contre les autres, adversaires invisibles dans l'atelier, mais réels : tableaux des musées ou confrères comme Matisse et Derain, amateurs, collectionneurs, critiques… auxquels Picasso se confronte. Il y a une compétition, une place à prendre, celle du champion de la peinture. C'est ce match virtuel, le désir d'en découdre, l'assurance d'avoir les forces nécessaires au combat, qu'illustre la photographie de Picasso en 1915-1916.

« *Je suis le plus grand*, dit Mohammed Ali. J*e suis le plus grand*, dit "Marvelous" Marvin Hagler » écrit Joyce Carol Oates[21].

L'écrivaine rappelle, dans son essai *On boxing*, la dimension sacrificielle de la boxe dont les versions antiques se livraient au cours des funérailles. Sa dimension sexuelle, aussi. Sa puissance narrative et dramatique. Lutte votive et expiatoire, translation de la pulsion sexuelle vers un objet autre que la femme, « l'Adversaire[22] », « drame sans parole, unique et très condensé[23] » : la boxe s'inscrit au cœur de la création picassienne.

7. Joyce Carol Oates écrit encore : « Aucun sujet n'est, pour l'écrivain, aussi intensément personnel que la boxe. Écrire sur la boxe, c'est écrire sur soi-même – aussi elliptiquement et aussi involontairement que ce soit[24]. » Peindre autour de la boxe serait-il peindre sur soi-même ? Se représenter en boxeur serait se dévoiler dans son humanité (« Écrire sur la boxe, c'est également être forcé de réfléchir non seulement à la boxe, mais surtout aux limites de la civilisation – à ce qu'être "humain" veut dire, ou devrait vouloir dire[25] ») ? Révéler son intimité (« Monter sur un ring quasiment nu et risquer sa vie revient plus ou moins à faire des spectateurs des voyeurs : la boxe

21. Joyce Carol Oates, *De la boxe*, Auch, Tristram, collection souple, 2012, p.21.
22. *Ibidem*, p. 34.
23. *Ibidem*, p. 14.
24. *Ibidem*, p. 7.
25. *Idem*.

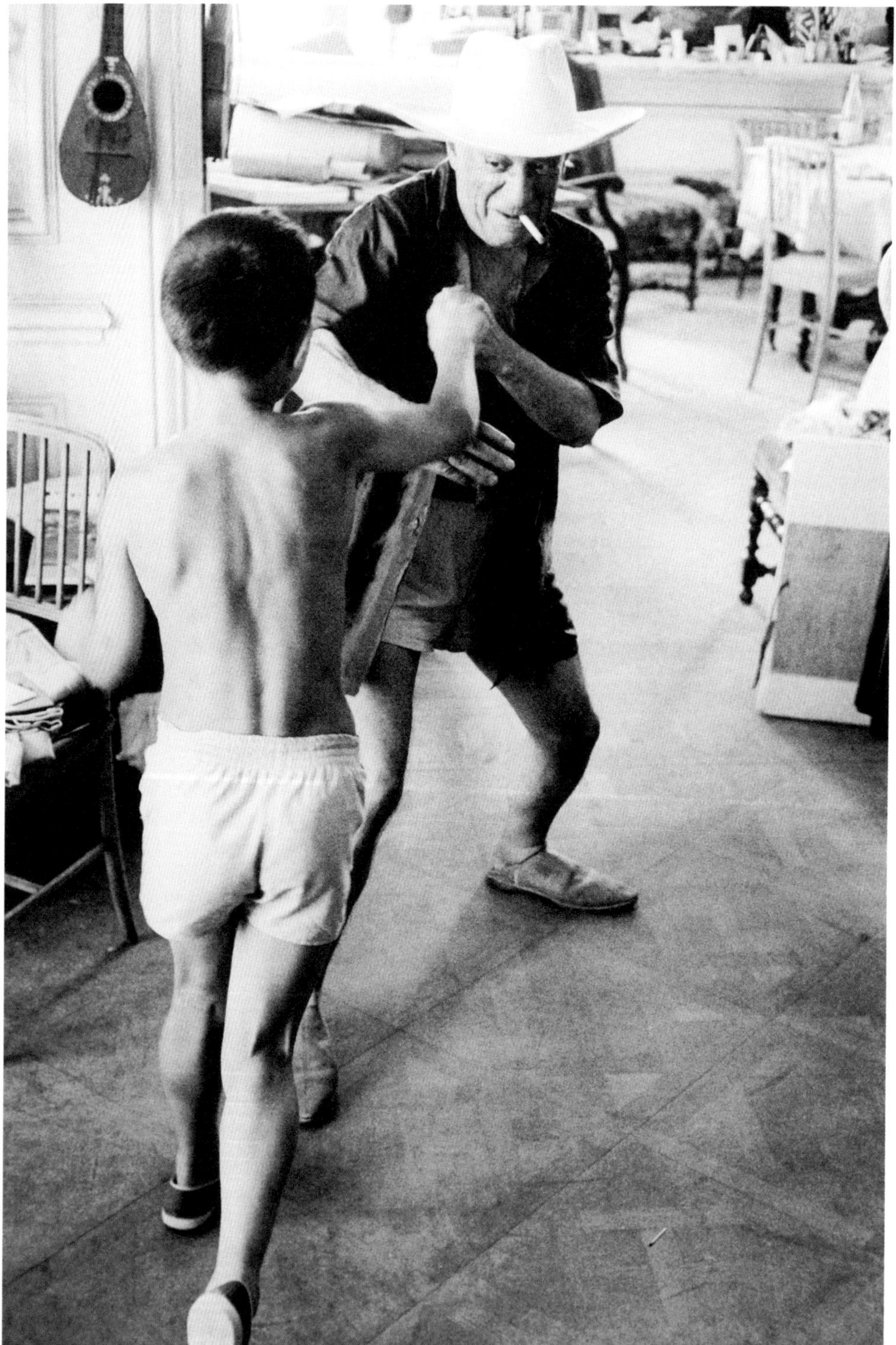

Pierre Bonnard, *Le boxeur (portrait de l'artiste)*, 1931

est chose très intime[26] »). L'autoportrait de Pierre Bonnard, âgé, émacié, presque vaincu, le poing – sans gants – suspendu dans un simulacre de coup, résume cette humanité, cette intimité, et révèle aussi combien Picasso délivre de lui et de son œuvre dans sa gravure de 1968, son portrait photographique de 1914-1915, ses tickets de matches de boxe. Picasso est un boxeur.

David Douglas Duncan,
Pablo et Claude Picasso à La Californie,
1957

26. *Ibidem*, p. 15.

Pablo Picasso, *Figure d'un homme par terre*, Barcelone, 1899-1900

Pablo Picasso, *Le boxeur*, Barcelone, 1899-1900

Pablo Picasso, *Caricature d'un personnage masculin à grands poings, et autres croquis*, Barcelone, vers 1899

Pablo Picasso, *Deux figures*, Barcelone, vers 1899

Pablo Picasso, *Les boxeurs*, Céret, 1911

Pablo Picasso, *Les boxeurs*, 1911

WANTED

ARTHUR CRAVAN 1887 – ?

STILL AT-LARGE: Fabian Avenarius Lloyd. A.K.A: Arthur Cravan. LAST SEEN: Salina Cruz, Mexico, 1918.

CONSIDERED EXTREMELY INTELLIGENT & DANGEROUS

Weight: 230 pounds. Height: 6 feet, 1 inch. **Distinguishing Physical Characteristics:** glass eye, broken nose. **Distinguishing mannerisms:** French accent. **Motto:** *"On ne me fait pas marcher moi."* **Languages:** French, English, German. **Suspected and Known Aliases:** Edouard Archinard, Isaac Cravan, Dorian Hope, Sebastian Hope, B. Holland, Robert Miradique, Marie Lowitska, W. Cooper, James M. Hayes. **Known Occupations:** Poet, professor, boxer, dandy, *flâneur*, forger, critic, sailor, prospector, card sharper, lumberjack, *bricoleur*, thief, editor, chauffeur.

« Wanted Arthur Cravan 1887 - ? »
paru dans 4 Dada Suicides, Londres, 1995

Erich Weiss

Post-scriptum

La vie après la mort ?

1918… Arthur Cravan s'est-il volatilisé, noyé dans l'océan, ou réinventé en un endroit du globe sous quelque nouvelle identité ? Nous ne le saurons jamais. Aucun témoin, nulle dépouille, pas la moindre note, pas la moindre lettre. Ce qui ressemble fort à la plus parfaite disparition de tous les temps constitue l'une des évasions les plus déroutantes de l'art du vingtième siècle. Cette sortie avait en effet été précédée d'une longue liste d'identités — Fabian Avenarius Lloyd (son véritable nom), Arthur Cravan, Robert Maridique, W. Cooper, E. Lajeunesse, Marie Lowitska, Édouard Archinard, John Craven, Alabaster —, de faux papiers d'identité et de travestissements réussis. Certains de ces personnages continuèrent de se déployer bien après qu'on eût aperçu Cravan pour la dernière fois en cet automne 1918, sur la côte mexicaine, d'où il s'apprêtait à partir pour l'Argentine où se trouvait sa femme.

Ce n'était pas la première fois qu'il disparaissait, et il avait d'ailleurs annoncé à ses proches amis son intention de recommencer. Son entourage s'attendait certainement à ce qu'il refît surface, muni d'un passeport étranger, exerçant quelque nouveau métier ou parlant la langue d'une nouvelle compagne. Cravan était un grand voyageur, un clochard céleste ; il savait qu'il portait en lui une caravane de cirque et qu'aucune cage n'était assez grande pour le retenir prisonnier, qu'aucun dresseur n'était assez courageux pour le domestiquer. Il franchissait sans relâche les limites, enfreignait les lois et brisait les codes. Il défiait toutes les autorités. En quête d'intensité, il mena une vie dans les conditions les plus extrêmes qu'il pût trouver. « J'ai vingt pays dans ma mémoire et je traîne en mon âme les couleurs de cent villes », écrivait-il. Mais cette âme ne laissa aucune empreinte. Rien que des fausses pistes. Des impasses.

Suicide ?

Cravan avait toujours été obsédé par l'idée du suicide[1]. Pour lui, c'était là l'acte suprême. Dans un théâtre parisien, il avait un jour fait salle comble en annonçant son intention d'en finir avec la vie sous les yeux du public. Pour ce faire, il comptait remplacer la traditionnelle carafe d'eau par une pleine bouteille d'absinthe. « Pour le plaisir des dames », avait-il ajouté, il la boirait vêtu d'un simple suspensoir, et c'est les valseuses posées sur la table qu'il gratifierait le public de son « récit de pré-suicide ». Le suicide n'était pour lui qu'une sublime performance de plus. En réalité, s'il avait menacé d'en finir, c'était pour pouvoir reprocher aux spectateurs de faire de la mort un événement mondain. C'était là la technique de Cravan. Naturellement doué pour se comporter de manière transgressive et choquante, il savait aussi se montrer charmant et séduisant. Il subjuguait le public et était le plus heureux des hommes lorsqu'il allait trop loin. Mina Loy qualifiait ses provocations d'« atroces simulacres heurtant les attentes classiques du spectateur. [...] Il s'efforçait de préserver sa réalité en présentant au monde une image irréelle de lui-même — c'était là une sorte de technique de diversion — tandis qu'il s'échappait par l'esprit. » Ces agressions étaient une sorte de revanche contre un monde qui ne respectait ni sa supériorité ni son génie. L'effacement de soi obsédait Cravan. Lui qui aspirait à une vie à la fois virtuelle, poétique et réelle vivait dans un espace physique autant que conceptuel. C'était bien plus qu'une simple fusion de la vie et de l'art : cela le forçait à se tourmenter pour jouir de la création artistique. « Il faut rêver votre vie avec soin, au lieu de la vivre comme un simple divertissement. »

1. Lettre d'amour à Mina Loy : « Mais je pense que je ne survivrai pas. Si tu ne reçois plus de lettres, tu sauras que je suis mort ou que je suis devenu fou. [...] Je pense au suicide sans arrêt. [...] Ce sera la Nouvelle Année d'un homme condamné à mort. »

Lorsqu'il entrait sur le ring, par exemple, il se présentait comme « poète et boxeur », comme s'il scindait son ego en deux. Il était certain que ces deux âmes cohabitaient en lui : « Quelle âme se disputera mon corps ? Ma funeste pluralité. » Dans *Maintenant 3*, il parle de sa personnalité en ces termes : « Mon caractère, foyer de mes inconséquences ; ma détestable nature [...] me fait tantôt honnête, tantôt fourbe, et vaniteux et modeste, grossier ou distingué. »

Arthur Cravan écrivit à sa mère, Nellie Grandjean, que son mariage avec Mina Loy (célébré en la basilique de Guadalupe, à Mexico) était « moderne » et allait durer « une année seulement... ». Il est étonnant qu'il ait convaincu sa femme de l'abandonner à Mexico et de s'embarquer pour l'Argentine dans un bateau à vapeur japonais, en tant qu'infirmière. Là-bas, ils devaient commencer tous deux une nouvelle vie[2]. Cravan était censé parcourir les 5000 kilomètres qui le séparaient de son épouse en voilier, avec trois compagnons. Mais peut-être avait-il déjà inventé ce voyage en célibataire pour « disparaître » ? Mina quitta ainsi Mexico à la fin août 1918. Mais, curieusement, ce n'est que trois mois après son arrivée en Argentine qu'elle contacta Nellie Grandjean pour lui demander des nouvelles de son fils. Otho, son frère aîné, et Nellie connaissaient trop bien Arthur pour ne pas avoir immédiatement de gros doutes quant à cette disparition ; ils se demandèrent s'il n'allait pas ressurgir soudainement — pourquoi pas au Japon ? L'une des dernières personnes à avoir rencontré Cravan est, dit-on, un jeune pacifiste américain, Owen Cattell, qui avait fui au Mexique après avoir déserté. Il envoya à Nellie Grandjean la description des préparatifs de Cravan avant son départ de Salina Cruz. Il est cependant probable que Cravan ait lui-même dicté cette lettre, pour que tout puisse n'être qu'une fiction. Mina, quant à elle, était convaincue de l'amour que lui portait son mari et croyait aveuglément qu'il la rejoindrait à Buenos Aires, comme il le lui avait promis.

---

2. On peut affirmer que l'histoire très romantique de William Carlos William évoquant Mina Loy debout sur la plage et faisant ses adieux à son homme tandis que son embarcation disparaît à l'horizon au soleil couchant n'est qu'une fiction. Les lettres d'Otho Lloyd (10 janvier 1921) et Mina Loy (7 mars 1921) envoyées à Nellie Grandjean racontent une histoire bien différente.

Étrangement, il existerait pourtant une lettre envoyée à Renée (sa maîtresse précédente) — datée d'avril 1919 — lui demandant de le rejoindre[3]. Quoi qu'il en soit, Mina passa deux longues années à chercher Cravan, sans le moindre succès. Bien des rumeurs contradictoires circulèrent alors. Certains pensaient qu'il avait été poignardé à mort au cours d'une rixe survenue dans un dancing de Mexico, d'autres disaient qu'il s'était noyé en essayant de traverser le Rio Grande – deux cadavres avaient en effet été retrouvés près de la frontière avec les États-Unis, dont l'un présentait la même taille, la même couleur de cheveux et la même carnation que Cravan.

S'il a réellement mis en scène sa propre mort, où Cravan avait-il bien pu commencer une nouvelle vie ? Peut-être en Europe ? À Paris ? Début avril 1921, deux libraires (William Figgis, de chez Hodges Figgis, à Dublin, et M. Maggs, de chez Maggs Brothers, à Londres) reçurent chacun une étrange lettre en provenance de Paris. Celle adressée à Figgis portait la signature d'André Gide, et celle envoyée à Maggs était signée de Pierre Louÿs. Chacune de ces missives proposait aux libraires des manuscrits originaux d'Oscar Wilde – des textes, mais aussi des lettres adressées à des amis. Ils avaient tous deux été proches d'Oscar Wilde, et l'ensemble avait l'air convaincant ; ils commencèrent donc, chacun de son côté, à négocier avec ces soi-disant vendeurs. Ils ne purent joindre qu'une seule personne, un certain Dorian ou Sebastian Hope, qui prétendait être le secrétaire de Gide ou bien de Louÿs. Maggs fut le premier à réagir et acheta immédiatement à Pierre Louÿs le manuscrit de la pièce de Wilde intitulée *Salomé*. Mais, à la mi-juin, il prit de nouveau langue avec le poète pour lui demander comment il expliquait que le texte fût écrit sur un papier américain qui, d'après son fabricant, n'avait été mis sur le marché qu'en 1915. Ces questions furent envoyées à Hope, le soi-disant secrétaire à Paris, puis Maggs réussit à entrer en contact avec Pierre Louÿs en personne, qui affirma n'avoir rien à voir avec toute cette affaire. La police fut alertée, mais, comme par hasard, Hope s'était volatilisé.

3. Nellie parle de cette lettre dans une carte postale envoyée à Otho (datée du 8 octobre 1918, mais avec un cachet de la poste du 8 octobre 1919).

Figgis, de son côté, mit plus de temps à se décider. Il avait des doutes, et comme le prétendu Gide lui parlait d'autres manuscrits à venir avant la fin de l'année, il partit pour Paris pour les voir en personne. Arrivé à Paris, il rencontra Hope, qui l'informa qu'André Gide n'était pas en ville. Mais Figgis trouva l'adresse de l'écrivain et décida de lui rendre visite. Le véritable André Gide fut stupéfait et indigné d'être mêlé à cette escroquerie. Il en informa la police, qui commença à rechercher Dorian Hope, également poursuivi pour une considérable note d'hôtel non réglée. La photo de l'aigrefin fut diffusée dans tous les commissariats, mais il ne fut jamais arrêté.

À l'été 1922, William Figgis, qui pensait encore que les manuscrits qu'il avait achetés étaient authentiques, contacta le célèbre bibliographe de Wilde à Londres, Christopher Millard. Dans un premier temps, Millard estima que Figgis avait vu juste, mais il commença ensuite à penser qu'ils pourraient, en fait, être de la main de Fabian Lloyd. Il s'était en effet souvenu de l'histoire inventée par Lloyd (et publiée dans sa revue *Maintenant*), dans laquelle il affirmait que son oncle était encore en vie, qu'il lui avait même rendu visite et que dans son cercueil vide du Père Lachaise était caché un manuscrit intitulé *Amen: une tragédie? Une comédie*[4].

Tous ces détails – cette fascination pour Wilde et pour les manuscrits, le goût de l'élaboration de scénarios trompeurs – pointaient dans une seule et unique direction: Fabian Lloyd. N'oublions pas non plus le penchant de Cravan pour les pseudonymes, les faux passeports[5 et 6] et les références alambiquées aux sens cachés: Dorian (Gray ?) / Sebastian Melmoth (le nom de Wilde lorsqu'il arriva en France) / Adrian Hope (tuteur des enfants de Wilde lorsque Constance, sa femme, décéda).

---

4. Voir la lettre de Millard à Hodges Figgis du 9 août 1922 (bibliothèque MS Clark de l'UCLA).
5. Il fuit un jour les États-Unis pour le Canada, vêtu d'un faux uniforme militaire et muni d'un passeport appartenant au peintre Arthur Burnett Frost junior, mort en présence de Cravan d'une hémorragie tuberculeuse pendant une beuverie.
6. Owen Dudley Edwards, expert reconnu de l'œuvre d'Oscar Wilde, déclara également que les faux manuscrits apparus en 1921 avaient été fabriqués par Fabian Lloyd; cf. *Pearls and Pomegranates*, de Dorian Hope, G.P. Putnam's Sons, New York, 1921 (voir aussi l'article « Dorian Hope verse filched by Clerk » dans le numéro du 5 mars 1921 du *New York Times*). Dans sa préface à l'édition anglaise du recueil de poèmes de Mina Loy *The Lunar Baedeker* (*Le Baedeker lunaire*, pour son édition française), R.L. Conover écrit que, selon deux experts littéraires suédois, Arthur Cravan aurait pris pour pseudonyme B. Traven.

Joseph Beuys, *Boxkampf für direkte Demokratie*, Documenta 5, Cassel, 1972.
Photo de Hans Albrecht Lusznat

Évoquons aussi ses publications contestataires, sa conception anarchiste de la vie et le frisson qu'il aimait ressentir lorsqu'il enfreignait la loi. Aucun doute, d'ailleurs, que son oncle Oscar aurait été fier de ses talents de faiseur de miracles, car il adulait lui-même Thomas Chatterton et Thomas Wainewright. Quel dommage que la photographie diffusée dans les commissariats se soit perdue ! Elle aurait peut-être permis de résoudre ce fascinant puzzle. D'autres histoires encore plus baroques circulèrent au sujet de la vie de Cravan après sa mort : certains affirmaient l'avoir vu dans la peau d'un brahmane indien, d'autres sous les traits d'un poète des Balkans, d'autres encore en trafiquant d'ivoire en Afrique centrale, en chevrier australien, en chasseur de baleines en Antarctique, en amant d'une reine orientale… Incontestablement, ces légendes auraient beaucoup plu à Cravan.

L'esprit vit toujours

Certains artistes, comme Cravan, prennent des risques parce qu'ils ont un aplomb inébranlable. Ils n'ont pas peur d'explorer les frêles frontières séparant la vie de la performance et de l'art. L'artiste conceptuel Yves Klein est sans doute l'un des plus célèbres de ces téméraires casse-cou. Ses années de pratique du judo l'avaient bien préparé à son *Saut dans le vide*, lors duquel il s'élança du haut d'un petit pavillon, en 1960. Comme chez Cravan, son expérience d'athlète professionnel faisait partie du jeu.

Cravan eut également une forte influence sur le père de l'Internationale situationniste, Guy Debord, qui exprima dans certains de ses textes et de ses films l'admiration qu'il portait à l'esprit du poète boxeur, qu'il considérait comme un véritable révolutionnaire. Pour Debord, Cravan n'était pas seulement un précurseur de Dada, mais aussi l'un des premiers vrais situationnistes.

Guy Debord écrit dans *Panégyrique* : « Les gens que j'estimais plus que personne étaient Arthur Cravan et Lautréamont, et je savais parfaitement que tous leurs amis, si j'avais consenti à poursuivre des études universitaires, m'auraient méprisé autant que si je m'étais résigné à exercer une activité artistique ; et, si je n'avais pas pu avoir ces amis-là, je n'aurais certainement pas admis de m'en consoler avec d'autres. » En 1968, par exemple, une intervention de Cravan — qui aurait alors eu 81 ans — à la Sorbonne aurait été un véritable événement. Personne n'aurait osé lui demander de faire court. Il aurait pourtant été bref, bien sûr, heureux de revendiquer une liberté absolue, et aurait déclaré que « Tout noble a du voyou en lui et tout voyou du noble parce qu'ils sont les deux extrêmes ». Ou plutôt : « Le génie n'est qu'une manifestation extravagante du corps ».

Joseph Beuys, lui aussi, fut probablement influencé par l'héritage de Cravan ; pendant la Documenta 5 (1972), dont Harald Szeeman fut le commissaire, il établit son célèbre *Bureau d'information*, une performance dans le cadre de laquelle il débattit et discuta avec le public pendant cent jours. À la fin, il organisa (et remporta) un véritable combat de boxe (en hommage à Cravan ?) qui l'opposa à un adversaire bien plus jeune. Il intitula cette œuvre *Boxkampf für Direkte Demokratie* [*Combat de boxe pour la démocratie directe*]. Il estimait que chacun était capable d'être artiste, et déclara : « Un art qui ne peut modeler la société et ne peut donc pas pénétrer les questions centrales de la société, ni donc, en fin de compte, influencer la question du capital n'est pas de l'art. » Comme Cravan, il bâtit son propre mythe personnel et défendait ses idées tranchées et radicales.

L'artiste finlandaise Salla Tykkä mit elle aussi en scène un combat de boxe, pour véhiculer un message extrêmement personnel mais aussi politique. Jeune femme, elle décida de se filmer en train de combattre, les seins nus, un homme plus âgé. Cette violente confrontation entre deux personnes de générations et de sexes différents constitue un spectacle stupéfiant, qui choque par sa violence physique très explicite. Dans la vidéo *Power* (1999) nous voyons les deux combattants se frapper sans pitié, nous voyons leur souffrance physique aussi bien que mentale.

Artistes de la fugue

Nul doute que Marcel Duchamp fut l'un des premiers artistes à rejouer d'une certaine manière l'acte de disparition de Cravan, son ami. Ils s'étaient rencontrés à New York et se voyaient souvent chez les Arensberg ; Cravan participa même à un événement organisé par Duchamp (*The Blindman's Ball*, le 25 mai 1917), dans lequel il insulta le public, se dénuda et fut finalement arrêté par la police[7]. Duchamp finira par se retirer du monde de l'art pour se consacrer à sa passion du jeu d'échecs. Cette désertion du champ de l'art pourrait être comparée au départ impromptu de Cravan. Duchamp déclara d'ailleurs à la demande de Mina Loy : « Je le connaissais bien et seule la Mort peut être la raison de la disparition d'Arthur. »

7. Lorsque Marcel Duchamp vivait à New York, il réalisa plusieurs œuvres complexes qui pourraient contenir des références à son ami Arthur Cravan. Sur la couverture du premier des deux numéros de la revue dadaïste 1 (1917), un homme nu fait un pied de nez à un aveugle guidé par son chien tenu en laisse. En 1916, Duchamp réalisa une œuvre intitulée *Boxing Match*, et certains experts estiment que son célèbre *Peigne* est un hommage au « poète aux cheveux les plus courts du monde ». Autour de l'énigmatique ready-made de 1916 intitulé *À bruit secret* circulent un grand nombre d'histoires suggérant qu'il pourrait s'agir d'un cadeau lié à Cravan.

Tout comme Cravan, l'artiste de performance Chris Burden, l'une des figures majeures de l'art corporel (ou *body art*), mêlait la vie et l'art de manière radicale. Artiste controversé, comme Cravan, il aimait autant que ce dernier le danger et la provocation. Entre autres performances, il invita un ami à lui tirer une balle dans le bras, il se fit crucifier à une Volkswagen, passa cinq jours enfermé dans un étroit casier d'étudiant (de 60 x 60 x 90 cm !), tira au pistolet sur un avion et prit en otage une présentatrice de télévision. Pour une performance, il annonça qu'il allait complètement disparaître pendant un certain temps, et c'est bien ce qu'il fit. Personne ne savait où il était. Burden programma ensuite un retour surprise lors de l'inauguration d'un musée d'art, et finit par avouer qu'il avait simplement passé trois jours dans une chambre d'hôtel, sans sortir, sans regarder la télévision, sans lire ni manger. Il déclara qu'il appréciait particulièrement le suspense et « utilisait la peur et la douleur dans son œuvre pour rendre la situation plus excitante ». « Dans des œuvres où sont présents violence et éléments imprévisibles, la peur est vraiment le pire, elle est pire que la douleur. »

« Décrochage » : c'est ainsi que Lee Lozano (décédée en 1999) aimait à qualifier son attitude en tant qu'artiste. Son *Dropout Piece* (commencé en 1970) consista pour elle à se retirer du milieu artistique new-yorkais, au sein duquel elle se faisait habituellement très remarquer, de façon à se soustraire entièrement au regard du public. Son choix d'une tombe anonyme, en dehors de Dallas, constitue probablement son ultime fait d'armes. Dans un monde de l'art dominé par la logique des galeries, des musées et des riches collectionneurs, caresser le rêve de tout laisser tomber constituait un message fort. En réalité, Lee Lozano était punk avant les punks, elle était une vraie « fille à problèmes ». Pour Alanna Heiss, « Lee Lozano était une grande artiste ; mais elle était aussi quelqu'un de plutôt dangereux ». Et cet esprit rebelle la rapproche de Cravan. Carl Andre, quant à lui, la décrivait en ces termes : « Lee Lozano était brillante en tant qu'artiste et que personne, et absolument unique en son genre. »

Agnes Martin est une autre de ces « disparues » mythiques. À l'été 1967, soudainement, elle laissa tout derrière elle, donna tous ses biens et se déconnecta du monde moderne ; elle vécut dans une camionnette avant de réapparaître dans un endroit isolé du Nouveau-Mexique. Curieusement, les peintures qu'elle fit là-bas — elle avait recommencé à peindre en 1971 —, remplies de couleurs vives et pleines de joie pure, n'évoquent guère la vie turbulente de celle qui avait été diagnostiquée schizophrène paranoïaque. « J'ai vécu dos au monde », disait-elle.

L'artiste surinamien Stanley Brouwn, quant à lui, ne ressent pas le besoin de disparaître, mais n'en est pas moins fascinant. Il souhaite « simplement » rester invisible. Cette posture radicale le rapproche de l'univers dadaïste de Cravan. Brouwn ne se rend jamais à ses vernissages. Son œuvre ne figure que dans très peu de catalogues et on ne connaît pas de portrait « officiel » de lui. Fidèle à l'esprit du conceptualisme des années 1960, son travail porte sur l'immatériel, sur l'impersonnel et sur la perte d'identité et du statut d'auteur. Son art est une analyse des limites de la vie privée et de la discrétion. Pour lui, l'absence ne rend que plus présent. Cela rappelle la mystification dont fut l'objet Cravan après sa disparition.

L'hostilité voilée de Cravan envers le spectateur est à situer dans le contexte de ses déclarations radicales contre la société, contre l'art et ses institutions. Il aimait le mauvais esprit des dadaïstes, qui insultaient leur public et le provoquaient de toutes les façons possibles. L'artiste américaine Laurie Parsons avait, elle aussi, recours à ces méthodes. Lorsqu'elle présenta son exposition vide à la galerie new-yorkaise Lorence-Monk, en 1990, elle alla jusqu'à refuser d'inscrire son nom sur les cartons d'invitation et à retirer de sa biographie toute référence à l'événement. Quatre ans plus tard, elle cessa de créer, s'inspirant d'une lignée d'artistes qui, avant elle, avaient décidé d'abandonner la profession ou de s'en retirer momentanément, et fait de cette démarche une œuvre d'art. Dans cette perspective, la galerie vide est moins une œuvre qu'un geste – de provocation, de dissidence et de critique. Comme Cravan, Parsons est contre tout le monde et contre tout ; elle se réclame d'une liberté absolue et se présente comme « la fille dématérialisée ».

Elaine Sturtevant est aujourd'hui considérée comme la fondatrice du mouvement appropriationniste ou, comme elle préférait le nommer, de l'art de la répétition. Au milieu des années 1960, pourtant, alors qu'elle connaissait un certain succès, elle quitta New York et cessa de créer pendant plus de dix ans. Cette « pause » n'était pas tant un échec qu'une provocante réponse à l'hostilité qu'elle rencontrait et qui sapait la puissance de sa pratique, estimait-elle. « L'hostilité n'est pas un stimulant, mais je crois que je la combats avec courage », expliqua-t-elle en 1989. Sa retraite renforça également le cadre conceptuel de son travail et épaissit le mystère qui entourait sa vie, qu'elle s'employait à garder secrète. Elle avait par exemple abandonné son prénom, et lorsqu'on l'interrogeait sur son parcours, elle répondait : « Question stupide. » Des œuvres plus tardives, comme la vidéo de 1998 intitulée *Copy without Origins, Self as Disappearance*, montrent des liens entre sa période de retrait et son intérêt constant pour l'identité et l'originalité.

Après avoir présenté pendant près de dix ans ses sculptures minimalistes radicales aux côtés de dieux « masculins » du minimalisme comme Donald Judd, Carl Andre ou Dan Flavin, Charlotte Posenenske renonça à l'art, qu'elle estimait impuissant à la fois politiquement et socialement. « Bien que le développement formel de l'art soit allé croissant, sa fonction sociale a régressé », écrit-elle dans son manifeste de 1968, juste avant de se retirer du monde de l'art. « Il m'est difficile d'accepter le fait que l'art ne peut contribuer en rien à la résolution des problèmes sociaux les plus pressants. »

Si Charlotte Posenenske consacra le reste de sa vie à la sociologie, elle laissa un ensemble de travaux – et de textes très forts – qui allaient influencer les arts minimaliste et conceptuel, en les orientant vers le commentaire social et la critique des institutions.

L'artiste américaine Cady Noland réalisa une ascension fulgurante dans le monde de l'art de la fin des années 1980. Mais en 1999, alors âgée de 43 ans, elle présenta ce qui est resté dans les annales comme sa dernière exposition. Dès le début de son parcours, ses sculptures et ses vastes installations étaient inspirées par son dégoût de la culture américaine, ses tendances mercantiles et son obsession pour les médias et la célébrité.

« Lorsque je travaillais sur des objets, je me suis intéressée au fait que [...] les gens se traitent les uns les autres comme des objets », déclara-t-elle en 1990 dans un entretien. Ce sentiment s'entremêla inextricablement à son aversion pour le monde de l'art commercial et pour son statut de célébrité au sein de cet univers – aversion qui l'amena à s'en extraire en 1999. Si des institutions et des galeries ont depuis présenté son œuvre, elles ont été contraintes de le faire sans elle. Elle leur adressait parfois des avertissements. En 2014, sur une pancarte placée près de son installation à la Fondation Brant, on pouvait ainsi lire : « Veuillez observer que l'artiste, Mme C. N., n'a donné ni son accord ni sa bénédiction à l'organisation de cette exposition. » Comme Cravan, Cady Noland se concevait comme un gardien absent, un « mythe vivant », qui est là tout en étant absent.

The Sea : une histoire de fantômes

Disappearance at Sea et *Disappearance at Sea II* sont deux films tournés par l'artiste britannique Tacita Dean en 1996 et 1997, respectivement, dans deux phares du nord et du sud de Berwick-upon-Tweed. *Disappearance at Sea*, filmé dans le phare de St Abb's Head, montre la tombée du soir au moment où se met en marche l'éclairage du phare, dernier avant-poste humain entre la terre et la mer. Les faisceaux lumineux intermittents sont des signaux codés : leur fréquence par minute permet aux navigateurs de savoir à quelle distance de la côte ils se trouvent. *Disappearance at Sea II* a été tourné au phare de Longstone, sur les îles Farne, célèbre en Angleterre pour les épiques sauvetages en mer réalisés par Grace Darling, la fille du gardien de phare. Tacita Dean avait placé la caméra à l'endroit où aurait normalement dû se trouver le signal lumineux, et elle pivota donc comme l'aurait fait le faisceau du phare. Cette fois-ci, le film fut tourné en plein jour, et la rotation s'arrêta lorsque la caméra accrocha la lumière éblouissante du soleil. Ce dernier film est sous-titré « Voyage de guérison », d'après une antique croyance celtique selon laquelle celui qui s'en remet aux forces de la mer arrive sur une île magique où des forces surnaturelles prennent soin de lui et le délivrent de tout mal. « Ce qu'il y a de fascinant avec la mer, c'est que l'on disparaît sans laisser la moindre trace – il ne reste plus rien. C'est une véritable disparition. L'implacable réalité de ces disparitions s'accompagne donc de difficultés : rapports de police, succession d'espoirs et de désillusions. »

Zoe Crosher, artiste américaine vivant à Los Angeles, cherche, elle aussi, à aller toujours plus loin. Dans son œuvre *Transgressing the Pacific*, elle photographie des sites de l'océan Pacifique ayant été le théâtre de la disparition de sept personnes, réelles ou fictives. La question centrale de son œuvre est celle-ci : « Que faire lorsque l'on atteint la frontière ? » Elle se réfère notamment au film *Le Privé*, une adaptation par Robert Altman de *The Long Goodbye*, le roman de Raymond Chandler. Dans le film, Wade (interprété par Sterling Hayden) se jette dans les vagues de Malibu tandis que Philip Marlowe (Eliott Gould) lui court après dans l'espoir de l'arrêter. Des années plus tard, Gould se souvint : « Je pris soudain conscience qu'on n'était pas dans l'aquarium d'un studio. Une voix intérieure me murmura : "N'y va pas, Eliott. C'est le Pacifique, bordel ! Et il n'y a personne pour te ramener". » Pour Zoe Crosher, photographier l'endroit où Altman a filmé la scène s'est révélé tout aussi délicat. Cette partie de la plage de Malibu est désormais une enclave strictement protégée, réservée aux riches et aux célébrités ; elle dut donc se cacher pour éviter d'être prise pour une paparazzi.

Bas Jan Ader, *In Search of the Miraculous*, 1975

Elle photographia également l'île Santa Catalina, au large de laquelle l'actrice Natalie Wood se noya, la plage où l'évangélisatrice américaine Aimee Semple McPherson mit en scène sa noyade en 1926, ainsi que Laguna Beach, où Norman Maine s'aventura dans la mer dans le remake de 1954 *d'Une Étoile est née*. Elle prit aussi en photo l'endroit où en 1983, un soir d'ivresse, Dennis Wilson, le batteur des Beach Boys, sauta de son yacht amarré dans la marina et se noya. « Je ne suis pas intéressée par la tragédie en tant que telle, déclara-t-elle. [...] Les disparitions doivent être sublimes d'une manière ou d'une autre, extravagantes et presque mythiques. » La mer, qui a toujours été un endroit où chacun se retrouve face à soi-même, permet aussi de s'échapper du quotidien.

C'est d'abord le scepticisme qui entoura la découverte de l'épave du minuscule voilier à bord duquel l'artiste néerlandais Bas Jan Ader avait tenté de traverser l'Atlantique, en 1975. Parmi ses effets personnels fut retrouvé un exemplaire de *L'Étrange Voyage de Donald Crowhurst*. Ce voyage en lui-même était une performance, la dernière partie d'une œuvre en trois volets intitulée *In Search of the Miraculous*. Ader, artiste dont l'œuvre est empreinte de mélancolie, s'était-il suicidé ? Ou avait-il mis en scène sa disparition comme une œuvre d'art parfaite ? Le précurseur suprême de ces énigmatiques sorties est sans doute le poète Shelley, qui périt noyé en 1822, alors qu'il naviguait sur son voilier entre Livourne et Lerici, sur la côte italienne. Des rumeurs circulèrent selon lesquelles il avait été coulé par un autre bateau pour des motifs politiques ou crapuleux. Certains dirent aussi qu'il était trop peu attaché à ce monde pour faire un bon marin. L'on raconta également qu'avant que son corps soit incinéré à la manière antique sur un bûcher dressé sur le rivage, l'un de ses amis lui arracha le cœur !

In Search of the Miraculous, la dernière et la plus poignante des œuvres de Bas Jan Ader, avait bien été conçue comme une performance en trois actes. L'après-midi du 9 juillet 1975, âgé de 33 ans, Ader fit ses adieux à son épouse, une Américaine, et embarqua à Cape Cod, dans le Massachusetts, pour une traversée de l'Atlantique en solitaire. Son voilier, l'*Ocean Wave*, mesurait à peine plus de trois mètres et demi ; c'était le plus petit bateau ayant jamais tenté une telle traversée. La nuit précédant son départ, il invita une chorale d'étudiants à entonner des chants de marins autour du piano de la galerie de son marchand à Los Angeles. Le voyage était censé être l'élément central de la performance. En guise de conclusion, Ader avait prévu une deuxième session de chants pour son arrivée à Falmouth, en Cornouailles, huit à dix semaines plus tard.

Mais, au bout de trois semaines, le contact radio avec son voilier fut perdu. L'embarcation fut repérée à soixante milles au large des côtes, puis à proximité des Açores, mais on ne la revit jamais ensuite. À ce jour, nul ne sait si Ader fut englouti par une vague scélérate, s'il fut désorienté et sauta par-dessus bord ou si, dès le départ, son intention artistique avait été de perdre le contrôle et de se suicider.

Bien que peu nombreuses, les œuvres laissées par Ader sont extraordinaires, et ont fait de lui un artiste culte reconnu par ses pairs.

Edmund Watson = Alice Nuttel
of Ribchester, Lancs. of Yorkshire
forester (temp. James I)

Thomas
(Hugaenot

Edmund[2] Watson = Jennet Dickinson
of Ribchester (living of Mosley Common,
1638) Lancs.

. . . . . .
of Eccles

Joseph Watson 1669? = Elizabeth Hewitt
of Lyme, Cheshire, 1649? – 1745?
(park keeper) 1648 – d. aged 94.
d. aged 104 1753

John Yates
of Swinton, L
1659 – 1753.
d. aged 94.

Legh Watson 1721 = Hester Yates
of Lyme, & of of Swinton, Lancs.
Swinton in Eccles, 1698 – 1745
land agent, 1690 –
1759

William H
of Rhodes in P
Lancs. descen
Hollands of C
Denton, Lancs

James Watson 1750 = Judith Holland
of Swinton, & of of Rhodes, 1733 –
Rhodes in Pilkington, 1799
Lancs, 1730 – 82

Richard Pow
of Brandles
Hall, Heaton
– 1784?

Holland Watson, 1793 = Harriott Powell
J.P. (major) of Stockport, of Heaton Norris,
Congleton, & n[r] Stockport.
Liverpool, 1751 – 1829. 1769 – 1819.

Judith Wat
of Stockport,

Harriott Anne Watson
3rd d[r] = (1) 1816. J. Scholes
1798 – 1862 (2) Rev. H. Stewart
widower, of Dublin.

Caroline = John Horatio Lloyd
7th d[r]. 1802 (barrister) of Stockport
– 1875 & London. 1798 – 1884.
[1st cousin, eldest son of
John Lloyd]

Horace Lloyd = Adelaide Barbar
(barrister, Q.C.) of London. of Dublin & Londo
1829 – 1874 1830 – 1921. d. ag

Constance Mary 1884 = Oscar Wilde
1858 – 1898 1854 – 1900

Otho Lloyd Holland B.A. 1884 = (1) Ell
(of Bournemouth from 1903) g[d]
1856 –

Cyril Holland (captain) 1885 – 1915

Vyvyan Beresford H. (captain) 1886 –

Otho St Clair Lloyd = Olga
of Lausanne, Paris, & Sacharoff
Barcelona. 1885 –

Stuet
, clothworker

Rev. John Hewytt, (or Hewer) D.D.
royal chaplain, rector of St. Gregory's
London, beheaded by Cromwell 1614-
1658.

...th Eckersall
...nton.

Dorothy Irlam
d^r of Olliver. I.

Elizabeth Cottrel
of Scarborough, Yorks.

...n Atkinson
Ely place, Dub.
, army agent
...0-1823

Molly Watson = John Lloyd
of Stockport
1765-1810

John Lloyd
of Stockport
(& chester)
1770-1844

...arles Hare D.D
...ellow of Trinity Coll:
Dublin.

John Atkinson = Mary Hemphill,
(captain) army agent & receiver general to P.O. in Ireland. 1791-1859

Mary Hemphill,
d^r of John H. & Barbara Hare of Cashel, Tipperary
1808-1888
sister of Charles Hare
1st Lord Hemphill. Q.C. P.C.

Hewett Cottrel Watson.
botanist.
1804-81 d.s.p.

...ellie) Hutchinson
...of Birmingham

...natius Lloyd =
... & N. York. U.S.A.

1887 = (2) Mary Edna Winter
of Lausanne, Neuchatel, & Bournemouth
1869-1930

(1) Hester Lloyd Holland
of Bournemouth & London. 1886-

(2) Eugene Lloyd Holland (captain)
1890-
1929 = Dulcie Barnes.
1896

(3) Horace Lloyd Holland. R.A.F.
1898-1920

Généalogie d'Arthur Cravan,
par Otho Holland Lloyd, s. d.
(p. 242-243)

Arthur Cravan à l'âge d'un an, 1888

Robert de Greck,
Nellie Hutchinson, Otho LLoyd et Arthur Cravan,
vers 1890

Arthur Cravan, Suisse, vers 1900

Chronologie

1887 Naissance à Lausanne le 22 mai de Fabian Avenarius Lloyd, de nationalité anglaise, fils de Clara Nellie Hutchinson et d'Otho Holland Lloyd, beau-frère d'Oscar Wilde. Dès sa naissance, Otho Holland Lloyd quitte sa femme et part vivre à Florence avec Mary Winter. Fabian et son frère, Otho Lloyd, né à Londres le 6 juillet 1885, restent avec leur mère qui se remariera avec le docteur Henri Grandjean.

1889 Naissance d'Hester, fille d'Otho Holland Lloyd et de Mary Winter.

1896 Otho Lloyd étudie le dessin et la danse ; Fabian Lloyd étudie le violon et la danse.

1897 20 octobre, Fabian Lloyd entre au Collège Cantonal de Lausanne.

1900 Mort d'Oscar Wilde le 30 novembre. Fabian pensionnaire à l'Institut du Dr. Schmidt, à Saint-Gall.

1901 Otho Lloyd réussit le concours d'entrée à l'École des Beaux-Arts de Genève.

1904–1908 Fabian arrive à New York, d'où il gagne la Californie, y exerçant différents métiers avant de revenir à Lausanne. En automne, il entre au New Collège de Worthing (Grande-Bretagne). Divers voyages à Berlin, Munich, puis Rome et Florence. Pendant quelques temps, on le retrouve en Australie puis il revient à Lausanne.

1909 S'installe à Paris, 67 rue Saint-Jacques. Il adopte alors le pseudonyme d'Arthur Cravan.

1910 Février, Otho et Fabian Lloyd, membres du club de boxe Cuny, s'inscrivent au « IIe Championnat Annuel des Novices Amateurs. » Le 14 mars, Cravan est champion de France des mi-lourds.

1912 Cravan assiste le 27 juin à une lecture publique du « Manifeste de la femme futuriste » de Valentine de Saint Point, salle Gaveau, 45 rue La Boétie.

1913 S'installe 29 avenue de l'Observatoire où il est voisin du bal Bullier et de l'atelier de Van Dongen, le seul peintre qu'il dit admirer. À Paris, il donne au moins trois « conférences » entre juillet et novembre 1913.

Arthur Cravan dans son appartement de l'avenue de l'Observatoire, Paris, vers 1913

Horace Lloyd (1829-1874), grand-père de Cravan, Dublin, s. d.

Otho Lloyd, 1913

1914 Nouvelle conférence de Cravan annoncée dans la rubrique «Spectacles et Concerts» du Carnet du Petit Journal du 6 mars 1914 comme «Soirée parisienne».
«Ce soir aux Noctambules, 7 rue Champollion, Arthur Cravan, neveu d'Oscar Wilde, conférenciera, dansera, boxera.
Oscar Wilde a laissé des œuvres posthumes dont la plus curieuse est son neveu, le seul, l'authentique neveu, le prince de la boxe, licencié en lettres, directeur de *Maintenant*, revue à gros tirages, enfin Arthur Cravan. Et Arthur Cravan sur le fragile plateau des Noctambules dansera comme boxe la Zambelli, boxera comme danse Joë Jeannette. Il initiera l'auditoire émerveillé aux plus délicieuses beautés des lettres présentes. Sa conférence sera un sensationnel coup de poing dans la sympathique figure du public. Mais ce coup de poing fera éclater un rire comme le Président de la République lui-même n'en connut pas au dernier vernissage des Indépendants.

Amateurs du dernier tango où l'on cause, gens férus de polkas et autres danses du pape devant le miroir, financiers qui placez dans le cubisme et dans l'orphisme vos plus sonores espérances, dames du monde éprises du cours et des manchettes de Monsieur Bergson, jeunes filles qui faites de Maintenant vos rêves de demain, soyez tous à cette soirée des Noctambules, où Arthur Cravan élèvera la conférence à la hauteur d'une raison sociale d'utilité reconnue publique. Arbitre d'honneur: Fernand Cuny. Prix d'entrée: 2F50. Il est prudent de louer ses places.»
«[...] je revois Arthur Cravan le conférencier. C'est sur les pentes de Montmartre, au Cercle de la Biche. Raide, pâle, glabre, sanglé, monoclé, Louis de Gonzague Frick préside, président sans mandat. Arthur Cravan paraît, homme de lettres improvisé et, qu'il dit, boxeur professionnel encore qu'on ne sache pas trop en quel ring il ait jamais paru, mais contredire Cravan sur un seul point, c'est le nier tout entier. Arthur Cravan nous parle. Il exprime son mépris de l'artiste. À coups de trique assénés sur un guéridon, il exige le silence bien que celui-ci soit total. Arthur Cravan déplore que le choléra n'ait pas emporté à trente ans les grands poètes (patience, Cravan, la guerre arrive). Mourir jeune leur eût épargné une vie mesquine. Arthur Cravan croit à la vie moderne, ardente, brutale! ... Ce cynique est un ingénu, un poète intéressant d'ailleurs [...]»
André Salmon, «Éloge d'un grossier personnage», *Souvenir sans fin*, 2e époque (1908-1920), éd. Gallimard, Paris, 1956.

Sur le carton annonçant la quatrième conférence prévue le 5 juillet on pouvait lire: «VENEZ VOIR – Salle des Sociétés savantes – 8 rue Danton – Le Poète – ARTHUR CRAVAN – (neveu d'Oscar Wilde) – champion de boxe, poids 125 kg, taille 2 m. – LE CRITIQUE BRUTAL – PARLERA – BOXERA – DANSERA – la nouvelle (Boxing Dance) – LA VERY BOXE – avec le concours du sculpteur MAC ADAMS – autres numéros excentriques – NÈGRE. BOXEUR. DANSEUR. – dimanche 5 juillet 9 h du soir – prix des places: 5fr., 3fr. ou 2fr.»

«Le neveu dOscar Wilde [...]. Cet Arthur Cravan qui ne manque jamais de faire suivre son nom de ces mots «neveu d'Oscar Wilde» sest donné hier soir aux Sociétés Savantes en spectacle à quelques centaines d'Anglais d'Américains et d'Allemands, parmi lesquels deux ou trois Français s'étaient fourvoyés. Cet Arthur Cravan est

Portrait d'Arthur Cravan pour une carte d'identité,
New York, 1917

un grand jeune homme blond, imberbe, qui, vêtu d'une chemise de flanelle largement échancrée, d'une ceinture rouge, d'un pantalon noir et de légers escarpins, a parlé, dansé, boxé. Avant de parler, il a tiré quelques coups de pistolet puis a débité, tantôt riant, tantôt sérieux, les plus énormes insanités contre l'art et la vie.

Il a fait l'éloge des gens du sport, supérieurs aux artistes, des homosexuels, des voleurs du Louvre, des fous, etc. Il lisait debout en se dandinant, et de temps à autre lançait à la salle d'énergiques injures. Dans la salle, on paraissait goûter cette façon saugrenue de conférencer. Les choses, cependant, ont failli se gâter quand cet Arthur Cravan a éprouvé le besoin d'envoyer à toute volée sur le premier rang des spectateurs, un carton à dessin qui, par hasard, N'atteignit personne. Quelques amis du danseur, boxeur et conférencier, ont achevé de donner à cette soirée son caractère particulier de grosse plaisanterie anglo-américaine en dansant, boxant et conférenciant à leur tour. »
Paris Midi, 6 juillet 1914.

1916 Cravan arrive à Barcelone après un long périple en Europe Centrale. « Comment avait-il réussi à tromper la vigilance de frontières sans être arrêté ou même inquiété ? Et ceci sans aucune ressource normale ou avouée. » Gabrielle Buffet-Picabia, Aires abstraites, éd. Pierre Cailler, Genève, 1957. Il fréquente Picabia et Marie Laurencin. Il devient professeur de boxe puis directeur au Real Club Maritimo et défie en combat le champion noir Jack Johnson. Match peu marquant dans les annales du sport. Cravan est mis knock-out dès le premier round. « Dès le premier assaut, celui-ci (Cravan) semblait très effrayé. Après l'avoir fatigué avec quelques corps à corps, le Noir lui a flanqué trois coups à l'estomac qui l'ont disloqué complètement. Pendant les cinq assauts suivants, Cravan finit de se fatiguer tandis que le Noir se laissait frapper pour les besoins du film que l'on tournait. Au sixième round, après avoir littéralement "joué" avec son rival, Johnson démontra une accablante supériorité. Il lui flanqua un direct de la droite, suivi d'un coup de travers qui le jeta à terre, hors de combat. Le Noir fit ensuite une exhibition avec ses entraîneurs et la fête se termina. »
La Veu de Catalunya, 24 avril 1916.

Fin 1916, Cravan s'embarque pour New York sur un bateau espagnol qui porte le nom de *Montserrat* sur lequel a également embarqué Léon Trotsky. «La mer fut extrêmement tempétueuse [...] *Le Montserrat* était un vieux navire, peu fait pour la navigation sur l'océan. Mais le pavillon espagnol, neutre, diminuait de beaucoup les risques de torpillage. Et c'est pourquoi la compagnie prenait cher, logeait mal ses passagers et les nourrissait encore plus mal. La population du navire était d'une composition variée et, dans l'ensemble, peu attirante. Il s'y trouvait nombre de déserteurs de différents pays, surtout de ceux dont le rang social est plus élevé [...] Un boxeur, littérateur à l'occasion, cousin [sic] d'Oscar Wilde, avouait franchement qu'il aimait mieux démolir la mâchoire à des messieurs yankees, dans un noble sport, que de se faire casser les côtes par un Allemand. »
Léon Trotsky, *Ma vie*, éd. Gallimard, coll. « Folio », Paris, 1973.

Carte postale de la place de la Constitución de Mexico envoyée par Cravan à Mina Loy, s. d.

1917 New York, Cravan est sans ressources.
En avril 1917, conférence sur l'humour moderne aux Indépendants. Cravan arrive en retard, échevelé, col défait et ivre. Il s'assoit à la petite table et commence par quelques phrases hautaines. « Cravan qui avait déjeuné avec nous au Brevoort et qu'on avait déjà copieusement abreuvé, arriva fort en retard, se frayant avec peine un chemin entre les nombreux auditeurs d'une salle particulièrement élégante. Visiblement ivre, il eut grand peine à monter sur l'estrade du speaker. Ses gestes et son expression ne pouvaient laisser aucun doute sur son état de quasi-inconscience ; une toile du peintre Steichen avait été accrochée derrière lui et l'incohérence de ses mouvements nous fit craindre que, avec ou sans intention, il ne réussît à la faire tomber ; puis il commença à se déshabiller, ôta sa veste et ses bretelles. La première réaction du public à cette extravagante entrée en matière fut une stupeur qui se transforma bientôt en un ensemble de protestations véhémentes. Les autorités alertèrent la police et au moment où, penché sur la table du conférencier, il lançait à l'assistance l'une des épithètes les plus injurieuses de la langue anglaise, plusieurs corps sortis je ne sais d'où s'emparèrent de lui, lui passèrent les menottes avec une adresse toute professionnelle, l'entraînèrent au dehors tandis que la salle se vidait dans la plus complète confusion des esprits et des corps [...]
« Quelle belle conférence ! » disait Marcel (Duchamp) quand nous nous retrouvâmes tout le soir chez Arensberg. »
Gabrielle Buffet-Picabia, *Aires abstraites*, éd. Pierre Cailler, Genève, 1957.

Lors de l'entrée en guerre des États-Unis, Cravan part au Canada, puis au Mexique. Il est professeur de culture physique à Mexico et entame des conférences sur l'art mexicain.

1918 Au Mexique, Arthur Cravan épouse Mina Loy, amie de Duchamp et Arensberg. Mina enceinte embarque pour Buenos Aires. Disparition mystérieuse de Cravan.
« Après l'armistice, sa femme le chercha dans toutes les prisons et dans tous les pays du monde, mais ne retrouvera aucune trace de sa présence ou de son passage ; et il semble de plus en plus certain que le mystère qui entoure la disparition de ce personnage ne sera jamais éclairci. »
Gabrielle Buffet-Picabia, *Aires abstraites*, éd. Pierre Cailler, Genève, 1957.

«On signale en 1919 [sic] son passage comme professeur de culture physique à l'Académie athlétique de Mexico : il prépare une conférence sur l'art égyptien. Sa trace se perd à peu de temps de là dans le golfe du Mexique où il s'est engagé de nuit sur une embarcation des plus légères. »
André Breton, *Anthologie de l'humour noir*, éd. Jean-Jacques Pauvert, Paris, 1966.

« Cravan est mort assassiné dans une académie de boxe qu'il avait ouverte à Mexico. Un coup de poignard au cœur. On ne sait pas pourquoi, ni par qui. »
Blaise Cendrars, « La tour Eiffel sidérale », Le Lotissement du ciel, éd. Denoël, Paris, 1949.

1919 Naissance de sa fille Fabienne Lloyd le 5 avril dans le Surrey (Grande-Bretagne).

Liste d'œuvres et documents

Toutes les œuvres et documents reproduits dans cette publication appartiennent à la Collection Marcel et David Fleiss. Avec l'aimable autorisation de la Galerie 1900-2000, Paris.

(p. 12)
Arthur Cravan
Barcelone, 1916
Photographie aux sels d'argent
8,8 x 8,3 cm

(p. 15)
Arthur Cravan avec Renée Bouchet, Olga Sacharoff et Otho Lloyd (assis parmi le public) *au Gymnase Bricall*
Barcelone, 1er avril 1916
Photogramme
8 x 12,6 cm

(p. 16)
Otho Lloyd, Dagoussia-Mouat, Renée Bouchet, Olga Sacharoff et une personne non identifiée
Tossa de Mar, 1916
Photographie aux sels d'argent
8,2 x 11 cm

(De gauche à droite) *Andrée Bognar, Renée Bouchet, Otho Lloyd, Olga Sacharoff,* (assis) *Andrée Compère, Dagoussia-Mouat et Arthur Cravan*
Tossa de Mar, 1916
Photographie aux sels d'argent
7,8 x 10,7 cm

(De bas en haut) *Andrée Bognar, Otho Lloyd, Renée Bouchet, Dagoussia-Mouat, Olga Sacharoff, Arthur Cravan et Andrée Compère*
Tossa de Mar, 1916
Photographie aux sels d'argent
10,8 x 7,8 cm

Otho Lloyd
(De droite à gauche) *Francis Picabia, Juliette Roche, Otto von Wätjen, Marie Laurencin, Gabrielle Buffet, Olga Sacharoff,* (assis) *Albert Gleizes, Dagoussia-Mouat, Béla Szilárd et Andrée Compère*
Tossa de Mar, 1916
Photographie aux sels d'argent
8,2 x 13,3 cm

(p. 17)
Otho Lloyd
Tossa de Mar
1916
Aquarelle sur papier
28,8 x 36,5 cm

(p. 18)
Olga Sacharoff
Portrait d'Arthur Cravan
vers 1913
Huile sur bois
94 x 111 cm
Collection PPPratmarsó

(p. 19)
Olga Sacharoff
Couple marié
Huile sur toile
vers 1920
114 x 87 cm
Collection Gothsland

Otho Lloyd
Portrait de ma mère
1930
Huile sur toile
61 x 50,5 cm

Otho Lloyd
Olga
vers 1916
Gouache sur papier
35,6 x 26,2 cm
Collection particulière

(p. 20)
Arthur Cravan, portrait au chapeau
1917
Photographie aux sels d'argent
8 x 6,6 cm

(p. 28)
Arthur Cravan
s. d.
Photographie aux sels d'argent
12 x 8 cm

(p. 31-34)
Arthur Cravan
« Hie ! », *Maintenant*, n° 2 (juillet 1913), p. 15-18
19,5 x 14 cm

(p. 44)
Maintenant, année 1, n° 1 (avril 1912), couverture
19,5 x 14 cm

Maintenant, année 2, n° 2 (juillet 1913), couverture
19,5 x 14 cm

Maintenant, année 3, n° 4 (mars-avril 1914), couverture
19,5 x 14 cm

Maintenant, année 4, n° 5 (mars-avril 1915), couverture
19,5 x 14 cm

(p. 45)
Maintenant, année 3, n° 3 (octobre-novembre 1913), couverture
19,5 x 14 cm

Maintenant, année 3, n° 4, nouvelle édition augmentée (mars-avril 1914), couverture
19,5 x 14 cm

Maintenant, édition spéciale [avril 1912-mars 1915]
19,5 x 14 cm

(p. 46-47)
Service de presse de Maintenant
s. d.
Encre sur papier

(p. 48)
Eugène Atget
Balcon, 67 rue Saint-Jacques
1913
Copie moderne
22 x 18 cm
Museum of Modern Art, New York

(p. 55-57)
Carte de Jacques Vaché à Jeanne Derrien
30 septembre 1916
Encre sur papier

(p. 61)
Arthur Cravan
1917
Photographie aux sels d'argent
8,8 x 6,6 cm

(p. 62)
Arthur Cravan
s. d.
Photographie aux sels d'argent
5,5 cm (Ø)

(p. 65)
Dessin de Jacques Vaché pour Jeanne Derrien
22 juillet 1917
Crayon sur papier

(p. 69)
Robert Desnos
« La mort de Cravan »
s. d.
Crayon sur papier
Association Atelier André Breton

(p. 70-73)
Lettre d'André Breton à René Gaffé
3 novembre 1932
Crayon sur papier
Bibliothèque nationale de France

(p. 74 et 80-85)
Catalogue de l'exposition d'Édouard Archinard à la Galerie Bernheim-Jeune
Paris, 1914
15,2 x 12 cm

(p. 86)
Photographie d'une aquarelle de Robert Miradique avec une annotation au dos de Blaise Cendrars de 1937
vers 1940
Photographie aux sels d'argent
11,2 x 16 cm

(p. 88)
Édouard Archinard
Le picador
1914
Huile sur bois
65 x 46 cm

Édouard Archinard
La conversation
1914
Huile sur bois
65 x 54 cm

Édouard Archinard
La femme en rouge
1914
Huile sur bois
65 x 46 cm

(p. 89)
Édouard Archinard
Sans titre
1914
Huile sur toile
73 x 47 cm

Édouard Archinard
Au balcon
1914
Huile sur toile
89 x 58 cm

Édouard Archinard
Les chevaux au soleil
1914
Huile sur bois
65 x 47 cm

(p. 90)
Édouard Archinard
Homme dans un fauteuil
1914
Huile sur bois
61 x 50 cm

(p. 91)
Édouard Archinard
Vol de mouettes
1914
Huile sur bois
65 x 47 cm

Édouard Archinard
Le couple
1914
Huile sur bois
65 x 46 cm

(p. 92)
Édouard Archinard
Femmes au piano
1914
Huile sur toile
55 x 46 cm

Édouard Archinard
Portrait
1914
Huile sur toile
65 x 54 cm

Édouard Archinard
C'est l'heure exquise
1914
Huile sur toile
116 x 89 cm

(p. 93)
Édouard Archinard
Promenade en voiture au Panthéon
vers 1914
Huile sur toile
65 x 50 cm

Édouard Archinard
Le Pont-neuf
1914
116 x 76 cm
Huile sur toile

(p. 94)
Édouard Archinard
Allée des Acacias
1914
Huile sur toile
71 x 90 cm

Édouard Archinard
Le trot du cheval
1914
Huile sur bois
65 x 47 cm

Édouard Archinard
La bonne-mère
1914
Huile sur toile
116 x 89 cm

(p. 95)
Édouard Archinard
Mademoiselle
1914
Huile sur toile
116 x 89 cm

Édouard Archinard
La baignade
1914
Huile sur toile
116 x 89 cm

Édouard Archinard
Le fauteuil rouge devant la fenêtre
1914
Huile sur bois
65 x 50 cm

(p. 95)
Édouard Archinard
Promeneuses au chien
1914
Huile sur toile
60 x 48 cm

(p. 96)
Édouard Archinard
Le cheval
1914
Huile sur toile
61 x 50 cm

Édouard Archinard
La corrida
1914
Huile sur toile
115 x 71 cm

(p. 97)
Édouard Archinard
La corrida II
1914
Huile sur toile
116 x 73 cm

Édouard Archinard
La corrida III
1914
Huile sur toile
116 x 73 cm

(p. 98)
Édouard Archinard
Statue dans un parc
vers 1914
Huile sur toile
50 x 60 cm

(p. 99)
Édouard Archinard
Dans l'allée aux roses
vers 1914
Huile sur toile
51 x 45,5 cm

(p. 100-101)
Lettre d'Édouard Archinard à Félix Fénéon
s. d.
Encre sur papier
26,6 x 21 cm

(p. 102)
Arthur Cravan boxeur
s. d.
Photographie aux sels d'argent
17,5 x 12,7 cm

(p. 106)
« Les championnats de boxe amateurs »
La Vie au Grand Air, Paris, nº 601 (26 mars 1910), p. 208
Bibliothèque nationale de France

(p. 109)
Annonce de la conférence d'Arthur Cravan aux Noctambules
La Presse, Paris, année LXXXI, nº 7905 (7 mars 1914)
Bibliothèque nationale de France

(p. 110)
Affiche du combat d'Arthur Cravan contre Georges Calafatis au théâtre de L'Olympia
Athènes, 16 août 1914
Papier imprimé contrecollé sur toile
27,5 x 20,5 cm

(p. 113)
Combat entre Frank Hoche et Frank Crozier à l'Iris Park
Barcelone, 1918
Photographie aux sels d'argent
Arxiu Fotogràfic Centre Excursionista de Catalunya

(p. 116)
Caricature d'Arthur Cravan
Papitu, Barcelone, année IX, nº 382 (22 mars 1916), p. 187
Arxiu Històric de la Ciutat de Barcelona

(p. 118)
« Jack Johnson, retado »
España Sportiva, année IV, nº 147 (29 mars 1916)

(p. 120)
Lucille et Jack Johnson avec Arthur Cravan, Kid Johnson, Gus Rhodes et les organisateurs du combat pendant le repas organisé à l'occasion de la conférence de presse
Barcelone, 5 avril 1916
11,8 x 19 cm
Photographie aux sels d'argent
11,8 x 19 cm

Invitation au repas organisé à l'Hotel Excelsior à l'occasion de la conférence de presse du combat de boxe entre Arthur Cravan contre Jack Johnson à La Monumental
Barcelone, 5 avril 1916
Papier imprimé
7,6 x 11,5 cm

(p. 122)
Publicité du combat entre Arthur Cravan et Jack Johnson à La Monumental, annoncé par la marque de cigarrettes Elefante
Barcelone, avril 1916
Papier imprimé
30 x 18,17 cm

Caricature de Johnson et Cravan
Papitu, Barcelone, année IX, nº 384 (4 avril 1916), p. 219

(p. 124)
Arthur Cravan avec Jack Johnson à son arrivée à Barcelone
3 avril 1916
Photographie aux sels d'argent
13 x 18,3 cm
Arxiu Històric de la Ciutat de Barcelona

Annonce du combat entre Jack Johnson et Arthur Cravan
La Veu de Catalunya, Barcelone, année XXVI, nº 6097 (21 avril 1916)

(p. 126)
Josep Maria Co i de Triola
Arthur Cravan s'entraînant en plein air
Barcelone, 1916
Copie moderne
18 x 24 cm
Arxiu Fotogràfic Centre Excursionista de Catalunya

(p. 128)
Josep Maria Co i de Triola
Arthur Cravan et Torella s'entraînant en plein air
Barcelone, 1916
Copie moderne
18 x 24 cm
Arxiu Fotogràfic Centre Excursionista de Catalunya

Josep Maria Co i de Triola
Arthur Cravan, Frank Hoche, des coachs et d'autres boxeurs s'entraînant pour le combat
Barcelone, 1916
Copie moderne
18 x 24 cm
Arxiu Fotogràfic Centre Excursionista de Catalunya

(p. 132)
Caricature de la fin du combat entre Cravan et Johnson
Papitu, Barcelone, année IX, nº 387 (26 avril 1916), p. 267
Arxiu Històric de la Ciutat de Barcelona

(p. 134)
Caricature du combat entre Willard et Johnson
Sancho Panza, Barcelone, année I, nº 1 (30 avril 1916), p. 16

(p. 136)
Image du combat entre Jack Johnson et Arthur Cravan à La Monumental
Stadium. Revista ilustrada de Sports, Barcelone, année VI, nº 153, année 6 (29 avril 1916), couverture

(p. 137)
Affiche du combat de boxe d'Arthur Cravan contre Frank Hoche au Frontón Condal
Barcelone, 26 avril 1916
Papier imprimé contrecollé sur toile
194 x 95,5 cm

(p. 138)
Caricature du combat entre Arthur Cravan et Frank Hoche
Papitu, Barcelone, année IX, nº 396 (28 juin 1916), p. 419
Arxiu Històric de la Ciutat de Barcelona

(p. 139)
Affiche du combat de boxe d'Arthur Cravan contre Frank Hoche au Frontón Condal
Barcelone, 26 juin 1916
Papier imprimé contrecollé sur toile
21 x 28 cm

(p. 140)
Affiche de la conférence d'Arthur Cravan à la salle des Sociétés savantes
Paris, 5 juillet 1914
Papier imprimé contrecollé sur toile
50 x 46 cm

Affiche du combat de boxe entre Jim Johnson et Arthur Cravan aux Folies-Bergère
Paris, 18 août 1913
Papier imprimé
64 x 91 cm

(p. 141)
Affiche du combat de boxe d'Arthur Cravan contre Frank Hoche au Frontón Condal
Barcelone, 26 juin 1916
Papier imprimé contrecollé sur toile
47 x 70 cm

Affiche du combat d'Arthur Cravan contre Frank Hoche au Frontón Condal
Barcelone, 26 juin 1916
Papier imprimé contrecollé sur toile
35 x 26,5 cm

Affiche du combat entre Arthur Cravan et Jim Smith à El Toreo
Mexico, 15 septembre 1918
Papier imprimé

(p. 142)
Affiche de la session extraordinaire de boxe «El gran Jack Johnson, campeón del mundo» à l'Iris Park
Barcelone, 12 avril 1916
Papier imprimé
78 x 87,5 cm

(p. 143)
Affiche du combat de boxe entre Jack Johnson et Arthur Cravan à La Monumental
Barcelone, 23 avril 1916
Papier imprimé
44 x 21 cm

Affiche du combat de boxe entre Jack Johnson et Arthur Cravan à La Monumental, avec une illustration d'Otho Lloyd
Barcelone, 23 avril 1916
Papier imprimé
165 x 65 cm

(p. 144)
Carles Fargas
Combat entre Jack Johnson et Arthur Cravan à La Monumental
Barcelone, 23 avril 1916
Copie moderne
18 x 24 cm
Arxiu Fotogràfic Centre Excursionista de Catalunya

(p. 145)
Carles Fargas
Combat entre Jack Johnson et Arthur Cravan à La Monumental
Barcelone, 23 avril 1916
Copie moderne
18 x 24 cm
Arxiu Fotogràfic Centre Excursionista de Catalunya

(p. 146-163)
Josep Maria Co i de Triola
Avant le match Cravan-Johnson à La Monumental
Barcelone, 23 avril 1916
Photographie aux sels d'argent
8,5 x 13,6 cm
Arxiu Fotogràfic Centre Excursionista de Catalunya

(p. 164)
Caricature de Jack Johnson
«Els grans homes de la força bruta»
L'Esquella de la Torratxa, Barcelone, année XXXVIII, n° 1947 (21 avril 1916), p. 281

(p. 166)
Jack Johnson
«Mes premiers combats»
La Vie au Grand Air, Paris, n° 638 (10 décembre 1910), p. 899
Bibliothèque nationale de France

(p. 168)
Agence Rol
Tommy Burns
1908
Négatif sur verre
13 x 18 cm
Bibliothèque nationale de France

(p. 170-171)
«Le match Johnson-Burns, l'opinion de l'arbitre»
La Vie au Grand Air, Paris, n° 546 (6 mars 1909), p. 156-157
Bibliothèque nationale de France

(p. 172)
Agence Rol
James Jeffries
vers 1909
Négatif sur verre
13 x 18 cm
Bibliothèque nationale de France

Agence Rol
Combat Jack Johnson vs Jeffries
2 octobre 1911
Négatif sur verre
13 x 18 cm
Bibliothèque nationale de France

(p. 174)
«Le procès de Jack Johnson»
La Vie au Grand Air, Paris, n° 604 (16 avril 1910), p. 269
Bibliothèque nationale de France

(p. 176)
Agence Rol
Jack Johnson montrant ses muscles dorsaux
2 octobre 1911
Négatif sur verre
13 x 18 cm
Bibliothèque nationale de France

Agence de presse Meurisse
Jack Johnson en tenue de boxeur
Paris, 22 mai 1914
Négatif sur verre
13 x 18 cm
Bibliothèque nationale de France

(p. 177)
Agence Rol
Jack Johnson
2 octobre 1911
Négatif sur verre
13 x 18 cm
Bibliothèque nationale de France

(p. 178)
Agence Rol
Jack Johnson au Grand Prix de l'Aéro-Club de France
Saint-Cloud, 17 septembre 1911
Négatif sur verre
13 x 18 cm
Bibliothèque nationale de France

(p. 179)
Agence de presse Meurisse
Jack Johnson et Lucille Cameron
30 juillet 1913
Négatif sur verre
13 x 18 cm
Bibliothèque nationale de France

(p. 180)
Agence Meurisse
Frank Moran
25 mai 1914
Négatif sur verre
13 x 18 cm
Bibliothèque nationale de France

(p. 182)
Agence Rol
Jess Willard
Juillet 1919
Négatif sur verre
13 x 18 cm
Bibliothèque nationale de France

Agence Rol
Jack Johnson perd le championnat du monde dans le combat contre Jess Willard
La Havana, 5 avril 1915
Négatif sur verre
13 x 18 cm
Bibliothèque nationale de France

(p. 184)
Josep Maria Co i de Triola
Portrait de Jack Johnson et Kid Johnson à l'Iris Park
Barcelone, 1916
Copie moderne
18 x 24 cm
Arxiu Fotogràfic Centre Excursionista de Catalunya

Josep Maria Co i de Triola
Portrait du boxeur Jack Johnson à l'Iris Park
Barcelone, 1916
Copie moderne
18 x 24 cm
Arxiu Fotogràfic Centre Excursionista de Catalunya

Affiche de la «Gran Soirée de Boxe» à l'Iris Park
Barcelone, 12 avril 1916
Papier imprimé contrecollé sur toile
50 x 27 cm

(p. 186)
Agence de presse Meurisse
Frank Crozier
Janvier 1909
Négatif sur verre
13 x 18 cm
Bibliothèque nationale de France

Photographie de Jack Johnson avec une dédicace à M. Gilbert
vers 1916
Photographie aux sels d'argent
13 x 9 cm
Fonds librairie Rouse, Barcelone

«Jack Johnson (negro) contra Arthur Cravan (blanco)»
El Liberal, Barcelone, année XVI, n° 5902 (9 avril 1916)
Arxiu Històric de la Ciutat de Barcelona

(p. 187)
Photographie du combat entre Johnson et Crozier
Hojas Selectas, Revista para todos, Barcelone, n° 169 (1916), p. 459
Biblioteca de Catalunya

(p. 188)
Josep Maria Co i de Triola
Combat entre Frank Hoche et Allack avec l'arbitre Jack Johnson à l'Iris Park
Barcelone, 12 avril 1916
Copie moderne
18 x 24 cm
Arxiu Fotogràfic Centre Excursionista de Catalunya

(p. 189)
Publicité du film du combat entre Willard et Jack Johnson au Teatro Cine El Dorado
El Diluvio, Barcelone, année LVIII, n° 103 (12 avril 1916), p. 4
Arxiu Històric de la Ciutat de Barcelona

(p. 190)
Caricature de Jack Johnson
L'Esquella de la Torratxa, Barcelone, année XXXVIII, n° 1948 (28 avril 1916), couverture

(p. 192)
Publicité du film Fuerza y nobleza
El Mundo Cinematográfico, Barcelone, n° 115 (10 mars 1917), p. 2 et 18
Filmoteca de Catalunya

(p. 193)
Publicité du film Fuerza y nobleza
El Mundo Cinematográfico, Barcelone, n° 130 (25 octobre 1917), p. 2
Filmoteca de Catalunya

(p. 194)
Dossier de presse du film Fuerza y nobleza, *réalisé par Ricardo et Ramón de Baños*
Barcelone, vers 1918
Papier imprimé
22 x 14 cm
Filmoteca de Catalunya

(p. 196)
Publicité du film Fuerza y nobleza
El Mundo Cinematográfico, Barcelone, n° 138 (25 février 1918), p. 35
Filmoteca de Catalunya

(p. 198)
Jack Johnson et Lucille Cameron
El Mundo Cinematográfico, Barcelone, n° 133 (10 décembre 1917), couverture
Filmoteca de Catalunya

La «Belle Lucille»
El Mundo Cinematográfico, Barcelone, n° 139 (10 mars 1918), couverture
Filmoteca de Catalunya

(p. 199)
Publicité du film Fuerza y nobleza
El Mundo Cinematográfico. Edición Popular Ilustrada, Barcelone, n° 36 (1918)
Filmoteca de Catalunya

(p. 200)
Vinfer (César Fernández Ardavín)
Affiche publicitaire rendant hommage à Jack Johnson, champion du monde, pour l'Empresa mexicana de variedades y deportes
s. d.
Lithographie sur papier
32 x 25 cm
Fonds librairie Rouse, Barcelone

(p. 201)
Agence Mondial
Johnson et sa femme Irene Pineau
Paris, janvier 1933
Négatif sur verre
13 x 18 cm
Bibliothèque nationale de France

(p. 202)
Kees Van Dongen
Jack Johnson
vers 1919
Huile sur toile
130 x 81 cm
Palais Princier, Monaco

(p. 204)
Picasso devant la peinture Homme assis au verre *en cours d'exécution dans l'atelier de la rue Schœlcher*
Paris, 1915-1916
Photographie aux sels d'argent
6,6 x 4,7 cm
Musée national Picasso-Paris
Acquisition, 1998
MP1998-134.

(p. 206)
Pablo Picasso
Picasso, son œuvre, et son public
Suite 347, planche 1
Mougins, 16-19 [et 20-22] mars 1968
Museu Picasso, Barcelone
Donation Pablo Picasso, 1968
MPB 70.519

Billet d'entrée pour le combat Robinson vs Stock
Palais des Sports, Paris, 27 novembre 1950
Papier imprimé
8,5 x 12 cm
Musée national Picasso-Paris

(p. 210)
«La boxe anglaise. Le critérium international de boxe»
L'Auto, Paris, année III, n° 2285 (18 janvier 1907), couverture
Bibliothèque nationale de France

(p. 212)
Pablo Picasso
Homme nu assis
1908- 1909
Huile sur toile
96 x 76 cm
LaM, Lille Métropole musée d'art moderne d'art contemporain et d'art brut, Villeuneuve d'Ascq. Donation de Louise et Michel Leiris, 1979
979.4.109

(p. 213)
«Burns vaincu!»
L'Auto, Paris, année IX, n° 2994 (27 décembre 1908), couverture
Bibliothèque nationale de France

(p. 214)
«Contre le champion du monde!»
L'Auto, Paris, année IX, n.° 2741 (18 avril 1908), couverture
Bibliothèque nationale de France

(p. 215)
« Le nègre Jack Johnson, champion du monde de boxe... »
Le Petit Journal, Paris, année XLVIII, n° 17.357 (5 juillet 1910), couverture
Bibliothèque nationale de France

(p. 216)
Agence Rol
Jack Johnson
Paris, 2 octobre 1911
Négatif sur verre
13 x 18 cm
Bibliothèque nationale de France

(p. 218)
David Douglas Duncan
Pablo et Claude Picasso à La Californie
1957
60 x 50 cm
Copie moderne numérique à jet d'encre
Museu Picasso, Barcelone
Donation David Douglas Duncan, 2013

(p. 219)
Pierre Bonnard
Le boxeur (portrait de l'artiste)
1931
Huile sur toile
54 x 74 cm
Musée d'Orsay, Paris
RF 2000 12

(p. 220)
Pablo Picasso
Le boxeur
Barcelone, 1899-1900
Encre sépia à la plume sur papier à filigrane
17,5 x 12,2 cm
Museu Picasso, Barcelone
Donation Pablo Picasso, 1970
MPB 110.278

(p. 221)
Pablo Picasso
Figure d'un homme par terre
Barcelone, 1899-1900
Crayon noir et encre sépia sur papier
16 x 20 cm
Museu Picasso, Barcelone
Donation Pablo Picasso, 1970
MPB 110.310

(p. 222)
Pablo Picasso
Caricature d'un personnage masculin à grands poings, et autres croquis
Barcelone, vers 1899
Crayon Conté sur papier
23,8 x 31 cm
Museu Picasso, Barcelone
Donation Pablo Picasso, 1970
MPB 110.571R

(p. 223)
Pablo Picasso
Deux figures
Barcelone, vers 1899
Crayon Conté sur papier de registre comptable
30,7 x 21,2 cm (irrégulier)
Museu Picasso, Barcelone
Donation Pablo Picasso, 1970
MPB 110.827R

(p. 224)
Pablo Picasso
Les boxeurs
Céret, 1911
Plume et encre sur papier
16,6 x 24,3 cm
Musée national Picasso-Paris
Dation 1979
MP 661

(p. 225)
Pablo Picasso
Les boxeurs
1911
Plume et encre sur papier
17 x 15 cm
Collection particulière

(p. 226)
« Wanted Arthur Cravan 1887- ? »
4 Dada Suicides, Londres, Atlas Press, 1995
Courtesy de Roger Conover

(p. 232)
Joseph Beuys
Boxkampf für direkte Demokratie
Documenta 5, Cassel, 1972
Courtesy de Hans Albrecht Lutznat

Bas Jan Ader
In Search of the Miraculous
Bulletin 89, Art & Project, Amsterdam (août 1975), pages centrales
Lithographie sur papier
29,5 x 42 cm
Courtesy de Meliksetian | Briggs, Los Angeles

(p. 242-243)
Otto Holland Lloyd
Généalogie d'Arthur Cravan
s. d.
Papier imprimé
20 x 25 cm

(p. 244)
Arthur Cravan à l'âge d'un an
1888
Photographie aux sels d'argent
16,6 x 12,8 cm

Robert de Greck
Nellie Hutchinson, Otho LLoyd et Arthur Cravan
vers 1890
Photographie aux sels d'argent
16,5 x 10,7 cm

Arthur Cravan
Suisse, vers 1900
Photographie aux sels d'argent

(p. 246)
Horace Lloyd (1829- 1874), grand-père de Cravan
Dublin, s. d.
Photographie aux sels d'argent

Arthur Cravan dans son appartement de l'avenue de l'Observatoire
Paris, vers 1913
Photographie aux sels d'argent
6 x 5 cm

Otho Lloyd
1913
Photographie aux sels d'argent
15 x 10 cm

(p. 248)
Portrait d'Arthur Cravan pour une carte d'identité
New York, 1917
Photographie aux sels d'argent
11 x 8,5 cm

(p. 250)
Carte postale de la place de la Constitución de Mexico envoyée par Cravan à Mina Loy
s. d.
9 x 14 cm

English texts

Arthur Cravan in Barcelona

Emmanuel Guigon

Adventurer as well as poet and boxer, Fabian Avenarius Lloyd – a towering figure described by Mina Loy as a 'mystic Colossus' – assumed the pseudonym Arthur Cravan on arriving in Paris in 1909. He was a highly enigmatic man, a uniquely colourful character whose life merged into his work, and whose birth and death remain as obscure as his livelihood. Cravan, self-proclaimed nephew of Oscar Wilde (to whom he was related on his father's side) and also – in his own words – 'the world's shortest-haired poet', achieved fame through the non-conformist magazine *Maintenant*, of which he was director, editor and sole contributor, the other names featuring in the index being no more than pseudonyms. Five issues of *Maintenant* came out between 1912 and 1915; Cravan himself hawked them from a costermonger's barrow – notably at the doors of the Gaumont Hippodrome in the Place de Clichy – with the aid of champion boxer Silver Sivre, the Hungarian painter Jacobi, and his close friend, son of the Auvergne-born restaurant owner Jourdan (Rue des Bons-Enfants). Cravan soon gained notoriety for his sniping, vitriolic attacks against a whole range of modernist targets. Victims included André Gide, lampooned in a famous interview published in the second issue of *Maintenant*, in July 1913; Apollinaire, who was sufficiently offended to send round his seconds; and Marie Laurencin, vilified in a detailed, biting commentary on the artists showing at the Salon des Indépendants: '...Art is not a little pose in front of the mirror [...]. Painting is walking, running, drinking, eating and relieving oneself.' The only painter at the Salon des Indépendants to escape Cravan's sharp tongue, indeed to earn fulsome praise, was his friend Kees van Dongen, an artist whom he greatly admired. Cravan's reputation for scandal also derived from his many riotous public lectures. At a lecture delivered in Paris in 1913 – ostensibly on literature – Cravan fired shots into the air above the public, and discoursed on sport; in New York, in 1917, he lurched drunkenly onto the stage and launched into a wild striptease, cut short only when the police cleared the hall. Between these two stunts, in April 1916, he moved to Barcelona to avoid conscription, and there challenged the world boxing champion Jack Johnson (who knocked him out in the sixth round). Given his mysterious background, his behaviour both on stage and in the ring, his insistence on ranking art and literature no higher than other everyday events, and his view of scandal as a legitimate artist's tool, Cravan is clearly entitled to a place among the key precursors of Dadaism. In October 1923, a piece published in issue 11–12 of the new series of *Littérature*, under the title 'ERUTARETTIL', includes Cravan's name in what might be regarded as the first poetic anthology of surrealism; he features alongside a host of poets and eccentrics down the ages, their names set in a variety of fonts. Is this, as the backward title hints, the reverse of 'literature'? There is an unmistakable echo, here, of the non-conformist outlook adopted by the surrealists, and more specifically by André Breton, who some years later was to award Arthur Cravan pride of place in his *Anthology of Black Humour*. It should be noted that Breton, who once owned many of the works and documents on show in this exhibition, took Arthur Cravan as one of his very first examples – stressing his 'sense of provocation' – in a lecture entitled 'Characteristics of Modern Evolution and What it Consists Of', delivered on 17 November 1922 at the Ateneo in Barcelona. Surely the least of Cravan's feats included entering the ring against a world champion in Barcelona, selling his poetry in the streets of Paris like a barrow-boy hawking fruit and vegetables, and on numerous occasions giving active voice to his views under the imperious and imperative title: MAINTENANT.

This exhibition was staged largely thanks to crucial support from Marcel Fleiss. I am particularly grateful to him for his unstinting assistance, and also to Rodica Sibleyras of Galerie 1900–2000 for her work as archivist and coordinator. This exhibition was the fruit of a collective effort. We would especially like to thank everyone whose valuable advice and assistance brought this project to successful completion. My thanks also to the authors of the catalogue. Finally, I should like to highlight the work of the whole team at the museum, whose enthusiasm and ability once again proved indispensable.

Arthur Cravan, the Nephew of Oscar Wilde

Georges Sebbag

André Breton, in his role as art adviser to the great couturier and collector Jacques Doucet, persuaded him to buy *The Snake Charmer* by Henri Rousseau 'Le Douanier' in May 1922, and Picasso's *Les Demoiselles d'Avignon* in December 1924. As Doucet's literary adviser he recommended, as early as 3 March 1921, the purchase of all five issues of Arthur Cravan's magazine *Maintenant*, outlining their key content: a very lively article on the 1914 Salon des Indépendants; the account of a visit to André Gide; some curious advertisements; poems; and 'memoires' of Oscar Wilde. The poet and boxer Arthur Cravan hawked his magazine from a costermonger's barrow, which he pushed through the streets of Paris. In Breton's opinion, *Maintenant* – whose pages gave free rein to the most modern ideas – was 'one of the clearest testimonies to the state of mind that preceded Dada'. Since Doucet had already had occasion to read Jacques Vaché's *War Letters*, published by Breton in 1919, his literary adviser was able to add: 'Jacques Vaché, to whom I introduced *Maintenant*, found it most entertaining.'[1]

Arthur Cravan and Jacques Vaché both died young. In autumn 1918, the dandy of the boxing-ring disappeared off the coast of Mexico. On 6 January 1919, the dandy of the trenches succumbed to a massive overdose of opium in a Nantes hotel. While André Breton linked the final destinies of Cravan and Vaché, we must go back further than the early years of Surrealism in order to explore more fully the parallels between the sole editor of *Maintenant* and the inventor of '*umour* without an *h*'. Indeed, to tease out a complete genealogy we must go back to no less than Denis Diderot, encyclopaedist and novelist, born in the year of grace 1713, a year which held great significance for André Breton.

Jacques the Fatalist

On 30 September 1916, the soldier Jacques Vaché was stationed at the front, not far from Arras. From his underground shelter, he wrote to Jeanne Derrien, the nurse who had looked after him when he was admitted to hospital in the Rue du Boccage with thigh and calf wounds:

> My friend Jeannette / – Right now, your letter of 25 September – a fateful date for me, marking the day I was to meet you – You don't see the 'link' – as these good folk say – On 25 Sept. 15 Hans, or perhaps Fritz – saw fit to send me a bullet – which instead of killing me instantly thought it more amusing to blow up my grenades – whence the hospital, whence you yourself – whence this letter.

Vaché, clearly, traces the following causal – and circular – sequence of events: letter from Jeanne dated 25 September 1916 → German bullet dated 25 September 1915 → explosion of the infantryman's grenades → Jacques sustains thigh and calf wounds → hospital stay in Nantes → meeting with Jeanne Derrien → Jacques' reply to Jeanne's letter.

In fact, Vaché is combining two causalities: 1. the causality of memory, where Jeanne's letter appears to commemorate Jacques' wound; 2. the ballistic causality which led, after the fact, to his meeting Jeanne. This unquestionably smacks of determinism, albeit a determinism viewed with an arrogant touch of humour.

Let us now turn to Diderot's novel *Jacques the Fatalist and his Master*, which begins:

> How had they met? By chance, like everybody else. What were their names? What's it to you? Where were they coming from? From the nearest place. Where were they going? Does anyone really know where they're going? What were they saying? The Master wasn't saying anything, and Jacques was saying that his captain used to say that everything that happens to us here below, for good and for ill, was written up there, on high.
> *Master:* That's saying a lot.
> *Jacques:* My captain also used to say that every bullet shot out of the barrel of a rifle had its billet.
> *Master:* And he was right...[2]

Why, in fact, does Jacques refer to his captain? Briefly, he explains that one day, having drunk too much, he forgets to water the horses. His father is angry. A regiment is passing by. He enlists, and eventually finds himself at the battle of Fontenoy. Let us turn once more to his account:

> *Master:* And you stop the bullet that's got your name on it.
> *Jacques:* You guessed. Got it in the knee, and God knows what adventures, happy and unhappy, followed that shot. They all hang together exactly like the links in a chain, no more and no less. For instance, if it hadn't been for that shot, I don't think I'd ever have fallen in love, or walked with a limp.

In *Jacques the Fatalist and his Master*, valet and employer speak and think in similar terms. Such is the bond of fellow-feeling between them that they confide freely in each other, throughout the long day. All this must have proved novel and intriguing to the contemporary reader. Just as surprisingly modern is the narrator's casual buttonholing of the reader and his relaxed handling of his account. Yet the outstanding feature of this novel remains the profession of deterministic faith by Jacques the Fatalist, heir – as Diderot suggests – to Zeno and Spinoza.

There is more than one analogy between Jacques the Fatalist, wounded in the knee at the battle of Fontenoy, and Jacques Vaché, wounded in the legs at Mesnil-les-Hurlus. Both are aware, for example, that a bullet not only carries a message but also triggers an incalculable chain of events. The bullet that blows up Jacques the Fatalist's grenades has three major effects: 1) the meeting with Jeanne Derrien and André Breton at the hospital in the Rue du Boccage, Nantes; 2) the publication of Jacques Vaché's *War Letters* by André Breton in 1919; 3) in late 1989, after reading my book *L'Imprononçable jour de sa mort, Jacques Vaché janvier 1919*, Jeanne Derrien contacted me, and this eventually led to the publication of Jacques Vaché's letters to Jeanne Derrien.[3] Jacques Vaché boasted a wealth of nicknames, such as Jacques Tristan Hylar and Harry James; we can now hasten to add that of Jacques the Fatalist.

Rameau's nephew

Rameau's Nephew, like *Jacques the Fatalist*, presents two figures who appreciate and rival each other. It is an uninterrupted dialogue between the philosopher Diderot and Rameau's nephew. But in Diderot's account, Rameau's nephew – if in fact he ever existed at all – becomes an exceptional, extraordinary figure. Rameau's nephew, a tireless conversationalist like Jacques the Fatalist, is at once peerless imitator, consummate comedian, parasite, eccentric and cynic; the only thing that infuriates him is that – though a good singer and musician, and a connoisseur of music – he does not have the genius of his uncle, the great Rameau. He is reduced to flattering his hosts and begging his board. What needles him, then, is that, for all he is Rameau's nephew, he lacks his uncle's genius.

Just as Jacques Vaché is a superb embodiment of Diderot's Jacques the Fatalist, we are bound to acknowledge that Arthur Cravan, the nephew of Oscar Wilde, is as it were the spitting image of Rameau's nephew, as described by Denis Diderot: 'one of the most bizarre characters in this country [...] a composite of nobility and baseness, good sense and irrationality [...], endowed with a strong constitution, an exceptionally vivid imagination [...] One day in grubby linen, torn breeches and rags, virtually barefoot, he goes about with his head down [...] The next, powdered, shod, curled, well-dressed, he goes about with head high, he wants to be noticed [...].'[4] As Rameau's nephew himself admits, he would feel more at home between Diogenes the cynic and Phryne, the beautiful courtesan: 'I am as shameless as one, and I'm a regular customer of the other.' Or as he quite openly confides to his philosopher friend: 'You know I'm a stupid, crazy, cheeky, lazy ignoramus, what we Burgundians call a bad lot, a swindler, a glutton...' Or, in an ironic appraisal of his highly equivocal powers of seduction: 'I was their dear little Rameau, their pretty Rameau, their clownish, crazy, cheeky, ignorant, lazy, greedy, gross Rameau.' One of his strategies for achieving his aims is to become the willing butt of laughter and mockery: 'I spend time with people who get bored, and it's my job to make them laugh. Now, absurdity and folly are what make people laugh, so I must be absurd and a fool.' In short, as flatterer and sophist, Rameau's nephew seeks to be: 'a lucky rogue among wealthy rogues, and not a trumpeter of virtue or even a virtuous man.'

Rameau's' nephew, an unrepentant hedonist, rails wholesale against:

> 1. Fighting for one's country – 'Vanity! From pole to pole, I see only tyrants and slaves.'
> 2. The search for friendship – 'Vanity! Gratitude is a burden, and all burdens are made to be cast off.'
> 3. Fulfilling one's obligations – 'Vanity! Why bother, if you can contrive to live off the rich?'
> 4. The education of children – 'Vanity! That's the responsibility of a tutor.'
> 5. One's duty to one's spouse – 'None at all, in fact. The best possible policy in dealing with one's better half is to do what pleases her.'

In short, other than gold or money – the source of all appeal – there seems to be little point in pursuing pseudo-values such as political, moral, social, parental or conjugal virtues.

The Palais-Royal

Jean-François Rameau, the nephew of Jean-Philippe Rameau, and Arthur Cravan – real name Fabian Avenarius Lloyd – the nephew of Oscar Wilde, share at the very least a fondness for the same places, even for the same bars. The opening sentence of *Rameau's Nephew* reads: 'Rain or shine, it's my habit, about five of an evening, to go for a stroll in the Palais-Royal.' Diderot adds: 'It's me you see there, invariably alone, sitting on the d'Argenson bench.' And he also notes that: 'If the weather's too cold or too wet, I take refuge in the Café de la Régence, where I pass the time watching the games of chess.' Indeed, it is at the Café de la Régence that his encounter with Rameau's nephew takes place: 'While I was there one evening, not saying much and listening as little as possible, I was accosted by one of the most bizarre characters in the country, to which God has granted its fair share.'

Arthur Cravan, too, frequents the Palais-Royal, as he notes in his poem 'Hie!':

> *And, ideal pedestrian*
> *In the Palais-Royal,*
> *I get brazenly drunk*
> *Even on bad smells*[5]

Just as Diderot is a regular at the Café de la Régence, on the corner of the Rue Saint-Honoré and the Place du Palais-Royal, Arthur Cravan often dines at Chez Jourdan, at 10, Rue des Bons-Enfants, just a short stroll from the Place du Palais-Royal. Moreover, Cravan sings the restaurant's praises in a series of display advertisements in his magazine *Maintenant*:

> *What does a Poet need?*
> Good food.
> *Where can he find it cheaply?*
> Chez JOURDAN [...]
> *Where can you find*
> *Poets? ...*
> *Pimps? ...*
> *Boxers? ...*
> Chez JOURDAN [...]
> *Where can you see VAN DONGEN*
> *put food in his mouth,*
> *Chew and digest it, and smoke?*
> Chez JOURDAN [...]
> FOOD IS THE
> HOME OF FEELING
> *Men*
> *can restock*

their bodies
Chez JOURDAN [...]

This personalised advertisement, jointly praising food, the body and the proximity of pimps, not only recalls the Palais-Royal frequented by Denis Diderot and Rameau's nephew, but also shows that Oscar Wilde's nephew shares with Rameau's nephew the conviction that 'Food is the home of feeling'.

We might note, in passing, that certain events in André Breton's *Nadja* unfold in the Palais-Royal. On 8 October 1926, the Café de la Régence is the setting for a failed meeting between Nadja Delcourt, who turns up, and André Breton, who goes to the wrong café. The next evening, while the 'wandering soul' is 'singing to herself and half-dancing as she strolled beneath an arcade of the Palais-Royal', an old lady in search of a pencil, beside the 'Camées durs' shop, calls Nadja over and ends up handing her a visiting card on which she describes herself as a 'lady of letters'. To judge by the headed paper and envelopes Nadja Delcourt uses when writing to Breton, the Café de la Régence seems to be an obligatory stop on her wanderings around Paris.[6]

Multiple Cravan

In his autobiography, which deals only with his childhood, Arthur Cravan describes himself as a multiple persona, a condensed embodiment of all the personalities making up mankind. First, he believes he has inherited a number of burdensome and sharply contrasting traits: the sensuality and the colossal size of his paternal grandfather; the misanthropy and 'inhuman love of animals' of his paternal grandmother. A swine on his father's side, an angel on his mother's. He also lays claim to conflicting characteristics derived from a rich, idle father and a poor, hard-working mother. But for this child born in Lausanne of English parents, that biological inheritance is matched by an equally varied and ambivalent cultural heritage: 'I have lived in so many different milieus, all of which have shaped me, that I have ended up possessing all the flaws, vices, qualities and virtues, all the feelings, that are generally shared by several men and several animals: my heroism, my cowardice, my laziness, my diligence, my love of departures, my love of home, my honesty, my dishonesty, my energy, my weakness, my love of money, my disinterestedness, my love and my hatred of books; my hypocrisy, my sincerity, my independence, my officialness, my immoderate love of nature, my passion for the big city, my taste for the natural, my penchant for the artificial, my misanthropy, my selflessness, my brutality, my angelic gentleness; my kindness, my nastiness, my ferocity; my pity, my cruelty; my indifference, my immense love; my dreams, my activity; my health, my decline; my inconstancy, my loyalty; everything, everything, everything, everything: my modesty, my vanity, my delusions of grandeur; my politeness, my rudeness; my primitiveness, my civilisation; my seriousness, my recklessness; my belief, my lack of religion, have brought me both new misfortunes and new joys, so many dual feelings that for some years I have regarded myself as the most sensibly human of all the men who ever lived.'

This remarkable multiplicity, bound to an insatiable desire, is perfectly conveyed in a much-quoted passage from Cravan's poem 'Hie!':

I would like to be in Vienna and Calcutta,
Catch every train and every boat,
Lay every woman and gorge myself on every dish.
Man of fashion, chemist, whore, drunk, musician,
labourer, painter, acrobat, actor, in them all;
Old man, child, crook, hooligan, angel & rake;
millionaire, bourgeois, cactus, giraffe, or crow;
Coward, hero, Negro, monkey, Don Juan, pimp,
lord, peasant, hunter, industrialist,
Flora & fauna:
I am all things, all men & all animals!
What next?

Assume a distinguished air,
Manage to leave behind perhaps
My fatal plurality![7]

Yet this plurality – whether fatal or fertile is a matter not readily settled – is by no means Cravan's sole prerogative. It is something he shares, in fact, with Rameau's nephew, who makes a spectacle of himself at the Café de la Régence, with a medley of songs in which he sings all the parts: 'Now he was muddling and mixing some thirty airs of every style – Italian, French, tragic, comic; sometimes, singing a bass part, he'd descend into the depths of hell; sometimes, straining at the notes as he imitated a falsetto, he'd tear at the upper registers, all the while imitating, with gait, carriage, and gestures, the different characters singing; by turns furious, mollified, imperious, derisive. Now he's a young girl in tears, mimicking all her simpering ways; now he's a priest, a king, a tyrant, threatening, commanding, raging; now he's a slave, obeying. He grows calmer, he grieves, he laments, he laughs; never does he misjudge the tone, pace, and meaning of the aria's words and character.' Not content with the voices, moreover, Rameau's nephew imitates all the instruments: 'The horns and bassoons he did with bulging, ballooning cheeks and a hoarse, mournful tone; for the oboes he adopted a piercing, nasal sound; he speeded up his voice to an unbelievable pace for the stringed instruments, seeking the truest sounds; the piccolos he whistled; the flutes he warbled; shouting, singing, flinging himself about like a madman, being, just he alone, at once dancer and ballerina, tenor and soprano, the entire orchestra, the entire theatre, dividing himself into twenty different roles, running and then stopping, with the air of one possessed, eyes flashing, lips foaming.' And his performance does not end there; his orchestration goes beyond voices and instruments to take in every natural phenomenon: 'Was there anything I didn't see him do? He wept, he laughed, he sighed; he gazed tenderly, or placidly, or furiously; he was a woman swooning with grief; a wretch overcome with despair; a temple rising up from the ground; birds falling silent at sunset; rivers murmuring their way through cool solitudes or cascading down from high mountains; a storm; a tempest, the moans of the dying mingling with the whistling of the wind and the crashing of the thunder; night, with its darkness; shadows and silence – for sound can portray silence itself. He had completely lost touch with reality.'

While Rameau's nephew exhibits his multiple self through lyrical orchestration, Arthur Cravan does so through boxing, his magazine *Maintenant* and his scandalous lectures.

The poet is aware, moreover, that the slightest spark – a simple jazz tune, for example – may trigger an unstoppable excess. This notion is explicit in the opening lines of his inexhaustible poem 'Hie!':

What soul disputes my body?
I hear music:
Will I be swept away?
I so adore dancing
And other physical foolishness
I feel it is plain
That had I been a young girl
I would have been utterly corrupted.[8]

Philosophical theatre of the multiple

Fabian Lloyd, sole editor of the magazine *Maintenant*, is that multiple self, sometimes signing himself Arthur Cravan, sometimes using pseudonyms: W. Cooper, Édouard Archinard, Robert Miradique or Marie Lowitska. As Édouard Archinard, he promotes this multiple persona, warning against any attempt to obstruct whatever personality might belong to us:

You would like to sever certain parts of
yourself
Of which you disapprove; to separate
This from that, to nurture one and
Wall off the other;
That rebel other will become an armed
monster.[9]

Oscar Wilde's nephew immediately urges us to give voice to our heritage, a serious token of our multiplicity:

> *So let yourself love all that you love*
> *Accept yourself whole, accept the heritage*
> *That shaped you and carried you from age to age*
> *Towards your oneness. Remain a mystery,*
> *Accept yourself as many rather than as a pure being.*
> *The hereditary urge is more powerful than you are.*[10]

Cravan's views on genealogy and personal identity appear to draw on those of Plato and David Hume. In Plato's *Symposium*, Socrates recalls the priestess Diotima's definition of love as a daemon, intermediate between the divine and the mortal. The daemon's mediating function is well illustrated by the mythical begetting of Eros. After a feast of the gods to celebrate the birth of Aphrodite, Poros or Expediency – son of Metis – falls into a drunken sleep. Penia or Poverty lays down at Poros' side to have a child by him. Thus the daemon Eros is the fruit or synthesis of opposites: immortal vs. mortal, wealth vs. poverty, plenty vs. want.

If we are to believe Cravan's autobiography, his birth at Lausanne on 22 May 1887 tallies closely with the birth of Eros as described in the *Symposium* account. His portrait of his father, a wealthy rentier, 'an immense wastrel' and 'saturnine lover' contrasts sharply with that of his mother, poor, hardworking and undersexed. A detached, dilettante father and a cheerful, plain-spoken mother, 'one of those zealous provincial beauties'. Moreover, one unequivocal comment clearly suggests that Cravan's mother was a Penia in pursuit of Poros: 'I don't think that, in marrying my father, she felt any love for him; her choice was dictated solely by the question of money.' Cravan, fruit of the vexed coupling of Clara St Clair Hutchinson and Otho Holland Lloyd, was himself an amorous daemon, blending the opposing traits of father and mother, uniting bodies and souls, conceiving through desire and initiating into beauty.

Yet Diotima's mystical lesson in the *Symposium* must be tempered by Hume's critique of personal identity. In his *Treatise of Human Nature*, the Scottish philosopher challenges the permanence of our self-perception and the simplicity of the 'cogito' principle: 'The mind is a kind of theatre, where several perceptions successively make their appearance; pass, repass, glide away and mingle in an infinite variety of postures and situations.'[11] Diderot is undoubtedly echoing David Hume when he undertakes to provide a forceful and detailed account of Rameau's nephew's 'lyrical theatre' performance at the Café de la Régence.

In the dramatisation of impressions and ideas, so dear to the empiricist philosopher, Diderot the novelist clearly acts as the producer of the one-man show put on by Rameau's nephew. Later, it will be the poet Arthur Rimbaud's turn to embody this 'lyrical theatre', with his confession: 'I became a fabulous opera. I saw that everyone in the world was doomed to happiness [...] It seemed to me that everyone should have had several other lives as well.'[12] The genealogy of Arthur Cravan's multiple self can thus be traced from Plato's Eros through Hume's sceptical empiricist stage to the lyrical theatre of Rameau's nephew and Arthur Rimbaud's fabulous opera.

The Jew and the two nephews

In the course of their lively dialogue, Rameau's nephew tells Diderot about the exploits of 'the renegade of Avignon', one of the greatest and most villainous of rascals, a master of duplicity and deception. Having softened up a rich Jew, particularly by pretending sympathy with his beliefs, the 'renegade of Avignon' tells his benefactor one day that they are both 'lost', having been reported to the Inquisition, one for being a Jew and the other for being a Catholic renegade. He succeeds in convincing his friend and protector to sell all his possessions, after which they can escape together. But since he himself reported the Jew to the

Inquisition, he arranges for his friend to be arrested and burnt at the stake, while he makes off with all his possessions.

Another wealthy Jew makes a comic rather than dramatic appearance in the novel. At the time when Rameau's nephew is living under his roof in Utrecht, this Jew entrusts a 'grison' – a grey-liveried valet specialising in clandestine missions – to deliver a confidential letter to a prostitute, containing a letter of credit as payment for her charms. The prostitute spurns his advances, whereupon the confidential messenger proposes to let the Jew have his wife instead, in exchange for the letter of credit. No sooner said than done. But when the letter of credit falls due, the Jew refuses to honour it, convinced that the messenger will not dare to reveal the true nature of the business. The messenger stubbornly insists, and the matter is brought before the judge. Both parties are reprimanded, and the value of the letter of credit is applied to the relief of the poor.

On his visit to André Gide, Arthur Cravan does not hesitate to disparage living writers, taking particular issue – curiously enough – with Jewish authors: 'Literature cropping up again, I took advantage to insult at least two hundred living authors, Jewish writers, and Charles-Henry Hirsch in particular, and to add: "Heine is the Christ of modern Jewish writers".' Cravan's remarks, while reflecting his vitriolic temper, are above all aimed at lulling Gide into a false belief in their shared values, making it easier to unmask him later: 'From time to time I cast discreet and malicious glances at my host, who rewarded me with stifled laughter [...].'[13]

Cravan's penchant for savage criticism – this time aimed at painters – is also apparent in the special issue of *Maintenant* on the Salon des Indépendants.[14] Here, we focus on his attack against the 'Jew *Apollinaire*': '*De La Fresnaye*. I had previously noticed his contribution at the Salon d'Automne, for his painting was fresh. I am prepared to give a hundred francs to anyone who can show me twenty fresh paintings in any exhibition. [...] I don't know whether the criticism of the Jew *Apollinaire* – I have no prejudice against Jews, usually preferring a Jew to a Protestant – gave him an uncertain feeling when this replica of *Catulle Mendès* referred to him in one of his reviews as a follower of *Delaunay*. Was he taken in by such a low jibe?' Apollinaire had written, in an article for *Les Soirées de Paris*, that Roger de la Fresnaye's *La Conquête de l'air* was one of the most interesting canvases in the 1913 Salon d'Automne, noting that it suggested the influence of Robert Delaunay;[15] Cravan now accused him of tarnishing La Fresnaye's name by placing him in the wake of Delaunay.

We might also highlight this final touch to the article on the Salon des Indépendants, in which Oscar Wilde's nephew refuses to be ranked with Apollinaire or Marinetti: 'P.S. – Being unable to defend myself against the critics who have hypocritically insinuated that I was related either to Apollinaire or to Marinetti, I hereby warn them that, if they repeat this, I shall twist their private parts.' In his manifesto 'The Futurist Antitradition' (29 June 1913), Apollinaire launched a scathing attack ('shit') on – among others – critics, teachers, museums, academicisms, scientisms, but also dandyisms and 'beshitted dilettantisms', which could not fail to annoy Oscar Wilde's nephew; by contrast, he offered 'a rose' to Marinetti, Picasso, Boccioni, Apollinaire, Paul Fort, Mercereau, Max Jacob, Carrà, Delaunay, Henri-Matisse, Braque, Depaquit, Séverine, Severini, Derain, Russolo, Archipenko, etc.

Why should Cravan, so proud of harbouring no anti-Semitic prejudice, brand Apollinaire a Jew? Worse still, why should he repeat – and sign – the claim in the scandalous enlarged edition of *Maintenant*? First, he adds a new surreptitious slur on Apollinaire: '*Archipenko*, you're a worthless fake. Although the serious Jew *Apollinaire* has written, in one of his latest reviews, that "those who laugh at *Archipenko* are to be pitied," I find that those who laugh at a fraud or a masterpiece are happy people.'[16] Then, under the title '1st closure of an Incident', he offers a fairly comical account of his brush with Apollinaire and Marie Laurencin. The whole account is shot through with mockery: the introductory flourish, the letter of apology, the corrective notice signed by the witnesses for Apollinaire and Cravan. Even as he acknowledges in his letter that Apollinaire is a Roman Catholic rather than a Jew, Cravan insists on repeating, here and there, the contentious expression: 'the Jew Guillaume Apollinaire'.

Cravan makes no attempt to conceal his provocative aims: 'If I write, it is to annoy my peers, to make people talk about me, and to try to make a name for myself.' Nor does he make any secret of his primitivist leanings and his fondness for boxing: 'I prefer a yellow man to a white man, a black man to a yellow man, and a black boxer to a black student.' And if he deplores Robert Delaunay's Futurist-inspired painting, it is because it contains no reflection of his own brazen effrontery and brutish physique.

Cravan's account of a visit to the Protestant homosexual André Gide had at least two purposes: 1. to pay him back for a slim volume on Oscar Wilde which he considered unfriendly; 2. to bring down a well-established writer. But why should Cravan round on the 'Jew *Apollinaire*'? For the sheer pleasure of outsmarting the modern, scandalous avant-garde epitomised by Apollinaire and Marinetti. But in that case, why such insistence on the Jewish angle? Doubtless with a view to aping Apollinaire himself, who had been engaged since 1908 in a long-running feud with Charles-Henry Hirsch, a poet allergic to new ideas and a staunch advocate of clarity in poetry; Charles-Henry Hirsch, friend and admirer of Catulle Mendès. The reference to the 'Jew Apollinaire' suggests that Cravan was seeking to twist the knife in the wound. It is not clear, moreover, who behaved in the more petty manner in this affair: Cravan, for calling his rival a 'Jew' and likening him to 'Catulle Mendès', or Apollinaire for sending round his seconds to defend his non-Jewishness? Curiously enough, in July 1914, shortly after Cravan's insult, Apollinaire produced his extensive *Anecdotes de Willy sur Catulle Mendès*, in which he recalls meeting Catulle Mendès in the company of Charles-Henry Hirsch, and quotes – as though deliberately to distance himself – the only line he knows by Catulle Mendès: 'The jet of water that went up has not come down', a rather ridiculous line.[17]

Rameau's nephew, wastrel and loser because he was deprived of his uncle's genius, seems to be aware that the Jew, as scapegoat or crook, is compelled to live – as he himself does – on the fringes of society. But Cravan, another wastrel and loser, finds in the Jew a much less marginal figure, member of an emancipated minority. Thenceforth, seeking to renew the exploits of his uncle Oscar Wilde in the universal free-for-all of the publicity circus, he sweeps aside the generic categories of writer or artist in an attempt to topple the brightest stars of the time, the leading public figures, his main rivals, to whom he refers by name.

Too free-spirited, too marginal to share the mistrust and outright hatred of the Jews so widespread in Europe at the time, both nephews use the Jew as a symbol of what they are or what they aspire to be. But while for one this provides a pretext for focusing on a loser's despair, for the other it is a means of asserting his dandyism, his genius and his eccentricity. Two counter-examples capture the far from prosaic terrain in which the two nephews move. In an article for *La N.R.F.* (April 1920), André Gide – who would willingly accept a suitably French Dada – stresses that Tristan Tzara is both foreign and Jewish;[18] this is no more than senseless xenophobia. In a letter of complaint addressed to the editor of *Littérature* (18 November 1922), Tristan Tzara rails against his former friend Picabia, calling him, among other things, 'this little Spanish half-Jew', which may simply be evidence of personal resentment.[19]

A visit from Oscar Wilde

On the night of 23 March 1913 – or so Arthur Cravan assures us in a special issue of *Maintenant* (October–November 1913) – a stranger rang his doorbell at 67, Rue Saint-Jacques, introducing himself as Sebastian Melmoth. This shock encounter heralded a memorably emotional clash between Fabian Lloyd and Oscar Wilde, who had died, very officially, on 30 November 1900. Between the nephew and the uncle, who had taken as his alias the name of the hero of his own great-uncle Charles Maturin's Gothic novel *Melmoth the*

Wanderer. A double coup! Although, as a child, Arthur Cravan had never met his father's brother-in-law, now he was finally able to embrace him, and proclaim to the world that Oscar Wilde – albeit a grey-haired Oscar Wilde – was still alive. Yet the meeting was to go beyond family hugs; it was to unleash the troubled genius of both protagonists, highlighting in particular the almost-shy, expectant bearing of one and the expansive, even aggressive mood of the other. For what appeared to be at once an extraordinary event and a huge hoax echoes the steep descent of Rameau's' nephew, haunted by his uncle's genius, and the equally steep ascent of an André Breton who, throughout his life, sleeping and waking, was visited by the ghost of Jacques Vaché, the inventor of '*umour* without an *h*', who died prematurely on 6 January 1919.

To lend substance to Oscar Wilde's reappearance, Cravan promptly alerted the Paris correspondent of the *New York Times*, which published the sensational news on 9 November 2013. The journalist argued that, in the course of his enquiries, he had not found a single person who had seen Wilde's corpse at close quarters. He even announced that Oscar Wilde's nephew was demanding that his uncle's coffin be opened, and was even prepared to pay 5,000 dollars if his claims were to prove unfounded.

It is odd that Cravan should have waited until the October–November 1913 issue of *Maintenant* to reveal his uncle's appearance on 23 March; he could, after all, have published it in the July issue. Moreover, since the star feature in the July issue was Cravan's visit to André Gide, we are bound to wonder about the chronology of these two visits, at least in the poet-boxer's imagination. Did Cravan, in the autumn of 1913, want to believe – and want us to believe – that he had been visited by Wilde before he visited Gide? The reverse would seem more likely, i.e. that he conceived the idea of Wilde's visit after his face-to-face meeting with André Gide.

Let us make a comparison. On 10 October 1921, while visiting Vienna, the Dada-Surrealist André Breton arranges a meeting with Freud, doubtless in order to strengthen his admiration for the psychoanalyst. He is a little disappointed by the meeting. Yet the journalistic tone he adopts in his article on Freud is reminiscent of Cravan's snooping around André Gide's house. Cravan, nonetheless, had serious reasons for approaching the writer Gide. He must have thought that the young André Gide – who had met his uncle Oscar in Paris, bumped into him in Biskra and Algiers, visited him at Berneval and seen him again back in Paris – could vouchsafe to him, as a fan of Wilde and his writings, if not some secret then at least a message or a significant detail. Nothing of the sort happened. Even when he prompted his host by dropping the name of Catulle Mendès' friend Charles-Henry Hirsch into the conversation, André Gide failed to take the bait. The author of *Fruits of the Earth* could have taken advantage of the opportunity to boast that he did not drop Wilde after the trial, unlike Catulle Mendès who, offended at being included among Wilde's intimates, fought a duel with journalist Jules Huret.[20]

The visit to André Gide provided nothing except a good excuse for making fun of him, both as man and as writer. Above all, Arthur Cravan could not resist a mocking pun: 'It might be said that I have the morals of an Androgide. Will it be said?' Thereafter, having failed to gain access to his uncle Oscar via André Gide, Cravan had only to arrange for his resurrection and provided a detailed account of how he stared at, touched, embraced and insulted the holy Oscar Wilde. The narrative itself was greatly enhanced by two sketches of Oscar Wilde made by Ernest La Jeunesse in 1900.

Ernest La Jeunesse and Oscar Wilde

Apollinaire's *Le Flâneur des deux rives* contains a fascinating account entitled 'Du "Napo" à la chambre d'Ernest La Jeunesse', which takes the author from the grands Boulevards and more particularly from the Café Napolitain – general headquarters of Ernest La Jeunesse and Catulle Mendès – to Ernest La Jeunesse's hotel room near the Place de la Bastille. One day in 1907, Apollinaire sees a scrap of paper fluttering down onto the Boulevard des Italiens. Just as he grabs it, someone calls down to him from a third floor window, asking him to hang on to the paper until he comes down. Without going into the ensuing sequence of bizarre events, suffice it to say that Apollinaire keeps the document, containing a scrawled rebus that he deciphers as follows: *'R n'est là, genèse'*, in other words, Ernest La Jeunesse.

Apollinaire resolves to track down the author of *L'Imitation de notre maître Napoléon*, whom he has never yet met, to his hotel room. A room piled to the ceiling with books in fine bindings, enamels, compasses, gems, African statuettes, walking sticks, weapons, helmets, etc., the walls covered with miniatures of army officers, not to mention a collection of ancient sweets and coloured-sugar figurines on a round table. A motley array foreshadowing that to be found in Apollinaire's apartment ('the pigeon loft') or André Breton's studio.

Apollinaire notes that the writer from Lorraine 'made his debut with a singular masterstroke: praising in print Édouard Drumont who, unaware that Ernest La Jeunesse was a Jew, reciprocated with an enthusiastic review of his first book', *Les Nuits, les Ennuis et les Âmes de nos plus notoires contemporains*. He also mentions that this boulevardier provided, in his *Cinq ans chez les sauvages*, 'a poignant account of Oscar Wilde's burial'.[21]

At this point, we might usefully examine some of the ideas discussed by Oscar Wilde and Catulle Mendès at the Café Napolitain, in the presence of Ernest la Jeunesse. Oscar Wilde highlighted the paradoxes abounding in the New Testament, which for him were the only admissible truths or rather half-truths. Catulle Mendès, for his part, focused on poetry, attacking Mallarmé, Paul Fort and Henri de Régnier with equal ferocity. And Wilde found Catulle Mendès' sallies amusing.[22] Wilde's paradoxes and Mendès' diatribes together provide a reasonable illustration of the approach adopted by Arthur Cravan. The boxer-poet, emulating Catulle Mendès, would rail against artists and writers. But the writers he most loved to lambaste – and this is the paradox – included Catulle Mendès and Charles-Henry Hirsch, André Gide and Guillaume Apollinaire.

We can also return, now, to the theme of the Jew, noting that the Wilde affair was almost contemporary with the Dreyfus affair. Pushing the paradox still further, Oscar Wilde went as far as to cosy up to Major Esterhazy, the officer who falsely accused Captain Dreyfus. Wilde, though he had been subjected to trial and imprisonment, met Esterhazy several times in 1898. It is as though he found it difficult to identify with the Jewish convict on Devil's Island, preferring to vie with the flamboyant dissembler and accuser Esterhazy.

An indirect genealogy

Where does Jacques Vaché come from? André Breton discovered two ancestors: 1. Des Esseintes, the hero of *Against the Grain* by Joris-Karl Huysmans, the refined aesthete who also served as the model for Wilde's Dorian Gray; more precisely, the dandy of the trenches was a Des Esseintes of action rather than of feeling. 2. The cerebral, detached hero of Paul Valéry's *An Evening with Monsieur Teste*; more precisely, Breton refers to Jacques Vaché as the *grandson* of Edmond Teste.

Where does Arthur Cravan come from? He himself proclaimed, on numerous occasions – as though laying claim to a title – that he was Oscar Wilde's nephew.

Cravan and Vaché share this particular preference for indirect genealogy, for generational skips, for reviving literary characters: Cravan or Rameau's nephew, Vaché or Jacques the Fatalist.

Modern, rebellious, iconoclastic, they belonged neither to their families nor to their homelands; rather, they appeared to have sprouted like mushrooms after a recent shower. The whole sense of a pressing present is perfectly captured in the magazine *Maintenant*. Or as Arthur Cravan was fond of saying: 'I am the maddest of madmen, but I am what I am, the baby of an epoch.'

To grasp this still more clearly, we must also understand that this untimely now, this green shoot of a new era, is not cut off from the distant past: 'The ephemeral in me has deep roots,' adds our colossal baby.

Vaché and Cravan are at once promoters of the present and reincarnations or descendants of Jacques the Fatalist, Rameau's nephew, Des Esseintes, Monsieur Teste, and so on. Moreover, this notion of literary forebears had not escaped Oscar Wilde, who in *The Picture of Dorian Gray* wrote: 'Yet one had ancestors in literature, as well as in one's own race, nearer perhaps in type and temperament, many of them, and certainly with an influence of which one was more absolutely conscious. There were times when it seemed to Dorian Gray that the whole of history was merely the record of his own life, not as he had lived it in act and circumstance, but as his imagination had created it for him, as it had been in his brain and in his passions. He felt that he had known them all, those strange terrible figures that had passed across the stage of the world [...]".[23] The essential rule underpinning the method adopted by Lord Henry and his follower Dorian Gray, is to 'lead a multiple life' or to 'multiply our personalities'.

To paraphrase a Shakespeare sonnet quoted by Oscar Wilde, if a peerless actor has thousands of faces or masks, certain exceptional individuals like Dorian Gray, Cravan and Vaché, condense thousands of destinies into a single fate.[24]

Cravan confesses as much, sometimes with pantheistic zeal and sometimes, as here, in a tone verging on megalomania: 'I am everything, everything, everything, you understand, everything, but everything and I forget. It's me that derides art, but to an unimaginable degree, to shit on it [...] and it's the same multiman who brings you verses carried nine years like the elephant and soaked seven times in the waves of the heart.' Oscar Wilde's nephew also hammers home his multiplicity in this aphorism of individual anarchy: 'I have dreamed of being big enough to found and fashion a republic all to myself.'

How did Arthur Cravan, in his account 'Oscar Wilde is alive!', imagine his uncle Oscar? 'He was handsome. In his armchair, he had the air of an elephant; his backside squashed the armchair into which he was crammed; staring at his enormous arms and legs I sought admiringly to imagine the divine sentiments possessing such limbs. I considered the thickness of his boots; the foot was relatively small, a bit flat, which must have given its owner the dreamy and cadenced dignity of pachyderms, and, with that build, mysteriously make a poet of him. I adored him because he resembled a huge beast; I imagined him shitting simply, like a hippopotamus [...] and it was somewhere in those parts that I poetically imagined him – among the riotous greenery of Africa, and surrounded by the music of flies – producing mountains of excrement.'

The elephant is clearly a totem for Oscar Wilde's nephew, appearing again in these verses or scattered notes: '*On the ships of Asia and the gentle elephants*', '*The moon that dreamed like an elephant's heart / phosphor of elephants, blue jacket, breasts, elephants of softness*'.[25] Yet taking the last two lines of his poem 'Arthur': 'The Jew is unctuous, but the elephant is soft / Oh for music or painting that could be simply loutish!' in conjunction with 'Galerie Isaac Cravan', the title of a short text, we are faced once more with the ambivalent view of the Jew to be found in the work of Oscar Wilde's nephew, a worthy successor to Rameau's nephew. For while the Jew, in his affected sweetness, neither trumpets nor shits like an elephant, Cravan's trade-name may well be that of a Jewish gallery-owner.

Cravan, Vaché and Lafcadio

Oscar Wilde's novel *Lord Arthur Savile's Crime* also features a Jacques the Fatalist. After a reception at Lady Windermere's, a cheiromantist – who appears to be a true seer – reads Lord Arthur Savile's palm and predicts that he will commit a murder. Terrified, Lord Arthur decides to put off his marriage to Miss Sybil Merton, and fulfil the prediction by offering his elderly, sick cousin Lady Clementina a poisoned chocolate. The old lady dies. Savile soon realises that her death has nothing to do with him. He then sends a clock-bomb to his uncle, the dean of Chichester. But the bomb proves to be damp squib, providing endless entertainment for the household at Chichester. In despair, Lord Arthur takes to wandering the streets of London. He catches sight of the cheiromantist beside the Thames, leaning over the parapet. Without further ado, he pushes him over the side, thus fulfilling the fatal prediction. Lord Arthur goes on to marry Sybil, and lives happily ever after.

For André Breton – who brought André Gide, Arthur Cravan and Jacques Vaché together in his *Anthology of Black Humour* – if there is one figure who links all three, it is unquestionably the Lafcadio of *The Vatican Cellars*, '…the logical, active, modern outgrowth of the concept of dandyism' and a kind of unconscientious objector. In his discussion of André Gide, Breton notes that: 'At the "front", Jacques Vaché (who in some respects was very hostile towards Gide), dreamed of setting up his easel between French and German lines to draw Lafcadio's portrait. Several years earlier, Arthur Cravan, nephew of Oscar Wilde and *partial* Lafcadio before the fact, had – harshly and amusingly as could be, moreover – measured the gap between André Gide and his protagonist.'[26]

For a clearer view of dealings within the Cravan–Gide–Vaché trio, we might usefully take a chronological look at various texts dealing to some extent with sexuality:

> – July 1913, Arthur Cravan: 'A maid opened the door (M. Gide doesn't have a butler). […] I believe, unless he issues a denial, it is safe to say that he frequents neither young ladies nor unsavoury establishments.'[27]
> – Around 1917, Arthur Cravan: 'I noticed that female servants ministered to M. Gide's chastity.'[28]
> – 16 June 1917, letter from Jacques Vaché to André Breton: 'Did I really tell you that Gide was frigid?'
> – 18 August 1917, letter from Jacques Vaché to André Breton: 'I grant LAFCADIO a little UMOUR – because he doesn't read and produces only through amusing experiences – such as murder – and without any satanic lyricism.'
> – July 1918, Breton writes the poem 'For Lafcadio', intended for Vaché and Gide but also for his friends Fraenkel, Aragon et Soupault. In it, he reveals the recipe for the poem-collage or letter-collage: to become a 'collector of Indirect Loans'.
> – January 1920, in 'Pages from Lafcadio's Diary',[29] Édouard [André Gide] buttonholes Lafcadio: 'Oh, and while I think of it: do you have a mistress?' Lafcadio also notes in his diary: 'I have hardly read anything, and don't feel like reading anything. Perhaps I have a certain taste for words and short sentences, but I know too many languages to speak any one of them perfectly; and I write carelessly.'[30]
> – 1 January 1921, André Gide in *Journal of the Counterfeiters*: 'I stick to Wilde's paradox: nature copies art.'[31]
> – 1923, André Breton, in 'The Disdainful Confession', with reference to Jacques Vaché: 'Still, he seemed to like calling her "My mistress", no doubt anticipating the question that Gide would later ask: "Was Jacques Vaché a virgin?"'

In short, according to Cravan, Gide was a virgin, while according to Vaché, Gide was frigid. Gide, in turn, wonders earlier if Lafcadio – in other words Cravan – has a mistress, and asks Breton if Jacques Vaché was a virgin.

It hardly matters, for our present purposes, whether Wilde was more sensual than Gide, or Vaché more chaste than Cravan. The important thing is to focus – through the obsessive, swirling idea of chastity and desire – on what links Wilde to Gide, Lord Arthur Savile to Lafcadio, Cravan to Vaché, Rameau's nephew to Jacques the Fatalist, but also on what sets them apart.

André Gide conceived the Lafcadio of *The Vatican Cellars*, fatherless but equipped with five 'uncles',[32] after reading *Lord Arthur Savile's Crime* and Cravan's account of his visit to Gide in *Maintenant*.

Like Rameau's nephew, Oscar Wilde's nephew never stopped dancing and boxing with his own genius.

André Breton's genius lay in enlisting Jacques Vaché, who recognised himself in Lafcadio, whose model had been whispered to André Gide by Oscar Wilde's nephew.

Notes

1. André Breton, *Lettres à Jacques Doucet, 1920–1926*, Étienne-Alain Hubert (ed.). Gallimard, 2016, p. 90.
2. English translation from Denis Diderot, *Jacques the Fatalist* [trans. David Coward]. Oxford: Oxford University Press, 1999, pp. 3ff.
3. Jacques Vaché, *Quarante-trois lettres de guerre à Jeanne Derrien*, réunies et présentées par Georges Sebbag. Jean-Michel Place, 1991.
4. English translation from Denis Diderot, *Rameau's Nephew and First Satire* [trans. Margaret Mauldon]. Oxford: Oxford University Press, 2006, pp. 6ff.
5. Arthur Cravan, 'Hie!' [trans. Paul Lenti], 4 *Dada Suicides*, Roger L. Conover (ed.). London: Atlas Press, 2005, p. 15. See pp. 39–42 in this volume for the complete poem in the original French.
6. Nadja uses notepaper headed 'Café de la Régence, 161–163, rue Saint-Honoré (Place du Théâtre Français)' for her letters to André Breton of 1 December 1926 and 20 January 1927, and headed envelopes for her letters of 4 December 1926 and 18 February 1927.
7. Cravan, 'Hie!' [trans. Paul Lenti] (see note 5 above).
8. Ibid.
9. Édouard Archinard, 'Des paroles', *Maintenant*, no. 2 (July 1913), pp. 11–12. Original text:

   Vous voudrez retrancher de vous certaines parts
   Que vous désapprouvez voudrez faire la part
   De ceci de cela donner à l'un carrière
   L'autre le consigner avec une barrière
   Cet autre révolté deviendra monstre armé.

10. Ibid. Original text:

   Laissez-vous donc aimer tout ce que vous aimez
   Acceptez-vous entier acceptez l'héritage
   Dont vous êtes formés et transmis d'âge en âge
   Jusqu'à votre entité. Restez mystérieux
   Plutôt que d'être pur acceptez-vous nombreux.
   La vague héréditaire est plus que vous puissante.

11. David Hume, *A Treatise of Human Nature*. London: John Noon, 1739, p. 10.
12. Arthur Rimbaud, *Complete Works* [trans. Paul Schmidt]. New York: Harper, 1967, p. 237.
13. Arthur Cravan, 'André Gide', *Maintenant*, no. 2 (July 1913).
14. The scandalous fourth issue of *Maintenant* (March–April 1914) soon sold out, and Cravan suggested a 'New enlarged edition'.
15. Guillaume Apollinaire, 'Salon d'automne', *Les Soirées de Paris*, no. 15 (November 1913): 'Chief among the very few interesting canvases is Roger de la Fresnaye's distinguished and lucidly composed *La Conquête de l'air*. There is also some influence of Delaunay. I detected in this bright, simple canvas a concern – heroic these days – not to seek to astonish.' See *Œuvres en prose complètes*, II, P. Caizergues et M. Décaudin (eds.). Gallimard, 1991, p. 618.
16. In an article for *L'Intransigeant* (28 February 1914) on the opening of the Salon des Indépendants, Apollinaire writes glowingly of Archipenko: 'The most novel contribution, to my mind, is a polychrome sculpture made of various materials; glass, wood and iron are combined in a highly innovative and successful manner.' Yet although he had been writing for *L'Intransigeant* for four years, his aesthetic views were beginning to encounter opposition even within the paper's editorial board. On 1 March 1914, *L'Intransigeant* published an article by Émile Deflin entitled 'The Salon where one is entertained / by the works of the Indépendants / Cubists, Expressionists, Fumistes, and sheet-glass sculptors'. The piece was an open challenge to Apollinaire: 'There are always so many jokers at the Palais des Indépendants that one goes there above all for a laugh. […] I would only recommend […] the corrugated (and comic) sheet-metal statues, varnished, coloured, – heaps of stovepipes, waffle-irons, turntables, drainpipes and dustbins […].' The following day, while Apollinaire offered another lengthy piece on Archipenko's sculptures, noting that: 'I greatly pity those who are insensible to the charm and elegance of this slim black statue of a gondolier […],' the paper's front-page headline featured a headline 'Metal and glass statue at the Salon des Indépendants', a photo over the caption: 'Here is a photograph of the work of art (?) examined in greater detail – and at his own risk – by our contributor Guillaume Apollinaire.' After three further articles on the Salon des Indépendants (3, 4 and 5 March), *L'Intransigeant*'s regular contributor had no choice but to resign. Yet the art critic's troubles were far from over: in his 5 March article, he had used the term 'swirling Futurism' in reference to a canvas by Delaunay, whose influence on Ottmann he also highlighted; the following day, the paper published a letter of complaint from Delaunay, who stated that he had never been a Futurist, and another from Ottmann, stating that he had not been influenced by Delaunay. The controversy was still rumbling on by 8 March, fuelled by a letter from the Futurists Carrà, Papini and Soffici. Finally, things calmed down on 11 March, when the paper published the record of a meeting between the witnesses for Apollinaire and Ottmann. For the whole episode, see *Œuvres complètes en prose*, II, pp. 645–50.
17. Immediately after quoting this line, Apollinare notes: 'I think of this every time I read Charles-Henry Hirsch's attacks on obscurity in poetry, and then I wonder whether this line – the only one I know by the poet – is any clearer, or rather any less abstruse, than most of the poetry regarded as obscure.' (*Œuvres complètes en prose*, II, p. 1057). See also the note that restores the actual line by Catulle Mendès, from *Hespérus* (1869): 'Un jet d'eau qui montait n'est point redescendu.'
18. André Gide: 'I'm told he's a foreigner. I can readily believe it. / A Jew. – You took the words out of my mouth. / I'm told he doesn't sign under his real name; and I can well believe that Dada itself is just a pseudonym.' See *La N.R.F.*, no. 79 (1 April 1920), p. 477.
19. In a pointed, scathing rejoinder, Picabia declared: 'Though he referred to me as a half-Jew, I shall not do Tzara

the honour – as Gide did – of calling him a Jew; I simply think that he is a little bastard ...' Tzara's letter took issue with Francis Picabia's article 'Condoléances', published in *Littérature*, no. 6 on 1 November 1922; André Breton placed both the letter and Picabia's reply, which offers a lengthy account of his relationship with Tzara, in his own copy of *Littérature*, no. 6.
20. Jules Huret, writing in *Le Figaro* on 13 April 1895, noted that: 'The truth is that M. Oscar Wilde was very highly regarded in several circles. / His intimates in the world of arts and letters were, we believe, Messieurs Jean Lorrain, Catulle Mendès, Marcel Schwob and other subtle writers.' Lorrain published a rebuttal, denying any close friendship with Wilde. Schwob sent round his seconds. The furore died down. But over the following days, exchanges between Catulle Mendès and Jules Huret grew increasingly heated. The writer finally challenged the journalist to a duel with swords. On 17 April, during the first engagement, Catulle Mendès was wounded in the forearm. See Richard Ellmann, *Oscar Wilde*. London: Vintage Books, 1988, p. 358.
21. Guillaume Apollinaire, *Le Flâneur des deux rives*, *Œuvres en prose complètes*, III, pp. 27–33.
22. See Ellmann, *Oscar Wilde*, pp. 382–83.
23. Oscar Wilde, *The Picture of Dorian Gray*. London: Penguin Books, 1949, p. 160.
24. Oscar Wilde quotes Shakespeare's Sonnet 53, lines 1–4, in *The Portrait of Mr. W. H.* London: Wentworth Press, 2016, p. 20.
25. Arthur Cravan, 'Exercice poétique', *Almanach surréaliste du demi-siècle, La Nef*. Special issue 63–64 (March 1950).
26. English translations from André Breton, *Anthology of Black Humour* [trans. M. Polizzotti]. San Francisco: City Lights Books, 1997, p. 198.
27. Arthur Cravan, 'André Gide', *Maintenant*, no. 2 (July 1913).
28. Arthur Cravan, 'Notes', *VVV*, no. 1 (June 1942). English text: 'Arthur Cravan', Mary Ann Caws (ed. and trans.), *Surrealist Painter and Poets*. Cambridge: MIT Press, 2001, p. 170.
29. André Gide, 'Pages du journal de Lafcadio (extraites des *Faux-Monnayeurs*)', *Littérature*, no. 11 (January 1920). Reprinted in an appendix to *Journal des faux-monnayeurs*, 1927. English text: *The Counterfeiters and Journal of the Counterfeiters*. New York: Knopf Doubleday, 2012.
30. Lafcadio also writes: 'When he asked me if I had a mistress, I almost told him that I dread nothing so much as an affair [...]. For I am always in love, with everything and everybody.'
31. André Gide, *Journal des faux-monnayeurs* (1927). Gallimard, 1992, p. 29. English text: *The Counterfeiters and Journal of the Counterfeiters*, p. 416.
32. The 'uncles' in question, including a certain Lord Fabian, were his mother's successive lovers.

Cravan: a Surrealist in Defiance

Georges Sebbag

Just as he had always extolled the work of Jacques Vaché, whose *War Letters* he had published as early as 1919, André Breton paid constant tribute to Arthur Cravan, sole editor of the magazine *Maintenant*. Cravan's name soon became known among the Dada-Surrealists. In a piece printed in *Littérature* (no. 14) in June 1920, Philippe Soupault offered an epitaph on Arthur Cravan, who had disappeared in the Gulf of Mexico, together with epitaphs on Georges Ribemont-Dessaignes, Francis Picabia, Théodore Fraenkel, Marie Laurencin, Louis Aragon, Paul Éluard, Tristan Tzara and André Breton, who were still very much alive. In his poem-epitaph on Cravan, Soupault praises the boxer, the provocateur, and the man who sold his magazine *Maintenant* from a costermonger's barrow:

> The street-vendors have emigrated
> to Mexico
> Old boxer you are dead out there
> You don't even know why
> You cried out louder than we in the palaces
> of America and in all the cafes in Paris
> You never looked at yourself in a mirror
> [...]

On 3 March 1921, in his role as Jacques Doucet's librarian, Breton advised the great couturier to purchase all five issues of *Maintenant*. In particular, he drew his employer's attention to an article on the 1914 Salon des Indépendants, the account of a visit to André Gide, and some 'memoirs' by Oscar Wilde's nephew. He also recalled that Cravan used to sell *Maintenant* himself, from a costermonger's cart full of copies, which he pushed through the streets of Paris. In his view, this magazine – which rivalled Guillaume Apollinaire's *Les Soirées de Paris* – captured the spirit of Dada even before the fact. Moreover, Breton confided that he had recommended *Maintenant* to Vaché, the dandy of the trenches, who had found it most entertaining.

The Barcelona lecture

On 27 October 1922, in the course of a hypnosis session with his Surrealist friends, Robert Desnos conjured up an image of Cravan ready to embark on some adventure: 'Cravan bounds along the shore, his tie trailing in the wind.' Still in a trancelike state, Desnos took up his pencil and sketched two or three signs, one or two lines, and captioned his automatic drawing: 'the death of Cravan'.

The following month, Breton and Picabia – at the time, the twin leading lights of the magazine *Littérature* – were in Barcelona, where Breton prefaced Picabia's exhibition at Galeries Dalmau. On 17 November, he delivered a lecture at the Ateneo under the title 'Characteristics of the Modern Evolution and What it Consists Of',[1] in which, as though in passing, he aired his opinion of Barcelona, declaring himself both attracted and disconcerted by the climate, the local people and the Sagrada Familia cathedral. His views on the cathedral capture that ambivalence: 'a cathedral under construction that I rather like, if I forget that it is a cathedral'. He shared this anti-religious leaning with Picabia, the provocative author of *Jésus-Christ rastaquouère*. In his lecture, Breton took the opportunity to reveal his painter friend's feelings on 'the Northern Ireland of Spain', noting that although Picabia – described by Dalmau as 'the most sceptical of painters' – would like to remain unmoved, his heart was nonetheless 'a little bit attached to this region'. To complete the picture, Breton went on to suggest that Picasso had 'fond memories' of Catalonia. All in all, neither Breton, nor Picabia, nor Picasso were indifferent to the region.

The Barcelona lecture provided a glittering analysis of Surrealist sensibilities. The roll-call included the precursor poets Ducasse, Nouveau, Rimbaud and Apollinaire, the painters Picabia, Picasso, Duchamp and de Chirico, as well as Max Ernst and Man Ray; there was praise for estranged Dadaists like Tzara and Soupault, and for faithful friends such as Aragon, Baron, Desnos, Éluard and Péret. But neither Cravan nor Vaché were neglected. Breton was quick to recall that Cravan, in New York, had proved to be a rather eccentric lecturer: in front of a crowd who had shown up to hear him lecture on modern humour, he lurched onstage 'to emit only hiccups and to start undressing before an outraged public, until the police cut short his performance'. But, like Vaché, Cravan was destined to race through the war at dizzying speed. Even though the 'barrow-boy' Cravan had disappeared somewhere in Mexico, the crack of his whip was, apparently, still to be heard.

In October 1923, issue 11–12 of the new series of *Littérature* carried a two-page spread entitled 'ERUTARETTIL' (the title *Littérature*, backwards), a collage-cum-calligram featuring the names of seventy-one precursors of Surrealism, among them Cravan. Who – like Vaché, Roussel and Apollinaire – is clearly one of the family.

In 'Poète et boxeur', which appeared in the last issue of *Maintenant* (April–May 1915), Cravan describes himself in a train compartment, travelling from London to Liverpool. He is sitting opposite a rich American lady accompanied by her daughter, with whom he imagines all kinds of erotic dalliances; he even envisages marrying her and moving to San Francisco, where: 'We'll spend whole afternoons loving each other on drawing-room divans, heads down, bellies lucid'.[2] Michel Leiris, after reading that passage, noted in his diary for 24 October 1924: 'Les têtes en plongée et les ventres humides' (Arthur Cravan) ['Heads down, bellies humid']. This was not an oversight on Leiris' part, for the image imprinted on his mind was that of two heads going down on 'humid' bellies. The following year, in an entry for 5 May, he drew up a list of eccentrics, two of whom had disappeared: 'Jacques Vaché, Jacques Rigaut, Jacques Baron, Arthur Cravan, Marcel Duchamp.' In a much later notebook of quotations, Leiris cited Cravan twice: 'The liveliest or drunkest man, once seated on a bench, becomes a judge' and 'Life is not worth living, but I am worth being lived'. His uncle Oscar Wilde earned four mentions. Breton appeared three times, one quotation coming from the Barcelona lecture of 17 November 1922: 'A truth will always benefit from adopting an outrageous means of expression.' In fact, this statement immediately follows the reference to Cravan's scandalous lecture in New York.

The stuff of legend

In a letter to the Belgian collector René Gaffé, dated 3 November 1932, Breton sings the praises of *Maintenant*'s editor. He attaches 'great historic importance' to the magazine, as being the first publication in which 'certain extra-literary and even anti-literary concerns have supplanted others'. As he had done with the collector Jacques Doucet, he highlights two arrogant, innovative articles: 'Nothing seems to be more significant and more prophetic, in this respect, than the article on Gide and the account of the Salon des Artistes Indépendants. The author of these pages stands out as a veritable precursor.' For Breton, then, Cravan could be regarded – alongside Vaché – as the sole embodiment of the mental outlook that was to inform Dadaism: 'One might particularly underline Cravan's attitude, and that of Vaché.' The outcome of Cravan's skirmishes with Gide and Apollinaire was clearly not in favour of his targets: 'In my view, Gide will never get over those few pages of cavalier criticism, which have lost nothing of their topical relevance. Apollinaire himself, though less lacking in humour, cuts a rather pitiful figure in his dealings with Oscar Wilde's self-styled nephew, don't you think?'

Once again, Breton focuses on the poet-boxer pushing his barrow through the streets of Paris, hawking copies of his magazine: 'As you may know, Cravan – in order to express his mistrust of militant literature and of the "man of letters" approach – had undertaken to sell *Maintenant* himself, from a street-vendor's handcart.' He also returns to Cravan's performances on the New York stage: 'During the war, he gave several riotous "lectures" in New York, in the course of which, for example, he undressed on stage until the hall was completely evacuated by the police.' Breton also mentions the boxer's exploits in Barcelona, and attaches an issue of *Maintenant* containing a photo of Cravan the boxer, arrayed in horizontal-striped shorts:

'At around the same time, in Spain, he challenged the black boxer Ben Johnson, the world champion (the photo in the attached copy shows him on the day of the fight), etc.'

Finally, Breton notes that Cravan was born in Switzerland of English parents, that he lived in France, and that he fled the war by hopping from one country to another: 'He managed, I believe, to be a deserter in five or six countries. As you can see, he was a curious man whose legend may well last. He disappeared a few years ago, trying to cross the Gulf of Mexico single-handed, on a stormy day, in a very frail boat.' Cravan, like Vaché, had clearly become the stuff of legend.

Surrealist in defiance

The special Surrealist number of *This Quarter*, published in 1932, carried an article by André Breton entitled 'Surrealism Yesterday, Today, Tomorrow', updating the list of artists he had promoted to the 'Surrealist' ranks in his first *Manifesto*. Newcomers included Picasso, described as a surrealist in Cubism, Cravan as a surrealist in defiance, de Chirico in effigy and Duchamp in play.

Breton's *Anthology of Black Humour* marks the next stage in his consecration of Cravan. The anthology contains notes on Gide, Picabia, Apollinaire, Picasso, Cravan, Duchamp and of course Vaché, the inventor of '*umour* without an *h*'. In the section on Cravan, Breton expands on the explanations given to Doucet and Gaffé. He compares Cravan's entirely new conception of literature and art with the art of 'the fairground wrestler or lion tamer'.[3] He discerns in this fleeting enterprise not just the harbingers of Dada but also a glorification of temperament in the physical sense, evident in Cravan's description of himself 'folding his six-foot frame into the car', his praise for his uncle Oscar Wilde as a pachyderm, and his declared preference for 'a big, stupid Saint Bernard over Miss Froufrou, who can dance all the steps of the *gavotte*'. The text chosen for the anthology is Cravan's account of a visit to André Gide, which ends with the famous question: 'Where do we stand in relation to time?'

Cravan reappears in the review of Gide, in reference to Lafcadio, the hero of *Caves du Vatican*. Breton claims that Oscar Wilde's nephew, 'a *partial* Lafcadio before the fact' had the opportunity to measure – in a harshly amusing manner – the gap between André Gide and his own protagonist Lafcadio.

Cravan also features in the section on Apollinaire. Breton recounts how, threatened with a duel after his published reference to 'the Jew Apollinaire', Cravan, with no sense of pride, opted to retract by means of the following statement: 'M. Guillaume Apollinaire is in no way Jewish, but rather Roman Catholic. In order to avoid any future misunderstandings, I would like to add that M. Apollinaire, who has a fat belly, looks more like a rhinoceros than a giraffe, and that, when it comes to his head, he takes more after the tapir than the lion, and also that he tends more towards the vulture than towards the long-beaked stork.'

As an artist, Cravan was primarily motivated by the desire to shock and provoke. In Lausanne, Paris, Barcelona, New York and Mexico, he performed well all the parts in which he cast himself in his multiple theatre. And at certain special moments, he even dragged his uncle Oscar Wilde into the dance.

Notes

1. The English translations of all quotations from Breton's Barcelona lecture are taken, with very minor changes, from André Breton, *The Lost Steps* [trans. M. Polizzotti]. Lincoln (Nebraska): University of Nebraska Press, 1996, pp. 107–08.
2. English translation from Arthur Cravan, 'Poet and Boxer, or the soul of the twentieth century: a prosopoem' [trans. Martin Sorrell], E. S. Shaffer (ed.), *Comparative Criticism, Volume 7: Boundaries of Literature*. Cambridge: Cambridge University Press, 1985, p. 194.
3. English translations from André Breton, *Anthology of Black Humour* [trans. M. Polizzotti]. San Francisco: City Lights Books, 1997, pp. 241 ff.

Archinard, a Mystification?

Jean-Paul Morel

'Man of fashion, chemist, whore, drunk, musician,
Labourer, painter, acrobat, actor,
Old man, child, crook, hooligan, angel & rake [...]
I am all [these] things [...] What next?'[1]

'Art, Art, I don't give a toss about Art!
Shit, for God's sake!'[2]

'Édouard Archinard, probably a pseudonym of Arthur Cravan, painter, born at the end of the 19th century, possibly in Geneva. May have died in battle during the First World War. 19th–20th century. French. Painter of genre scenes, landscapes with figures. Post-Impressionist.' It was in these elliptical terms – commonly used where information was sparse – that the *Bénézit Dictionary of Painters*[3] referred to the mysterious Archinard. For the second edition, published in 1949, André Salmon[4] made only a few 'stylistic' additions: 'Few details are known regarding the life of this painter. [...] Although drawing on everyday themes, he distances himself equally from pure imagination and from literal translation. His highly-personal use of colour seeks only harmony, with no concern for truth. His wholly-unrestrained drawing is reminiscent, in its swift execution, of the fresco technique.' Other than that, we know only that an exhibition of his works (forty, to be precise) was held at the Galerie Bernheim-Jeune on the eve of the First World War – 16–28 March 1914 – almost certainly at the behest of its art director Félix Fénéon. The accompanying catalogue, published in the Gallery's *Bulletin*, no. 4 (14 March 1914, pp. 1–9), is merely a list of the works on show, with no introductory text; there are, however, six fine B/W illustrations.

Born Fabian Avenarius Lloyd, Arthur Cravan is known to have adopted this pseudonym for the launch of his magazine *Maintenant* in 1912: 'Arthur' was clearly intended as a tribute to the undisciplined (and undisciplinable) Rimbaud. 'Cravan'(s) was the native village of his long-standing (and long-suffering!) girlfriend 'Renée', by all accounts a beautiful young woman of thirty,[5] whom he had apparently stolen from the art critic Gustave Coquiot. But why also 'Archinard', of all names?

One did not need to be a genius to spot a rough anagram of 'anarchie', with an added 'd'; but at a closer glance there was a clear echo of an expression very popular among cartoonists in their reviews of the Salons, an expression whose usage dated back to the late eighteenth century, 'c'est du lard ou du cochon?'.[6]

That said, Arthur himself traced the name back to a shepherd born in Alsace, one Charles Archinard (Wesserling/Alsace, 1819 – Chailly/Switzerland, 19 December 1905), who in 1864 became a teacher and later headmaster at the Collège Cantonal in Lausanne, and who was lucky enough to inaugurate the new buildings in the Rue du Valentin, in 1879.[7] It was there that Fabian Lloyd received his first schooling.[8]

But the pseudonym may also reflect a touch of humour on Cravan's part. One figure making the headlines in politics (and especially in colonial politics) at the time was Louis Archinard, born to a Protestant family in Le Havre (Le Havre/Seine-inf., 11 February 1850 – Villiers-le-Bel/Seine-et-Oise, 8 May 1932), who had been promoted to Army General and had made his name as the 'pacifier' of French Sudan (today Mali), a feat accomplished in April 1890 at the expense of horrifying carnage among the Bambaras. From 1881 to 1914, Archinard rose effortlessly through the various ranks of the Légion d'honneur; he was also, apparently, the author of a guide to fencing and duelling, the *Manuel d'instruction pratique sur l'escrime et les duels*, Calais, Impr. des Orphelins (*sic*! No one could invent a name like that!), 1900.

But returning to Art – which on more than one occasion Cravan professed to loathe – what are we to make of 'one of my friends, Édouard Archinard', who, in his review of the Salon des Indépendants in 1914, gave Maurice Denis a harsh dressing-down?[9] Is this the same man who simultaneously, and doubtless with the collusion of Félix Fénéon, exhibited forty of his canvases at the Galerie Bernheim-Jeune, 15, Rue Richepance?

It is worth noting that Guillaume Apollinaire, speaking of the 'brochure sold at the door of the Indépendants' but without naming its author, admits that he 'dipped into the tasty pamphlet'.[10] We have been able to unearth only three contemporary press references to the Bernheim exhibition:

Gil Blas, no. 18538, 16 March 1914, p. 4, unsigned [doubtless Louis Vauxcelles, responsible for the section]
'The Arts. Édouard Archinard Exhibition – Today marks the opening, at the Galérie Bernheim-Jeune, of an exhibition of the works of this young painter whose style is sometimes reminiscent – at least to judge by the photographs – of Picasso or Bonnard. The catalogue, presented with taste and sobriety, is to be found in issue no. 4 of M. Félix Fénéon's perceptive and charming *Bulletin*'.

La Renaissance, politique, littéraire et artistique, 2nd year, no. 12, 21 March 1914, p. 25, signed Robert Hénard:
'Galerie Bernheim-Jeune – E. Archinard Exhibition. – What are we to say of M. Archinard's paintings? Ethereal, non-existent shapes in even more ethereal settings... thirty or forty sketches in generally reddish, russet tones... And they're called: "It is the exquisite hour" [No. 12], "The air was as gentle as lukewarm water" [No. 15], "Passing quickly through" [No. 37], etc. Let us pass quickly on!' [An advertisement for the exhibition appears on page 32.]

Der Cicerone: Halbmonatsschrift für die Interessen des Kunstforschers und Sammlers, Leipzig: Klinkhardt und Biermann, 6th year, Issue 9, 6 May 1914, p. 336, signed 'O.G.' [i.e. Otto Grautoff, the Paris correspondent] Ausstellungen. Pariser Frühjahrsausstellungen Bernheim-Jeune veranstaltete eine Ausstellung von Édouard Archinard, einem mittelmässigen Eklektiker. / Exhibitions. Spring exhibitions in Paris. Bernheim-Jeune has organised an exhibition by Édouard Archinard, a mediocre eclectic.

One could hardly be more laconic!

We know, thanks to André Level's Souvenirs,[11] that Cravan was a familiar figure in artistic circles, working as a dealer for André Level himself, as well as for Toulouse-based Charles Malpel, a staunch defender of modern art,[12] and that he planned to open his own gallery, under the name 'Galerie Isaac Cravan'. The undertaking was postponed indefinitely, but at least two display advertisements have survived:

Galerie Isaac Cravan
offering 2,500%!
Speculators! Buy paintings.
What will cost you 200 francs today
Will be worth 10,000 francs in 10 years' time.

Then, illustrating his aesthetic choices:

Galerie Isaac Cravan

Modigliani	Italian
Hayden	Polish
Rivera (champion of Cubism)	Spanish
Van Dongen (the Spying Dutchman)	Dutch

But what about the painter, which is certainly one of the titles he boasts? Should we risk drawing up an inventory? The risk is heightened by Cravan's fondness for disguise, and by the fact that the titles given to the works – which may or may not be attributable to him – hint more at last-minute improvisation on the eve of the show than at any real desire to identify the paintings. Even so, we can give it a try.

As Bernard Heidsieck noted in one of the rare catalogues of his work,[13] four signed canvases 'reliably' attributed to Édouard Archinard, all dated 'Nice, 1914' and belonging to Félix Fénéon's collection, were bequeathed by Fénéon to Dr Émilie Janicot, who had looked after him at Valescure in 1939.[14] A further 'Archinard', also dated 'Nice, 1914' was given by Félix Fénéon to the painter Émile Compard, whose daughter – the sculptress Brita, wife of sculptor Alberto Guzmán – bequeathed it to Bernard Heidsieck.

A watercolour signed by 'Robert Miradique' turned up at auction in April 2016, as part of a sale of items from Bernard Loliée's library.[15] A note on the back reads: '50 cts. / This watercolour is by Robert Miradique, one of the many pseudonyms of

Arthur Cravan, whose real name was Gerald Lloyd. I paid him 50 centimes in cash for it in January 1914. / Blaise Cendrars / 1937'.[16]

There remains the matter (and it is no small matter) of the forty canvases exhibited in March 1914 at the Galerie Bernheim-Jeune, to which we should add two further pictures bearing the same signature, which were included in a group show at the same gallery from 1 to 11 May 1917. The latter differ considerably in terms of general facture, leading Maria Lluïsa Borràs to doubt their authenticity.[17]

Was this, then, a hoax – if not a fraud – jointly perpetrated by Arthur Cravan and Félix Fénéon? One is irresistibly reminded – in the field of art – of Frenhofer, the wholly imaginary painter created by Balzac,[18] or better still of Jusep Torres Campalans, the so-called Catalan painter whose biography and œuvre were wholly imagined and invented by the art critic Max Aub.[19]

Now let us return to Archinard's paintings...

Notes

1. English translation: Arthur Cravan, 'Hie!' [trans. Paul Lenti]. Roger L. Conover (ed.), *4 Dada Suicides*. London: Atlas Press, 2005, p. 15.
2. 'Oscar Wilde est vivant!', *Maintenant*, no. 3, Oct–Nov 1913.
3. *Dictionnaire critique et documentaire des peintres, sculpteurs, dessinateurs et graveurs de tous les temps et de tous les pays*, created by Emmanuel Bénézit in 1911, latest edition Gründ, 1999, 14 vols.
4. André Salmon was slightly more informative in his *Souvenirs sans fin*, 2nd period (1908–1920), Gallimard, 1969, XIV – 'Éloge d'un grossier personnage', pp. 215–20, though making no specific reference to the painter.
5. An entry recording her birth is to be found at the registry office at Cravans (in the department of Charente-inférieure), under the name of Alphonsine Bouchet, born 22 August 1880, the daughter of two stone-cutters.
6. The English, like the Spanish and the Italian, simply transcribes this as 'neither fish nor fowl'.
7. Cf. Charles Archinard-Roman, 'Le collège cantonal: notice historique lue le 26 août 1879, jour de l'installation du collège au Valentin'. Interestingly, fencing and riding were also taught there.
8. See 'Davel – Inventaire des archives cantonales vaudoises' (online inventory).
9. 'L'Exposition des Indépendants', *Maintenant*, no. 4, March–April 1914: 30th Salon de la Société, held at the Quai d'Orsay-Pont de l'Alma from 1 March to 30 April 1914. Of course, this article has been compared – and rightly so – with those submitted by Félix Fénéon to the anarchist magazine *Le Père Peinard* in 1893, and particularly with 'Balade chez les artistes indépendants', which appeared in issues 212 and 213 of 9 and 16 April 1893 (reprinted by John Halperin, in *O.P.Q.C.*, Geneva–Paris: Librairie Droz, vol. I, 1970, pp. 222–28).
10. Guillaume Apollinaire, 'La critique des poètes', *Paris-Journal*, 5 March 1914 (reprinted in Gallimard, *Pléiade*, vol. II, 1991, pp. 671–73 – here, p. 673).
11. André Level (1863–1947), *Souvenirs d'un collectionneur.* Paris: Alain C. Mazo, 1959. Known to be the driving force behind the art investment venture known as 'La Peau de l'Ours'.
12. Charles Malpel (1874–1926), *Notes sur l'art d'aujourd'hui et peut-être de demain*. Paris: Bernard Grasset / Toulouse: Privat, 1910, 2 vols. Just before the outbreak of the First World War, he had also opened a gallery in Paris, at 15, Rue Montaigne.
13. *Arthur Cravan: poète et boxeur,* catalogue for the exhibition organised by Marcel Fleiss at his Galerie 1900–2000, 8, rue Bonaparte, Paris VI, 7 April–5 May, Terrain vague / Galerie 1900–2000, 1992, pp. 69–70. And we may add here: *Arthur Cravan, le neveu d'Oscar Wilde*, catalogue for the exhibition staged at the Musée d'Art Moderne et Contemporain, Strasbourg, from 18 November 2005 to 26 February 2006, directed by Emmanuel Guigon, Musées de Strasbourg, 2005.
14. They were inherited by his daughter Françoise Janicot, Bernard Heidsieck's wife.
15. Sold by Sotheby's – Paris / Me Binoche & Giquello, 76, rue du Fbg St-Honoré, on 27 April 2016, lot no. 425. Purchased for 30,000 euros (37,500 including the buyer's premium). I am grateful to Jean-Paul Goujon for this information.
16. Was this the painting to which Blaise Cendrars was referring when he wrote: 'In 1936, one day when I was broke and had to pay for my hotel room in the Avenue Montaigne, I sold Matarasso – the autograph dealer on the Rue Bonaparte – everything I had by Arthur Cravan: papers, letters, watercolours, the draft of a long, unpublished poem and a very rare complete set of his magazine *Maintenant*.' Henri Matarasso, an expert on Rimbaud, had operated from 72, rue de Seine since 1935; with Cendrars, memories are never wholly reliable ...
17. Cf. Maria Lluïsa Borràs, *Arthur Cravan: une stratégie du scandale*. Jean-Michel Place, 1996.
18. 'Le chef-d'œuvre inconnu. Conte fantastique', 1st edn. serialised in *L'Artiste*, 31 July 1831, pp. 319–23 and 7 August 1831, pp. 7–10. It should be noted in passing that Ambroise Vollard commissioned Pablo Picasso to produce the illustrations for his own 1931 edition of the story.
19. Max Aub, *Jusep Torres Campalans (1886–1956)*. Gallimard, 1961. Published with the connivance of André Malraux, the book earned an entry in the *Encyclopédie des farces et attrapes et des mystifications*, by François Caradec and Noël Arnaud, J.-J. Pauvert, 1964, pp. 382–83. An exhibition entitled *Jusep Torres Campalans, Ingenio de la Vanguardia* was held at the Museo Nacional Centro de Arte Reina Sofía de Madrid from 13 June to 23 August 2003, with a catalogue edited by Paloma Martín Llopis, Madrid, 2003.

The Poetic Image of the Boxer Arthur Cravan: a Straight Fight

Aitor Quiney

To Maria Lluïsa Borràs

In 1912, the Dutch artist Kees van Dongen produced a Fauvist oil painting in which Charley Mac Avoy and Arthur Cravan are staging a boxing match; both are dressed, having just slipped off their jackets, like drunks about to defend their befuddled views in some low dive at dawn. The setting, some suggest, may have been a makeshift ring set up in van Dongen's studio itself. In the picture, Cravan is tall and slim, with long arms and legs and a slightly hunched back. His mother Nellie worried constantly about her son Fabian's spine, yet by 1915, when Cravan – fleeing the war – visited her in Lausanne, she was relieved to see her son in such good shape, thanks to his devotion to sport and nature: 'He is in perfect health', she wrote to her other son, Otho Lloyd, 'Physical exercise has made him more handsome, also owing to the way he dresses. It's a good thing, because his curved back spoiled his physique'.[1] In around 1919, the same long-bearded artist painted a portrait of Jack Johnson, in a style strongly reminiscent of Henri Rousseau 'Le Douanier'. Johnson is pictured naked, rendered in superb black on blues, carrying a walking-stick and a top hat; he cuts an amazingly elegant figure. A primitive, African portrait. Nothing here to identify him as an American-style boxer. Instead, he has a rather gentlemanly air; closer to Queeqeg, the Polynesian harpooner in *Moby Dick*, than to a blues singer. Between these two paintings: a boxing match. The bout held at the Monumental bull-ring in Barcelona, on 23 April 1916.

Arthur Cravan, from poet and amateur boxer to French middleweight champion, 1909–1914

Arthur Cravan became interested in boxing when he was living in Paris. He arrived there in 1909, having come of age and inherited from his father enough money to settle in the city and focus on his primary calling: poetry. He changed his name from Fabian Avenarius Lloyd to Arthur Cravan, and took a large apartment beside the Jardin du Luxembourg. His brother, Otho Lloyd, followed him a few months later, moving in nearby. In Paris, Arthur Cravan – a keen habitué of venues like Le Dôme, La Rotonde and La Closerie des Lilas – mixed with the poets, writers and artists who frequented them; but he was also to be seen at the Bal Bullier, a popular haunt for boxers. At Le Dôme he met Paul Fort, Catulle Mendès, André Gide, Guillaume Apollinaire, Léon-Paul Fargue, Jules Laforgue, André Salmon and Francis Carco; painters moving in the same circles included Jean Metzinger, Le Fauconnier, Marcel Duchamp and Georges Braque. Among the many artists patronising the Bullier, Cravan forged friendships with Blaise Cendrars, Robert and Sonia Delaunay, and Kees van Dongen. According to Desanti, Cravan had a fight with Robert Delaunay at the Bal Bullier, but we are not told in what year.[2] Of all these artists, his closest relationships were with Cendrars and van Dongen, although Cravan – an erratic, unsettled character – found it hard to abide by social rules, and harder to accept established protocols. He wrote some poems, but never published them, and devoted himself to bodybuilding by training as a boxer. Cravan left no one indifferent; that was to be his hallmark. He would stand apart in all things, both in the ring and in literature.

In Paris, 'English boxing' – as it was then known – was all the rage, and there was a particular following for bouts where the boxers, far from displaying their brute bodies, fought like elegant ballroom dancers to the roar of the crowd. Boxing, indeed, was regarded a fine art in itself, and French pugilists cultivated both their bodies and their movements. Beauty lay in the simplicity of movement, in light steps and clean punches. Moreover, each boxer had his own technique, shaped by the physical agility and psychological skill with which he faced his opponent. On the sidelines of professional boxing, this art became fashionable among young men from all backgrounds. Cravan and his brother Otho joined the Club Cuny, owned by boxer Fernand Cuny, who agreed to train both brothers.[3]

In February 1910, Cravan and Otho entered the *Championnats de Boxe Amateurs de France*, held at the Salle Wagram, where Jack Scales and Sam McVea (McVey) – two legendary names at the time

– had also fought. The brothers battled through to the semi-finals and Fabian Lloyd, using his real name, was declared middleweight champion when his opponent, Eugen Gette, withdrew. The final was due to take place on 14 March, when Cravan would face Pecquerieux, a boxer who always took part in the university championships at l'École Bayle; Pecquerieux, struck down by flu, failed to appear, and Cravan was declared French light-heavyweight champion (*champion poids mi-lourd*).[4] For Cuny, the tournament was an unqualified success: four of his protégés – Monys, Nastors, Chanceu and Lloyd (*Cravan*) – were proclaimed champions.

Unconsciously, Cravan had performed his first Dada act *ex nihilo*, years before the movement even existed, and long before Cravan – equally unconsciously – became part of it. Though Dadaism meant different things to each of its exponents, Cravan embodied the concept of Dada coined by Hugo Ball, one of the movement's leading lights: 'What we call dadá is a farce of nothingness in which all higher questions are involved; a gladiator's gesture; a play with shabby leftovers; the death warrant of posturing morality…'.[5] Cravan won the title without throwing a single punch.

Driven by his restless temperament, Cravan turned every deed into spectacle and provocation. With his lithe movements and attractive figure, he rapidly gained appeal as a boxer, soon becoming a must-see figure. Boxing gave him the strength that roused the poet in him, whose words defied his readers and his audience.

According to Borràs, Cravan's passion for boxing was a fleeting obsession, which ended abruptly on 10 May in Angoulême, where he defended his title against French boxer Cussot Brien, 'in a fight scheduled to last ten three-minute rounds'. Cravan, with a dislocated arm, failed to survive round two, and his seconds threw in the towel.[6]

For Borràs, this was Cravan's last foray into boxing, until his 1916 legendary bout against Jack Johnson in Barcelona: 'He never competed again. In fact, Fabian's time in the French rings was little more than a lightning flash; he lasted no more than three months, specifically from February to May 1910. Time enough, nonetheless, for him to weave for himself a kind of champion's legend, which was to prove useful when circumstances drove him to use boxing both as myth and as trade, marking him for the rest of his life.'[7]

In fact, this was not exactly the case; Cravan – by now using his pseudonym as well as a few other titles – was to fight at least once more, in 1913, against the black boxer Jim Johnson. And he did so a month after publishing the second issue of his literary magazine *Maintenant*, containing the crazed account of an imaginary encounter with Gide, in which he writes: 'I dazzled him with my size, my shoulders, my beauty, my eccentricities, my words.'[8]

On 17 August 1913, the Paris daily *Comœdia* announced that 'Sir Arthur Cravan, grandson of Queen Victoria's chancellor Sir Arthur Cravan, and nephew of Oscar Wilde, will fight on the stage of the Folies-Bergère against Jim Johnson, the feared black boxer! […] How has Paul Franck managed to organise this series of truly sensational bouts? That is his secret.'[9] The pseudonym Arthur Cravan, now adorned with a knighthood and a few grotesque invented titles – the only legitimate one being 'nephew of Oscar Wilde' – amounts to a ground-breaking, provocative piece of staging; the roar of an artist freed from all conventions. Over the next few days, *Comoedia* ran the same notice with exactly the same blurb. Yet these bouts were far from professional; in fact, they were little more than pure spectacle, and rigged from the outset. Thus, confrontation was turned into performance, in Cravan's case taking the form of an artistic act in the strictest Dadaist terms.

Cravan's provocative boxing matches were just that, performances; violent poetic dances that foreshadowed Hugo Ball's onomatopoeic poems and Kurt Schwitters' phonetic verses, but amounted essentially to the same thing: the mute writhing of the boxer's body, the verses of a poet whose blows were words, the guttural noises turned into punches, provided a medium for Dadaist artistic confrontation.

In his poem 'Hie!', which appeared in the same July 1913 issue of *Maintenant*, Cravan muses:

> *Poets and boxers.*
> *This evening, how great my disgust*
> *That, despite so much sadness,*
> *Everything seems beautiful?*

And concludes:

> *Let my souls revive themselves!*[10]

Arthur Cravan had to make his own living in Paris, his mother having stopped his monthly allowance. He did so by dealing in works of art and by giving lectures, in which boxing was part of the performance. He gave two such lectures in late 1913, and to drum up an audience placed provocative notices in the press. The notice for a lecture on 1 March 1914, to be held at Les Noctambules, read as follows:

> This evening, at 'Les Noctambules' Arthur Cravan, nephew of Oscar Wilde, will lecture, dance, box.
> [...]
> And on the fragile stage at 'Les Noctambules', Arthur Cravan will dance the way Zambelli boxes, and box the way Joe Jeannette dances. He will initiate his spellbound audience into the boldest beauties of present letters. His lecture will be a sensational punch in the friendly face of the public.[11]

The Great War, 'La Valse de Dixie Kid' and 'Poète et Boxeur', 1915

In June 1914, general elections led to a change of government in France. The rumours of impending war swept through the streets, the cafés, the salons and the rings. Cravan was aware that his own fate was bound to that of Europe, which was inevitably changing. War broke out in August, and everything tottered. Cravan was frightened; his bearlike body and poetic violence crumbled before the true atrocity that was looming. He continued to scrape a living in Paris, and also travelled a great deal. That same August, having journeyed around Europe – an account of his travels is provided in Maria Lluïsa Borràs' biography – Cravan took part in a boxing match in Athens. Driven, in all likelihood, by the fear of conscription, he posed as the Canadian champion. On the other hand, this may have been yet another piece of misleading camouflage. The fight was billed as follows:

> FOR THE FIRST TIME IN ATHENS
> GREAT BOXING MATCH
> CANADIAN BOXING CHAMPION
> ARTHUR CRAVAN
> WILL CHALLENGE THE GREEK OLYMPIC CHAMPION
> GEORGES CALAFATIS

Back in Paris, 'he claimed British nationality, and on 28 August the conscription office issued him with a foreigners' residence permit. He settled in the peaceful district of Poigny, and drafted the fifth issue of *Maintenant*, which came out in March 1915 and proved to be the last.'[12] In the fourth issue, he had outlined the contents of the next, which was to include a *prosopoème* entitled 'Poète et Boxeur', a piece by Cravan entitled 'L'Àppartament d'Oscar Wilde', a short story in verse entitled 'Alfred' – a reference to Lord Alfred Douglas, perhaps, or to Alfred Lord Tennyson? – and a third text by him under the title 'La Valse de Dixie Kid'; and finally, a 'Critique' by Robert Miradique.

Of all these items, only three were finally published in the last issue: 'Poète et Boxeur', 'Critique' and 'Pff', a piece signed by Marie Lowitska. Robert Miradique and Marie Lowitska were probably also pseudonyms of Cravan. Of particular interest for their link to boxing are 'Poète et Boxeur' and the text entitled 'La Valse de Dixie Kid', which was never published; it may still exist in manuscript form, if indeed it was ever actually written.

The Dixie Kid was a black boxer – of the kind Cravan liked because they were different and undermined the established order – who turned his fights into a sometimes grotesque spectacle: he would often pretend to writhe in pain or stumble with fatigue, falling back against the ropes, only to spring back and take his opponent by surprise, catching him with an unexpected right uppercut or a strong left hook. These boxing strategies must have ap-pealed to Cravan, who would also have enjoyed the Dixie Kid's favoured technique of bouncing off the ropes and catapulting back to land a powerful punch on his opponent. Arthur Cravan may well have met him in Paris in 1911, when the Dixie Kid was touring Europe (in Trouville, he fought the legendary Georges Carpentier and Jack Johnson).

We cannot know what Cravan had in mind when he set out to write 'La Valse de Dixie Kid', but the title suggests a paean to the boxer's way of moving around the ring, dancing out of his opponent's reach and tiring him out. This recalls the interplay of opposites in Cravan's early poetry, which – like the works of the Comte de Lautréamont – drew on conflicting poetic images. The Dixie Kid's beauty was linked to a thirst for power, energy, conquest. Advertising his public appearance at 'Les Noctambules', Cravan promised that he would dance the way the ballerina Zambelli[13] boxed, and box the way Joe Jeannette (a black pugilist) danced. Cravan plays afresh with the provocation of opposites, attempting to create those images on the retina of reader and spectator. Gaston Bachelard notes of Lautréamont's poetry – so similar in many ways to Cravan's – that '...the beautiful can no longer be simply reproduced; first of all it must be produced. It borrows from life, from matter itself, elemental energies that are first transformed, then transfigured. Certain poems belong to transformation, others to transfiguration.'[14] In other words, the primary function of the poetic images created by Cravan the boxer was to transform Cravan the poet into a muscular paranoia: dance, boxing and intelligence. Here again, Cravan foreshadowed Dada.

As chance would have it, in 1918 – after Cravan had left for America and subsequently disappeared – the Dixie Kid spent two years in Barcelona, where he fought Frank Hoche on various occasions at Iris Park. In order to earn a living, the Dixie Kid appeared in several bouts at the Barcelona park now known as Parque de la Ciudadela.

Cravan's article 'Poète et Boxeur' is, of course, a self-portrait, another wishful poetic projection of the author, which is also reminiscent of the Dixie Kid's strategies.[15] At the same time, the strategy highlights Cravan's ability to become someone else, or to be two people at once, not necessarily antagonists but mutually complementary beings. This is reflected, for example, in his appropriation of noble titles as a way of advertising his performances, which he himself justifies in his *prosopoème* as a money-making ruse: 'So, you'll never guess what I was supposed to do: I was supposed to give exhibition bouts under the pseudonym of *Mysterious Sir Arthur Cravan*, the world's shortest-haired poet, *grandson of the Queen's Chancellor*, too true, *Oscar Wilde's nephew*, 2 x 2 true, and *great-nephew of Alfred Lord Tennyson = four sure (I'm getting intelligent)*.'[16] And finally Cravan is transformed, metamorphosing – like Maldoror or Gregor Samsa – into an animal, and is proclaimed world champion: 'And under my lobster skull I was spinning my World Champion's beadies...'.[17] In Cravan, in his lectures as in his art reviews and poems, literary aggression and physical aggression transgress space and confront each other in a ring where winning depends not on defending but on attacking. The aggression has to be unexpected, not just for the victim but also for Cravan himself. And that unexpectedness is to be found precisely in the intelligence which Cravan acquires – 'I'm getting intelligent' – from his animal instinct, with all its transfigurations. Cravan, as poet and boxer, clearly illustrates Bergson's tension between instinct and intelligence; and this is where aggression is born. For Cravan, beauty is in the poetic image of the attack, in the animal instinct which uses intelligence to lure its victim. Because, for Cravan, insulting the audience or firing a pistol into the air in the middle of a lecture were acts of great beauty.

Arthur Cravan in Barcelona, 1915–1916

After publishing the last issue of *Maintenant*, Cravan travelled to Lausanne to visit his mother; terrified by the very idea of being called up, he decided to go to Spain. He did so on 6 December 1915, settling for a time in Barcelona in the hope of setting sail for South America. By that time, the city had become a gathering-point for other artists and intellectuals known to the boxer poet, fleeing – like Cravan and his partner Renée Bouchet – from the war. Some were already there, and others arrived later: his brother, Otho Lloyd, and his wife, the painter Olga Sacharoff, Albert Gleizes and his wife Juliette Roche, Sonia and Robert Delaunay, Marie Laurencin, Serge Charchoune, Francis Picabia and Ricciotto Canudo, were among the contemporary avant-garde artists grouped around the dealer Josep Dalmau. Within this artists' colony, Cravan – who had fiercely insulted Marie Laurencin and Sonia Delaunay in his magazine *Maintenant*, and had subjected Robert Delaunay to a barrage of ferocious sarcasm – was regarded as a brute. Picabia, who arrived in Barcelona in the summer of 1916, was among the handful of artists with whom Cravan kept up a cordial, professional relationship.

Kees van Dongen, one of the few painters Cravan admired, was there to set up his exhibition at Galeries Dalmau.[18] Also exhibiting was the Catalan publisher, engraver and woodcut-maker Lluís Jou, who had taken French nationality. One of the pieces on show was a woodcut by Jou entitled Salomé, for a French edition of the play by Cravan's uncle, Oscar Wilde.[19] But the most heartrending works in Jou's show at Galeries Dalmau were his etchings depicting the horrors of war.

In Barcelona, Cravan was again obliged to earn his living, and he did so by boxing. The contemporary press therefore furnishes us with a vast amount of information, as Maria Lluïsa Borràs found when researching her biography of Cravan. The poet arrived in Barcelona preceded by his reputation as a great professional boxing champion – a reputation he himself had been careful to spread beforehand – and he had no trouble getting a job as boxing instructor at the Club Marítimo.[20]

The fight of the year in Barcelona: 'the black boxer versus the English deserter', 1916. The story of a Dada adventure

Juliette Roche – Albert Gleizes' wife, who spent the war in Barcelona – published a poem devoted to 1916, entitled 'L'Année'. One verse mentions 'the black boxer and the English deserter', highlighting the importance of the fight between Johnson and Cravan in her artistic circle, if only as a means of drawing attention to the brutish pursuits of Otho Lloyd's brother.

A piece published in the sports paper *El Mundo Deportivo* on 20 March provided an initial introduction to Cravan in the following terms:

> Yesterday saw the first public appearance in Barcelona by the famous boxer Mr A. Cravan, currently boxing instructor at the Real Club Marítimo and the Gimnasio Solé. Cravan is known to the public attending our boxing sessions, for which he has acted as referee. He recently visited us, and talked about his plans. Now Cravan appears to have an ideal opportunity to settle permanently in Barcelona, and prove his great worth. His students speak glowingly of him. To what do we owe Cravan's appearance before the Barcelona public at a sporting event as solemn as that held yesterday evening?[21]

The satirical magazine *Papitu* ran a cartoon of Cravan on the day of his presentation. The illustrator León, who on several occasions produced drawings of Cravan and Johnson for this paper, accurately captured his most distinctive features.[22]

According to Otho Lloyd, it was Frank Hoche and a man by the name of Hernández that convinced Cravan to challenge Jack Johnson,[23] who was in Madrid at the time to fight the Jamaican Frank Crozier. Partly as a publicity stunt, and partly to provoke Johnson, Cravan sent him a telegram challenging him to a fight. And not content with Johnson's answer, Cravan wrote a letter to the Madrid daily *El*

Correo Español, which was duly published on 23 March 1916. The letter read as follows:

> To the Sports Editor, El Correo Español.
> Dear Sir: Presuming on the hospitality of the columns of that leading newspaper, I am writing to ask you to kindly publish the following facts:
> Having fought two drawn bouts against Jim Johnson who, as you know, also drew in his match against the famous Negro Jack Johnson, I feel I am entitled to challenge the black champion, who is presently in Madrid. I have sent him a telegram from Barcelona, with a view to ascertaining the conditions under which he would be willing to meet me. The world champion has informed me by telegram that he accepts my challenge, but on the formal condition that fifty thousand pesetas be placed in a Bank as security.
> This request for security is, one must assume, a pretext; for Johnson was convinced that I would not find any organiser in Spain willing to put up such a sum. He is thus resorting to a trick much used by boxers who have achieved fame and now only want to fight against false pretenders, in order not to jeopardise their titles or their reputations.
> This time, Jack's ruse has backfired, because I have found a millionaire sportsman willing to put up the exact sum of fifty thousand pesetas, and I have taken the first train to Madrid in order to meet Jack Johnson at the Palace Hotel; he has shied away, and wishes to hear nothing of the match.
> I hope that all sportsmen will be the judges of this attitude, or rather this… farce.
> Jack Johnson loathes the idea of fighting someone less illustrious than himself, someone younger and in better training than him, as heavy and tall as he is, and who, without false modesty, hopes to beat him if given the chance.
> Arthur Cravan

On the day this piece of public provocation was published, Cravan travelled to Madrid, and that night watched the match between Jack Johnson and Crozier. Two days later, a contract was signed for the fight that would take place the following month in Barcelona.

The challenge was also reported in *España Sportiva*, which promptly ran a short interview with Cravan, accompanied by a full-length quarter-page portrait, a picture which has never been reproduced until now:

> **Who is Johnson's challenger?** Mr Cravan is a very pleasant man; talkative, a man of substance, a real 'causeur' who entertains and astounds with the fluency of his admirable conversation. He tells us about his travels around the world – for Mr Cravan has visited a large number of countries – and gives details of things he has observed himself, thus placing him in the ranks of the non-vulgar traveller.
> He was born in London, twenty-five years and several months ago. He did not become a sportsman until a few years back; not even playing football, which is so popular in England.
> He was encouraged to take up the sporting life by people's admiration for his extra-ordinary physical prowess: at the time – and this was only five or six years ago – the dear fellow was a mere 1.98 metres tall and weighed 'no less' than 106 kilos.
> Arthur Cravan, Johnson's challenger, who aims to make the Negro fully acknowledge the record of the Gods. We shall see![24]

Jack Johnson in Barcelona

Jack Johnson arrived in Barcelona towards the end of March, accompanied by his wife Lucille and his manager Jack Morris, who had held the title at that weight years earlier.

Jack Johnson and Arthur Cravan first appeared together in public on 30 March, at a five-bout boxing event held at Barcelona's Iris Park.[25] On 8 April they met by appointment at the city's Hotel Excelsior, where Johnson was presented to the press and the contract was signed. A surviving photograph of the event shows Lucille and Jack Johnson sitting at a table with Arthur Cravan, the fight promoter – Mr Hernández – and the editor of the weekly *España Sportiva*, Mr Fojo, who thereafter always accompanied the American in order to report on his activities. The pugilists had little to say: Johnson remarked that he was delighted to be in Barcelona, 'a city that had always fascinated him, and where he was thinking of settling permanently', while Cravan stated how confident and proud he felt 'at being able to challenge the famous world champion, adding that he will do his best to ensure that the match comes up to the expectations it has aroused'.[26]

The next day, the papers reported the deal – though making no mention of the 50,000 pesetas agreed as prize money – and announced the fight and training sessions, generating considerable expectation.[27]

The satirical magazines seized the chance to comment on the upcoming fight, with articles and cartoons that perfectly captured the contenders. In a cartoon by León, printed in *Papitu* two days after their presentation at Iris Park, the rivals are depicted face-to-face, two giants towering over their tiny, glaring wives. Johnson is elegantly dressed, flashing rings on his fingers, while Cravan wears his usual broad-brimmed hat:

> Here are Johnson and Cravan, two life-size pieces, fit to burst boarding-house bedsteads: one is black, a white-coffee black, with the kind of arms that force you to calculate the impact of the punch and guarantee that his wife will always be faithful: the other is white, has made friends with Pomés and would be a perfect policeman. In a sparring session [...], we were given a free look at them. Believe me, they're two ornaments that would grace any dresser. Oh, and apparently they don't bite! Anyway, we'll be there on the day of the fight.[28]

The two rivals worked tirelessly, and the slightest tidbit of news on the pair found its way into print. Training sessions were announced, which the public were invited to attend, and their refereeing of other bouts was duly covered.[29]

Such was the expectation aroused by the fight between the negro Jack Johnson, legendary world champion, and the white giant – poet, gunslinger, all-round troublemaker and nephew of Oscar Wilde – that when, a few days in advance, the civil governor of Barcelona authorised the bout on condition that it was billed not as a fight but as an exhibition, it was feared that people who had already bought their tickets might violently defend their right to see blood drawn. The governor had given the police strict orders to suspend the match if either of the contenders suffered any wound or bloodshed. The Union of Sports Journalists and the fight promoters protested publicly, 'in the name of progress, freedom and physical culture'.[30] Finally, the governor gave way to pressure,[31] but the atmosphere remained tense; two days before the event, the match was the subject of all kinds of imaginings, bets and arguments.

Professional boxing was fairly new to Barcelona, and was not without its detractors, for whom this was not a sporting activity but a brutish piece of hokey in which two people – two animals – fought to exhaustion for money. An additional criticism was voiced by the painter and writer Santiago Rusiñol who, writing for *L'Esquella de la Torratxa* under his usual pseudonym Xarau, launched a bitterly sarcastic attack on the brutality of the trainers:

> Cravan and Johnson, the boxers who will break each other's noses, or whatever, at the Monumental bull-ring this Sunday, have been training for days. By training, we mean that two athletes practice throwing and receiving punches; spend hours and hours rehearsing each blow and evading their opponent's caresses.
>
> Since this is not something that can be practised alone, in front of a mirror – which

> would be absurd as well as endangering the mirror – nor with the rival champion, which would be immoral as well as endangering the prize money, these athletes practice on substitute opponents, men hired for the occasion, who are little more than the satellites of brute force.
>
> Johnson and Cravan's training session are attended by many members of our sportocracy [...] The other evening we spent an hour and a quarter watching two nobodies in loincloths hitting each other in the chest, the head, the belly, wherever they could.[32]

Cravan and Johnson's sparring sessions were followed by journalists and specialist press photographers such as Josep Maria Co i de Triola, who worked for the sporting magazine *Stadium* and other publications. Thanks to their work, we now have a valuable photographic record both of the training sessions and of the fight itself.[33]

As the date drew closer, most press commentators regarded Jack Johnson as the odds-on favourite; his body, according to some, was a stone block that proved wholly impervious to his trainer's punches. On the very day of the fight, *El Diluvio* published a piece that set the alarm bells ringing:

> Last night we were informed that certain differences of opinion had arisen between the boxers Arthur Cravan and Jack Johnson, giving rise to a heated argument at an establishment in La Rambla, which ended in blows. Afterwards, Arthur Cravan apparently refused to take part in the match, and disappeared. If he cannot be prevailed upon, the match scheduled for today at the Monumental bull-ring will no doubt have to be suspended.[34]

The reason for the argument, it appears, was that Cravan, 'after signing the contract in Madrid, asked Hernández – the promoter of the match – for a larger purse. Johnson apparently found out, was angry with Cravan and gave him a beating to teach him a lesson'.[35] According to other sources, however, Johnson had agreed that the film director Ricardo Baños should record the match, without asking Cravan's permission or at least without sharing the profits.

After the match: the winner, Jack Johnson

The match was billed to start at half-past three in the afternoon, on 23 April 1916 – St Georges' day, and thus a local holiday – at the Monumental bull-ring.

There were to be several two-minute warm-up bouts: Enrique vs. Montero, Mora vs. Solsona, Dalmases vs. Barcino, Munich vs. Allack, Martínez vs. Fred Jaks, and Gus Rhodes (Jack Johnson's nephew) vs. Kid Johnson.

According to Otho Lloyd, after the previous night's fight Cravan turned up at the bull-ring shaking uncontrollably although, in spite of rumours to the contrary, he had not touched a drop of alcohol.[36] The fight went six rounds, after which Johnson landed a right uppercut followed by a left cross, flooring his opponent, who stayed out for the count.

Cravan was fleeing the war in Europe, the *boche* attacks and bombing raids, but that afternoon in the ring he had to face Johnson's blows. British soldiers christened certain kinds of German artillery shell 'Jack Johnsons', because when they exploded – so the troops claimed – they left a huge furrow in the ground, wide enough to hold five dead horses, and a thick column of black smoke rose from the ditch, spreading out until nothing could be seen. The metaphor is a perfect example of English humour.

In the aftermath of the fight, the press provided detailed – and critical – reviews. Commentators were particularly angry that so much frenzied publicity should have been given to such a feeble contest. *El Diluvio* launched a scathing attack, in which the United States was not spared. The paper described the bout as follows:

> The prize fight in which the white boxer Cravan was supposed to challenge the black boxer Johnson apparently failed to justify the feverish publicity leading up to it. On Saturday, the rumour was that the authorities were likely to intervene, committed to stopping the fight at the slightest drop of blood from a battered nose. And it was assumed that the spectators, if deprived of half – the most 'sensational' half – of the bout, would consider themselves tricked and swindled. [...]. The sham, they say, was in fact little more than a joke; the contenders traded punches with the utmost caution, and even the Negro, the hero of the day, often let himself be hit without bothering to return the blow.

In the same paper, and on the same day, the sports section held the following review:

> [...] It would have been better if, instead of that ridiculous pantomime, there had been a single six-round bout with ten-ounce gloves, in order to avoid any danger. [...]
> *First round.*– Jack Johnson is clearly the better fighter, dominating his opponent with a few straight jabs.
> *Second round.*– Johnson drops his guard to let Cravan have a go. The odd light hook shows that, if he wanted to, Johnson could knock the Frenchman out.
> *Third round.*– Cravan seems to be there out of obligation, and Johnson does what he wants with him.
> *Fourth round.*– Cravan is still totally bemused.
> *Fifth round.*– The Frenchman's performance in the ring is deplorable. If Johnson wanted, he could pulverise him.
> *Sixth round.*– The joke has gone on too long, so Johnson decides to put an end to it. A right uppercut and a left cross to the chin are enough to ensure a knock-out.
> After his bout with Cravan, Johnson decided to appease the public with a fine exhibition of boxing with his nephew Rhodes and Kid Johnson, which were loudly applauded. They should have done that in the first place.[37]

La Publicidad used the swindle as an excuse to rail against the practice of boxing:

> [...] If boxing is a spectacle meant to please the public, we cannot see where the pleasure lies. Punches and more punches; beastly faces and gestures, no charm whatsoever. That's boxing.
> Johnson, the 'black king' with his steel muscles and bull back, and his eternal soppy smile, the world champion who has beaten the toughest rivals with his fists, gave the impression of the perfect ancestral human type, all brute force and not a shred of spirituality ... And Arthur Cravan, hailed for some unknown reason as the European champion, was like the fox fleeing the lion. Johnson's arms were like a catapult, whose hammering blows turned poor Cravan's body into a red, limp, bleeding human wreck. The ring steamed with sweat and heart-break. We will spare our readers the details of yesterday's match. First, because we are the sworn enemies of this new brutality which, should it catch on in this country along with bull-fighting, would leave us in real trouble; and second, because it was such an ignominious farce that, were it not in order to lodge the most forceful protest, we would have nothing to say at all.

El Poble Català went further, accusing both Johnson and the promoter of pulling a publicity stunt:

> Finally, after much unworthy touting and brazen publicity, the Monumental bull-ring was the setting for what was billed as the

> 'Great Johnson–Cravan fight', when it might more appropriately have been called the 'Great racket or swindle'.
> Those already familiar with Johnson's shady background and the unscrupulous dealings of the promoter Mr Hernández, immediately left, disgusted by this parody and the whiff of pesetas.[38]

Papitu ran a satirical piece alongside a cartoon that accurately summed up the end of the fight: Cravan, barely strong enough to stand, and leaning on the referee's shoulder, is about to receive a very gentle punch from a beaming Johnson:

> The barber who has the honour to shave me had already warned me, as he worked his way round for the second time: 'Take it from me, don't let them fool you. Johnson needs a good half-dozen Cravans before he really lets fly. Don't you realise, he could floor him, even knock him out, just by blowing on him?'
> [...]
> And I went, and was persuaded that letting someone reshape your face in exchange for a fistful of coins is as good a business as any other, and that the way things are going it might be worth considering. That's what Cravan must have been thinking, as he felt in his waistcoat pockets: 'He's not actually going to kill you. A couple of punches, a few choice insults from the public and a ridiculous performance, are well worth a few thousand notes...'.[39]

The sports magazine *Stadium*, which had devoted all its energy to the fight, and naïvely backed the idea of holding it in the bull-ring, apologised and laid virtually all the blame on the boxer poet, admitting that it had been greatly disappointed, having taken Cravan's strength and skills wholly on faith. But '... it proved otherwise. Right from the start, it was clear that Cravan was outclassed, that he was little more than a rookie on his first time in the ring. If Johnson didn't knock him out in the first round, it was only because he wanted to spend a few minutes letting him make a complete fool of himself after all his outrageous bragging. He got rid of him just when and how he felt like it'.[40] The front cover carried a photograph by Josep Maria Co i de Triola, while the inside pages featured three more photos by him and two cartoons of the pugilists by León; the Cravan cartoon had originally appeared in *Papitu*, on 4 April.

In the days following the match, the Teatro Cine Eldorado de Barcelona showed a film of the Willard vs. Johnson fight that had taken place in 1915 in Havana, where Jack Johnson lost the world champion title he had held since 1908. The cinema was packed every night. Meanwhile, the Gran Salón Cine Doré announced a parody of the Johnson–Cravan match: the artists known as *The Onoto* 'will perform a real parody of BOXING, imitating the famous fighters JACK JOHNSON – ARTHUR CRAVAN – CUSS RHODES [*sic*], who are the first to acknowledge that this is closer to truth than to parody'.

Interviewed in *The Soil* in New York, in April 1917, Cravan talked about Jack Johnson, criticising his punch, telling stories about his life in Barcelona and giving his own version of the match, with all his hallmark provocativeness:

> He's a great fellow and he has every quality of the fighter except the punch [...] A skinny fellow will hit sharp, with edges, but about Johnson there is something too rounded and enveloped, and when he hits you'd think his glove was several ounces heavier than it really is. In my fight with him I found it almost impossible to get through his left, and he has wonderful strength holding. Once, aiming at my stomach, he missed me by a fraction of a second, and I caught his tremendous punch on my elbow; he laughed and I'm sure I laughed back. [...] I knew I was to be beaten, though I ought to say that for two years I had no gloves on, practically [...] There's something of the

> parvenu in Johnson [...] I have a great admiration for him [...] We neither of us were in good training for our match in the ring; I soon lost my wind. The chief difficulty I encountered was his left, he kept me away with it. He's about two inches shorter than I am. After Poe, Whitman, Emerson, he is the most glorious American. If there is a revolution here I shall fight to have him enthroned King of the United States.[41]

Arthur Cravan's last fight in Barcelona

On 26 June, Cravan took part in a Grand Boxing Gala at the Frontón Condal, facing Frank Hoche over ten three-minute rounds (fig. 14). Three bouts had already taken place before theirs. *El Poble Català* reviewed the event:

> Next, Frank Hoche and Arthur Cravan entered the ring. The first round proved boring and rather indecisive, though the fight gradually livened up. In short, Cravan's physical shape made it impossible for his opponent to apply all his knowledge and skills, which far outclass those of Cravan. Cravan, by contrast, being considerably taller than Hoche, was able to attack and defend himself more easily and effectively. Even so, and as we have indicated, Frank Hoche was much the better of the two, and landed more punches. Mr Tony Berton declared the match a draw.[42]

Borràs, however, provides us with Cravan's subsequent version of the match:

> 'I also fought one Frank Hoche, a tough guy, whom I beat hollow on points, though the fight was declared a draw.'[43] Cravan, though soundly beaten, typically dismissed his defeat; it was a show, and earned him his livelihood. For him it was a game, a way of fully experiencing life, a constant search for excitement. Provocation viewed as an art form. Indeed, a year after leaving Spain he wrote from Newfoundland to Professor Szilard, a Hungarian scientist with whom he had become friendly in Barcelona: '[...] And boxing? I left it in a state of total decomposition. What a lark it was, when I think about it.'[44]

Later, before disappearing for good in Mexico in 1918, Cravan the poet, Cravan the Dadaist, and this time Cravan the 'Swiss boxer', fought Jim Smith (the 'Black Diamond'), in the 'El Toreo' bull-ring, during the Mexican Republic Boxing Championship. It was his last fight.

What a lark!

Notes

1. Maria Lluïsa Borràs, *Arthur Cravan, una biografía*. Barcelona: Sirmio. Quaderns Crema, 1993, p. 130.
2. Dominique Desanti, *Les Argonautes: les cercles du poète disparu*. Paris: Calmann-Lévy, 1997, p. 24.
3. Fernand Cuny was the French flyweight champion of what was then known as 'amateur English boxing'; he held the title from 1906 until 1910, when he retired from the ring to become a boxing coach, setting up his own gym. His opponents included the legendary French champion Georges Carpentier. One of the great masters of professional boxing in France, he captained the French Olympic team in Los Angeles and Berlin, where two of his students – Michelot and Despeaux – won medals. He died in Paris in 1937. See: 'Cuny est mort'. *Le Figaro*, Paris (1 June 1937).

4. Jacques Morante, 'Les championnats de boxe amateurs'. *La Vie au Grand Air*, Paris, no. 601 (26 March 1910), p. 208.
5. Jed Rasula, *Destruction Was My Beatrice: Dada and the Unmaking of the Twentieth Century*. New York: Basic Books, 2015, p. 38.
6. Maria Lluïsa Borràs, 'Arthur Cravan, poeta y boxeador'. *El Europeo*, Madrid, no. 42 (Summer 1992), pp. 124–31 (125).
7. M. L. Borràs, *Arthur Cravan...*, pp. 82–83.
8. Arthur Cravan, 'André Gide'. *Maintenant*, Paris, Year II, no. 2 (July 1913), p. 2.
9. 'Echos'. *Comoedie*, Paris (17 August 1913).
10. Arthur Cravan, 'Hie!' [trans. Paul Lenti], Roger L. Conover (ed.), *4 Dada Suicides*. London: Atlas Press, 2005, p. 15.
11. 'Soirées Parisiennes'. *La Presse*, Paris (7 March 1914). Maria Lluïsa Borràs has noted three lectures of this kind, two in late 1913 and one in July 1914. This March lecture may not have taken place, since Cravan was apparently arrested in a Montparnasse bar for beating up his brother (M. L. Borràs, *Arthur Cravan...*, pp. 104–05). According to Borràs, Cravan drew his inspiration from the Futurists' lectures, which were highly provocative, and which always ended in notorious brawls. Cravan saw for himself what could be achieved by this means: it was a way of attracting media and public attention (Ibid., pp. 100–01).
12. Ibid., p. 129.
13. Carlotta Zambelli (Milan, 1875–1968) rose to be prima ballerina at the Paris Opera.
14. Gaston Bachelard, *Lautréamont* [trans. Robert Dupree]. Dallas: Dallas Institute Publications, 1986, p. 60.
15. A. Cravan, 'Poète et Boxeur'. *Maintenant*, Paris, Year IV, no. 5 (March–April 1915) p. 2. English translation: 'Poet and Boxer, or the soul of the twentieth century: a prosopoem' [trans. Martin Sorrell]. E. S. Shaffer (ed.), *Comparative Criticism, Volume 7: Boundaries of Literature*. Cambridge: Cambridge University Press, 1985, p. 194.
16. Ibid.
17. Ibid., p. 5.
18. See Francesc Fontbona, 'Sobre la Exposición Van Dongen de Barcelona (1915)'. *Kees van Dongen* [exh. cat.]. Barcelona: Museu Picasso, 2009.
19. Maria Lluïsa Borràs notes that Cravan visited the exhibition not only on account of van Dongen, but also to see the prints that Lluís Jou was making for an edition of his uncle Oscar Wilde's play *Salomé*; the edition boasted a preface by Ernest La Jeunesse, who had contributed to Cravan's magazine *Maintenant*. The book was duly published in Paris in 1917, by Georges Crés and the Le Théatre d'Art publishing house, with illustrations by Louis Jou (his French name). La Jeunesse, who had known Wilde, wrote a prologue on the author. According to Borràs, Louis Jou and Cravan had struck up a friendship in Paris. In 1932, Louis Jou published a fine collectors' edition of *Salomé*, this time sponsored by Les Medecins Bibliophiles.
20. 'Sports'. *La Veu de Catalunya*, Barcelona (26 February 1916), p. 158. Notices to this effect ran in the city's various newspapers throughout February.
21. 'Jack Johnson en España'. *El Mundo Deportivo*, Barcelona (20 March 1916).
22. 'Sports'. *Papitu*, Barcelona (22 March 1916), p. 187.
23. M. L. Borràs, *Arthur Cravan...*, p. 152.
24. 'Jack Johnson, retado'. *España Sportiva* (March 1916).
25. 'Boxeo'. *La Vanguardia*, Barcelona (1 April 1916), p. 5.
26. 'Johnson en Barcelona'. *Stadium. Revista il·lustrada de Sports*, Barcelona, Year VI, no. 153 (29 April 1916), p. 236.
27. 'Jack Johnson'. *La Vanguardia*, Barcelona (9 April 1916), p. 4.
28. 'Sports'. *Papitu*, Barcelona (4 April 1916), p. 219. León's cartoon was reprinted in the New York paper *The Soil* in 1917.
29. 'Boxe'. *Ilustració Catalana*, Barcelona (9 April 1916), p. 212.
30. 'Última hora'. *La Veu de Catalunya*, Barcelona (21 April 1916), p. 3.
31. Anonymous, 'El *match* Johnson–Cravan'. *La Vanguardia*, Barcelona (22 April 1916), p. 4.
32. Xarau, 'Glosari. Entrenadors'. *L'Esquella de la Torratxa*, Barcelona (21 April 1916), p. 279.
33. The collected work of this photographer is held in the photo archive of the Centre Excursionista de Catalunya. In October 2013, the archive published photographs of Cravan in training and scenes from the bout between Johnson and Cravan on its official Facebook page, without identifying either the boxers or the fight. I was able to supply their names, as well as the date and venue of the fight. Thereafter, their names now indexed, the photographs have earned considerable acclaim, and have been requested for articles, books and exhibitions.
34. 'Gacetilla'. *El Diluvio*, Barcelona (23 April 1916), p. 10.
35. Otho Lloyd, interviewed by Maria Lluïsa Borràs: M. L. Borràs, *Arthur Cravan...*, p. 158.
36. Otho Lloyd, interviewed by Maria Lluïsa Borràs: Ibid., p. 159.
37. 'Jack Johnson o lo que el negro del sermón' and 'Boxeo'. *El Diluvio*, Barcelona (24 April 1916), pp. 6 and 12.
38. 'Boxa'. *El Poble Català*, Barcelona (25 April 1916), p. 2.
39. 'Negres i Blancs'. *Papitu*, Barcelona (26 April 1916), p. 267.
40. 'Boxeo: El match Jack Johnson–Arthur Cravan'. *Stadium*, Barcelona (29 April 1916), p. 281.
41. 'Arthur Craven vs. Jack Johnson', *The Soil*, New York, I, no. 4 (April 1917).
42. 'Els Deports. Boxa'. *El Poble Català*, Barcelona (29 June 1916).
43. M. L. Borràs, *Arthur Cravan...*, p. 163.
44. Ibid., p. 147.

Giant Jack Johnson and the Fight for Individual Supremacy

Aitor Quiney

Jack Johnson's life was shaped by the blues. The early blues – wooden, almost Cubist – of the deep South, the first cars, the bridges and trees from which blacks were hung by members of the Ku Klux Klan, many of them neighbours. No specific year can be cited for the birth of the blues, but they are generally thought to have emerged in the 1870s, from the chants – and especially the spirituals – sung by African slaves working in the fields. Jack Johnson was born in Galveston, Texas, in 1878, into a former slave family.

The first African-American boxer entered the ring in 1791. His name was Bill Richmond. That year marked the ratification of the United States Bill of Rights, which guaranteed certain personal freedoms and limited the power of the Government. The Bill had little judicial impact, and was in any case irrelevant to black Americans, who were not covered by it.

Jack Johnson beat Tommy Burns to become world champion on 26 December 1908, and lost his title to Jesse Willard on 5 April 1915, in a fight held in Havana, Cuba. He successfully defended his title for seven years, but he also had to defend his name, his dignity and the colour of his skin throughout his life. White racism governed his whole existence, and Johnson fought it with the same smiling provocation he displayed in the ring. His 1916 win against the boxer poet Arthur Cravan in Barcelona was just another victory.

From Galveston to Sydney, 1898–1908

As Johnson himself wrote in an article published in Paris, 'Mes premiers combats',[1] he went into boxing wholly by chance. At the age of 17, his parents sent him to Dallas to work with Walter Lewis, a house-painter who had a shop in the city. Lewis was a boxing fan, and something of an amateur boxer himself. Noting Johnson's physical capacity, he encouraged him to take up boxing, easily convincing him with the argument that: 'You'll become a terrible man, and right away you'll make more in an evening than you make now in a year.'[2] Keen to make good money, and hardly seeing himself as a paint-shop assistant for the rest of his life, Johnson returned to Galveston in search of a trainer. His mother, a highly religious woman, was against his decision to enter the ring, but was unable to dissuade him. Rather than staying in Galveston and fighting for very small purses, Johnson left for Memphis; thence, he moved to Springfield and finally to Brooklyn, where he was taken on as a sparring-partner for Kid Carter, who was then training for his light-heavyweight title match against George Gardner. Johnson recalls that during the sparring sessions – which were attended by the press – the sight of so many people seemed to give his every punch an extra strength; convinced of his own superiority, he started fighting for real. He felled Carter, who banished him in fury from the ring. The following day, Johnson was delighted to see his name in print for the first time, as the black who had put Kid Carter on the spot. Gardner won the title, and one year later lost it to Johnson. Johnson's subsequent career took him all over the world; by the time he faced the world champion Tommy Burns in 1908, he had fought fifty-seven bouts and remained undefeated. Legendary opponents – most of whom he fought and beat more than once – included Joe Jeannette, Sam McVey, Ed Martin, Sam Langford, Bob Fitzsimmons, Stanley Ketchel and fellow-Galvestonian Jim Johnson.

The Fight of the Century, a challenge to white supremacy: Jeffries vs. Johnson, 1908–1910

For years, since becoming the undisputed champion among black boxers, and before winning the world title against Tommy Burns, Jack Johnson had wanted to challenge the world heavyweight champion James Jackson Jeffries, of Los Angeles, but Jeffries had resolutely refused to fight a black opponent: 'God made me a white man, and I am willing to fight any man in the world. Some are willing to fight negroes, and the story of the prize ring shows that the white man is at least the equal of the negro. But first, last and all the time, please quote me as saying that I draw the color line – I always have and always will.'[3] Undeterred, Johnson persistently issued his provocative public challenges, but to no avail. In

1905, Jeffries announced his intention of retiring, since there was no rival of his weight that could beat him; he added that he would surrender his title to the winner of the match between Marvin Hart and Jack Root. On 4 July 1905, Marvin Hart became the world heavyweight champion, a title he lost shortly afterwards, on 6 February 1906, to Tommy Burns. Meanwhile, Johnson continued to provoke Jeffries, who had retired to his California farm.[4] Finally, the new champion Tommy Burns gave in to Johnson's constant challenges, and in August 1907 agreed to fight him; the match would take place in Sydney, on 26 December 1908. Johnson won, and in doing so became the first black world heavyweight champion. For white Americans, this was a disaster; for boxing, it heralded a new age, with a black leading the championship. Among the hundreds of journalists and filmmakers attending the title-fight between Johnson and Burns, was the famous writer Jack London, known for his energetic criticism of negroes. London found the match humiliating, and said as much in writing: '[...] it had all the seeming of a playful Ethiopian at loggerheads with a small and futile white man; of a grown man cuffing a naughty child; of a monologue by one Johnson, who made a noise with his fists like a lullaby, tucking one Burns into his little crib in sleepy hollow; of a funeral, with Burns for the late deceased, and Johnson for the undertaker, grave-digger, and sexton.'[5] From that moment onwards, London – like many others – launched the search for a white boxer who could dethrone Johnson and recover the supremacy of the white man. But one contender after another fell to the Galveston Giant, the man with the golden smile. Meanwhile, Johnson was amassing prize money and royalties on filmed fights, gradually becoming a rich man and, in the eyes of many, a 'bad nigger'. Worst of all, as Barak Orbach has noted, '... [he] disregarded danger and interracial taboos. To add insult to injury, Johnson was intelligent, strategic, undefeated, good-looking, articulate, and sent his white rivals bleeding to the floor. In the racist United States of the turn of the century, Johnson was the ultimate "bad nigger".'[6]

Yet again, all eyes turned to the retired former champion, Jeffries, who had constantly voiced his displeasure at Johnson's possession of a title that rightfully belonged to the white race. Finally, after a year of challenges, squabbles, rumours and accusations, Jeffries agreed to fight Johnson, in exchange – naturally – for a considerable financial inducement. On 30 October 1909, a contract was signed stipulating the conditions for bids to host the match: it was to last forty-five rounds; the purse was to be divided 75% to the winner and 25% to the loser; and the bout was to be fought under the Queensberry rules, with five-ounce gloves.

Meanwhile, Johnson was subjected to all kinds of police persecution: 'In Chicago, he was arrested for speeding, and was made to pay fines scandalously disproportionate to the offence, sometimes as much as two or three thousand dollars. This fierce hatred of negroes in America will never change, and I imagine that the lynchings and burnings of blacks will have better days than ever, because – to put it bluntly – Johnson has whipped America.'[7]

The 'fight of the century' was scheduled to be held on 4 July 1910 in Reno, Nevada. The American papers backed Jeffries, while the European – and particularly the French – press favoured Johnson who, unlike his rival, was intuitive, cheerful and friendly to journalists. Over twenty film companies showed up, together with more than one hundred and fifty journalists and press photographers who had to pay large sums to be accredited; over twenty thousand tickets were sold for the fight. All in all, it was an event worth millions. One of the journalists was the writer Jack London, a staunch defender of the Great White Hope, who had been sent by the *New York Herald* to cover the match, and wrote a daily chronicle over the ten days prior to the encounter. In his second report, he noted: 'Under all his large garniture of fighting strength, Johnson is happy-go-lucky in temperament, as light and carefree as a child. He is easily amused. He lives more in the moment, and joy and sorrow are swift passing moods with him [...] They say that Johnson cannot hold a grudge.'[8]

His last report, written after watching Johnson beat Jeffries, began as follows:

> Once again has Johnson sent down to defeat the chosen representative of the white race, and this time the greatest of them all. And, as of old, it was play for Johnson. From the opening to the closing round he never ceased his witty sallies, his exchanges of repartee with his opponent's seconds and with the spectators. And, for that matter, Johnson had a funny thing or two to say to Jeffries in every round. The golden smile was as much in evidence as ever, and neither did it freeze on his face nor did it vanish. It came and went throughout the fight spontaneously, naturally.[9]

Johnson's victory prompted a wave of race riots across the country, and the press reported bloody brawls with a disproportionate ratio of dead and wounded: newspapers listed the deaths of nineteen blacks and five whites.

This body blow to white supremacy became an affair of State, shaking the American nation to its roots and contributing to renewed racial hatred. Laws were even passed prohibiting the filming of boxing matches and, specifically, banning the exhibition of the Johnson vs. Jeffries fight film at movie houses or in any other public place, on the grounds that every screening could potentially lead to a risk of riots. But this was clearly a racist attack, and above all an attack on Johnson, whose financial earnings would be severely diminished as a result. In cities throughout the United States, this censorship became a matter of heated debate, and the press took opposing stands. The fierce running battle ended in a victory for racist film censorship, prompting a wave of prohibitions that would exacerbate segregation through legal and political mechanisms. And Jack Johnson was one of its great victims; thenceforth, the persecution was unrelenting.

Jack Johnson, from world champion to millionaire, 1910–1915

After winning the title, Johnson set out to forge a legend based on his disregard for social and racial conventions, both black and white; in this no-man's-land, he played the role of 'bad nigger' to perfection, and in 1911 married a white woman, Etta Terry Duryea. Shortly afterwards, in 1912, the French magazine *La Culture physique* reported Etta's suicide, in racist terms: 'Jack Johnson's wife has committed suicide in Chicago during a fit of neurasthenia. The fact that she was white, and was married to a negro, was enough to exile her forever from white society. Certainly, this situation must have had much to do with her suicide.'[10] Duryea shot herself with a revolver in September, and in October Johnson was arrested and accused of white-slave trafficking, for having crossed a state border with Lucille Cameron. He was charged under the Mann Act, which prohibited interstate transportation of a 'woman or girl for the purpose of prostitution or debauchery, or for any other immoral purpose'.[11] Though Johnson was constantly harassed, Lucille Cameron was already engaged to him, and the charge thus collapsed. They married in December 1912. Even so, in January 1913 Johnson was arrested again on the same charge, and this time the state attorney found a prostitute by the name of Belle Schreiber who was willing to testify against him. Johnson was convicted by a white jury, and sentenced to prison for a year and a day.

Almost as soon as he was convicted, Johnson promptly skipped bail; the newspapers were full of his disappearance. Cashing in all his shares and selling his cars and anything else he could, he set out on a journey that would take him to Europe.[12]

Having fled America, Johnson settled in France in 1913, and applied for French nationality. He bought an estate on the banks of the Marne at Joinville-le-Pont.[13] On 26 June he fought Al Palzer, earning 60% of ticket sales and 50,000 francs;[14] in December, he faced another black boxer, Jim Johnson, at Élysée-Montmartre. The match, according to contemporary reports, was so sluggish that the referees – despite protests from an audience baying for blood – declared it a draw. Jack Johnson broke his arm, although there were rumours that it was already fractured when he entered the ring.[15]

The bout against Frank Moran, held on 27 June 1914 at the Vélodrome d'Hiver in Paris, revived earlier expectations among white supremacists. But despite the age difference – Moran was 27 and Johnson 36 – the black champion won again, and his victory was widely reported in the American press. Johnson grinned constantly throughout the match, and the correspondent of a Madrid paper wrote:

> [...] Johnson had toyed with our hopeful like a large cat with a tiny mouse; the negro laughed ceaselessly throughout the match, displaying a fortune in gold teeth and showing whites and blacks alike that this was nothing to get too worked up about; and when, in the 15th round, an impetuous LADY called out 'Come on, Jack, kill him!' [...] Jack beamed at the terrible woman, as if to say: 'Why kill him, if he's done me no harm?'. In the end, as soon as the farce was over, Johnson was given a fat wad of banknotes, which he pocketed with his perpetual smile and left, doubtless to sleep soundly, fists clenched, with the clear conscience of a man who has shown both kindness and compassion.[16]

The following day, however, the crushing blow was dealt by Gavrilo Princip in Sarajevo, when he assassinated the Austro-Hungarian heir Archduke Franz-Ferdinand and his wife, thus setting off a chain of events that would lead to the outbreak of the First World War.

Johnson fought several more matches in 1914, and that same year his manager signed a contract for him to meet Jess Willard, a Texas cowboy unearthed by those still determined to put an end to Johnson's reign. The bout was to be held at Oriental Park, Havana, Cuba, on 5 April 1915. Willard – a giant of a man, well over six feet tall and with a muscular frame – had already lost against Smith, Moran and Lewinsky, but had earned a reputation for dogged resistance. Fifteen thousand spectators, mostly white, plus all those left without a ticket, responded to this new appeal to white supremacy. Jack Johnson arrived at the stadium in a spotless white linen suit. Once in the ring, the height difference became apparent, and although Johnson kept up the attack for the first twenty rounds, he was unable to weaken his white opponent, who had by then taken quite a beating. As Johnson gradually tired of attacking this wall of muscle, Willard increasingly took control of the fight. Before the bell for the twenty-fifth round, Johnson – foreseeing his imminent defeat – beckoned to his wife Lucille, sitting in the front row, and told her to leave. Although at first she refused, in the middle of the round she left the stadium in tears. In the twenty-sixth round, Willard loosed a flurry of heavy punches that brought Johnson to his knees; fifteen thousand white spectators jeered madly as Johnson rose to his feet. Willard landed a short left jab, followed by a vicious right that floored Johnson. The fifteen thousand whites roared with joy as the referee counted him out and raised the right arm of the new champion.[17] The bronze Hercules was defeated[18] just as Cravan, in that same month of April, was publishing the fifth issue of his magazine *Maintenant*.

Jack Johnson in Barcelona: boxing, money, blondes, beer and movies, 1916–1918

To fund his high-rolling lifestyle, and to surround himself with luxuries – diamonds, flashy outfits, fast cars – Johnson had to keep fighting exhibition bouts, which took him all over Europe; he was dependent on his fame. On a visit to England, Johnson was contracted by the British Government as an army recruitment agent. A Madrid daily, *El Globo*, ran a grotesquely racist version of a news item published in the Paris *Excelsior*:

> Jack Johnson is the great recruiting agent for Great Britain. Has English national pride sunk so low that the black boxer Johnson,

> deported from America, has to remind young Englishmen eligible for war service of their duty to join the Army and serve their country? How can this country, an ally of civilization, not feel ashamed at such ignominy![19]

Jack Johnson arrived in Madrid from London in early March 1916. Press coverage was mixed: some reports suggested that he was in Madrid to train for a match to be held in America, while others hinted that he had arranged a match with some as yet unnamed champion, for a 50,000-peseta purse.[20] In boxing posters, most of the pugilists taking part were billed as champions, even though they may never have won any title. Johnson, too, continued to vaunt his 'world champion' title, although in his case credentials were superfluous; he had won so many matches over the years that his participation in any bout was guaranteed to command high ticket prices and arouse public interest. He stayed in Madrid just long enough for his manager, Jack Morris, to arrange a match against Frank Crozier for 23 March at the Gran Teatro. Heavyweight against middleweight. Johnson was odds-on favourite: Crozier would never topple the black giant. So evident was the outcome that the promoters decided to devalue the encounter, billing it as an 'exhibition' rather than a 'match'. In the ring, Johnson behaved like 'a teacher [who] fought with great courtesy, not going after his opponent, landing his punches with great dexterity, and reining Crozier in without the slightest effort. [...] Those who turned out to watch the billed event, to admire the deft skill of a famous fighter who has made a fortune with the strength of his fists, were satisfied with the interesting lesson.'[21] Among the spectators was Arthur Cravan, who that afternoon had publicly challenged Johnson, through an open letter published in the Madrid daily *El Correo Español*. Two days later, they signed a contract to fight in Barcelona on 23 April.

On arriving in Barcelona in mid March, Johnson met Ricardo de Baños, a film director interested in the man who had been world heavyweight champion and was also black. They agreed not only on the idea of filming the fight, but also on making a full-length feature film in which Johnson would play the lead, a black hero endowed with all the moral values as well as immense physical strength. Johnson found himself completely at home in Barcelona, a city at once cosmopolitan and provincial.[22] His presence, indeed, rendered it even more cosmopolitan. Johnson was the centre of attention, and enjoyed the experience. Both he and Arthur Cravan launched a tireless publicity campaign, hoping to turn their fight into the 'match of the year'. Two self-centred celebrities, two heavyweights, had come face to face, and Barcelona provided the daily backdrop for their training sessions, scandals, quarrels and eccentric behaviour. Johnson had made a huge fortune from his countless fights, amassing film rights and royalties. To sustain his millionaire lifestyle, he had to keep fighting and remain popular, for therein lay his major strength. He won a large amount with every fight. The purse for the Cravan match was 50,000 pesetas; money that Cravan needed for his passage to America, fleeing potential conscription for the war that was raging in Europe.

Press reports prior to Johnson's arrival indicated that he was thinking of settling permanently in Barcelona, and invited the public to attend his daily sparring sessions at the Parque de Barcelona and elsewhere in the city. As noted in another essay for this catalogue ('The Poetic Image of the Boxer Arthur Cravan: a Straight Fight'), thanks to the work of press photographer Josep Maria Co i de Triola for various sports magazines, we have a documentary record of those training sessions. Two photos are particularly significant: one shows Jack Johnson sparring with Kid Johnson, neither wearing gloves; in the other, he poses alone for the photographer, with crowds visible in the background. There is also a picture of him refereeing the Hoche vs. Allack fight at Iris Park.[23] It was there that Johnson made his Barcelona debut on 16 April, in a sparring session against his nephew Rhodes and his masseur, covered by the magazine *Ilustració Catalana*.[24]

Barcelona's satirical magazines also focused on Johnson before the match, featuring numerous cartoons including León's drawings for *Papitu*. Another magazine, *L'Esquella de la Torratxa*, ran a harsh diatribe by Santiago Rusiñol – under the pen-name Xarau – against the brutality of Johnson's, and especially Cravan's, training sessions. The same issue contained a full-page unsigned cartoon of the black boxer that was not without significance: the towering figure of Jack Johnson, with his trademark mocking smile and his blue boxing gloves, his feet rooted in a globe which was also a boxing-ring. Jack Johnson bestriding the world, under the caption 'THE GREAT MEN OF BRUTE FORCE. Jack Johnson, boxing champion'.[25]

The match between Cravan and Johnson was stopped in the sixth round, when Johnson knocked Cravan out, felling him with a right uppercut followed by a left cross. Cravan's performance was pathetic: he was not remotely fit to face the champion. The following week, *L'Esquella de la Torratxa* devoted its front page to a cartoon of Johnson's head wearing a traditional Catalan cap, with the caption: 'I don't mind if you cover me with bruises – since they don't show!'[26]

After the match, to appease the few remaining spectators, Jack Johnson fought Kid Johnson and his nephew Gus Rhodes, and was now loudly applauded for displaying a truly professional attitude.

Jack Johnson's life in Barcelona

There are several accounts of Jack Johnson's stay in Barcelona, but two are of particular interest: a contemporary report by Arthur Cravan, and a 1960 description by Sebastià Gasch. Both give us some idea of Johnson's personality and of the life he led until the filming of *Fuerza y nobleza* was over. Interviewed by the New York daily *The Soil* in 1917, Cravan made the following remarks about Johnson:

> There's something of the parvenu in Johnson; he bought furniture in Barcelona for twenty-seven thousand pesetas, and a little after, standing in the hotel lobby with him, near another man, he said to me, 'Tell that fellow,' referring to his purchase. 'But I don't know him,' I argued. 'Never mind, tell him,' said the great exile. There's something of the parvenu about him, but more of the king; his eye-lids are king-like; he's a Louis XIV. At the hotel, whenever a journalist turned up, he would say, 'One of these bloody pressmen'; a journalist has to wait two or three hours for him. Whenever a bill was presented, 'mañana, mañana,' he would say; then, 'Asking money from the champion of the world,' he would add, contemptuously. I do not say this to run him down; he's a sharper and at other times quite a child. Outside the ring he's a man of scandal. I like him for that. Eccentric, he's lively, good-natured and gloriously vain; anything that has to do with Johnson has to do with a crowd of policemen.[27]

Whether or not Cravan's outrageously exaggerated views on his rival are to be believed, his 1916 description in some respects matches Sebastià Gasch's recollections, as contained in an article for the magazine *Destino* on the vicissitudes of Johnson's life in Barcelona, which included other anecdotes concerning Cravan and boxing in the city. Gasch recalled that, after defeating Cravan:

> Jack Johnson settled in Barcelona and lived the high life. He shunned all contact with the poor. He was known as Don Jack, lived on Calle de Mallorca and ran a whole fleet of quaintly liveried servants. In the afternoons, Don Jack drove his magnificent landau up and down the Paseo de Gracia, accompanied by a little blonde lady, and after a few laps ended up at the Edén, on Calle Nueva, or the Excelsior in La Rambla. It was here, sitting in a corner on the left, that he started to talk about his ancestor the Queen of Sheba, and where he got it into his head that Solomon and all the characters in the bible were as black as pitch.

> While engaged in this line of enquiry, he would drink the Excelsior's entire supply of beer, and strike up friendships with the pale-faced ladies that frequented the cabaret. Later, he set up an advertising agency, made a film – *Fuerza y nobleza* – and went bankrupt. In order to get out of Spain, he had to pawn his servants' livery.[28]

Contemporary comments on Jack's wife Lucille were in much the same strain. Félix de Albaniego wrote:

> One day, a highly impetuous woman, dazzled by the fame of the great black athlete, married him. It was around the time that Johnson had just won the world boxing championship and a few million francs. [...] We have seen her in gowns worth a fortune, in Barcelona's paseos ...[29]

***Fuerza y nobleza*, a film starring Jack Johnson, Barcelona 1917–1918**

The filming of *Fuerza y nobleza*, translated into English as 'Strength and Nobility', started towards the end of 1916 and finished in 1917. The film was directed by Ricardo de Baños (Barcelona, 1882–1939) with Ramón de Baños (1890–1980) as director of photography, and was produced by Manufactura Cinematográfica Royal Films. It starred Jack Johnson and his wife Lucille, Max Besanson, Fernando Delgado, Nicolás Perchicot, Miguel del Llano, Ticiano Lombia and Francisco Aguiló Torrandell. Royal Films was owned by the Baños brothers, and Johnson had invested capital in the film as a vehicle for self-promotion beyond the ring. One of the most expensive films of its time, it was sold to the distributor Empresa Cinematográfica. Ricardo de Baños, who had trained in Paris, London and Germany, was known for his cinematic tricks and shifts, which he had learnt from someone who had studied under Méliès. He had met Johnson when he came to Barcelona to fight Arthur Cravan, and between them they conceived the idea of a story with a black hero.

In February 1917, the specialist press reported that Royal Films was preparing to present the film – expressly written for Johnson and his wife[30] – with a blaze of publicity in every issue of Barcelona's various film magazines. The March issue of one magazine carried the following snippet: *Fuerza y nobleza*, another serial film by "Royal", featuring the famous boxer Jack Johnson and his beautiful wife Lucille, who starred in an exciting scene in the park the other day, in which Johnson, lying wounded in the jungle, is about to be attacked by wild lions.'[31] The same issue ran a full-page advertisement for the film, with a photo of Lucille Johnson, whose name was invariably preceded by 'the beautiful'. In addition to these advertisements containing photographs of the actors and scenes from the film, and other text-only references, four cartoons by illustrator Joan Junceda (Barcelona, 1881 – Blanes, 1948) were printed in *El Mundo Cinematográfico* and *El Mundo Cinematográfico, Edición Popular*. They contained caricatures of the various characters in the play – policemen, politicians, thieves, lions, snakes – and illustrations of certain scenes. Sets of stills were printed, as well as postcards, leaflets outlining the plot, cardboard mobiles and other items decorated with motifs from the film.

Fuerza y nobleza was made as a serial film, and sold by the foot. Productions of this kind had their supporters, but were not without their detractors. Enthusiasts argued that since the film was longer, a more varied and interesting range of settings could be used, while 'the psychology of the characters can be conveyed more solidly and with greater confidence, by facing them – as in real life – with a variety of moral and emotional dilemmas, whose resolution reflects their inner spirit; the viewer's emotions, captured by a thousand devices, are bound to the plot'.[32] Serial films functioned like today's television series, but ran to no more than four or five episodes.

The Baños film comprised four chapters: 'The Testament of a Prince', 'In the Wild', 'The Incriminating Film' and 'Jack Johnson, the Avenger'. When it was screened at the Salón Cataluña, *El Mundo*

Cinematográfico remarked that it was exciting in terms of both plot and action, and full of intriguing complications.[33]

Both Jack and Lucille Johnson starred as themselves, thus providing the viewer with a real-life hero and heroine. A feature piece on Lucille, published in *El Mundo Cinematográfico*, noted that, although this was a film debut, she had acquitted herself well: 'In this film, Lucille played the part of the little princess, and in revealing herself as an artiste in such a demanding role, she displayed a surprising facility of expression, discovering – even in the most taxing moments – the secret of the emotions.'[34]

Post-première reviews in the specialist magazines reported that the film had been a commercial and public success; even so, it apparently bankrupted Johnson, who had to leave Barcelona.

Johnson played the starring role in this film, which departed considerably from the contemporary concerns of black directors in America. The first black filmmaker, Oscar Micheaux (Metropolis, Illinois, 1884 – Charlotte, North Carolina, 1951), made his debut film *The Homesteader* in 1919; one year later, he directed his second, *Within our Gates*. In both cases, Micheaux – filming from his own script – produced a crude portrayal of American anti-black racism and the revival of the Ku Klux Klan, whose membership at one stage rose to around four million. But movies of this genre, known as 'race films', were mainly targeted at a black audience and therefore remained outside the mainstream Hollywood production system. As a result, the impact of its social criticism on white people was negligible.

In 1918, the Dutch artist Kees van Dongen – a friend of Arthur Cravan – painted a portrait of Johnson that was as beautiful as it was unusual. Johnson continued to tour Europe, earning his living from boxing exhibitions, until in 1920 he returned to America, where he served his sentence and opened a jazz club in Harlem. During the prohibition, he sold out to mobster Owney 'The Killer' Madden – a promising boxer in the 1930s – who turned it into the famous Cotton Club. In 1924, he separated from Lucille and, the following year, married Irene Pineau, with whom he lived until his death. Johnson and Irene opened another jazz club, the 'Showboat', in Los Angeles.

Johnson made no secret, at any stage, of his intention of living according to his own rules, which meant living in the world as a free man, and a man free of prejudice; to that end, he developed a sense of provocation, aimed at all those, white or black, who regarded him as an enemy. He was above racial conflict. He ended up leading the 'Tiger Rag' jazz band, and died on 10 June 1946, aged 68, in a car accident near Franklinton, North Carolina.

Since then, Jack Johnson has been, and still is today, part of American popular culture, the subject of countless documentaries, films and books. In 1971, Miles Davis – a boxing enthusiast and fan of both Johnson and Sugar Ray Robinson – brought out an album called *A Tribute to Jack Johnson*, at the end of which the black actor Brock Peters, playing Johnson, asserts:

> I'm Jack Johnson. Heavyweight champion of the world.
> I'm black. They never let me forget it.
> I'm black all right! I'll never let them forget it![35]

Notes

1. Jack Johnson, 'Mes premiers combats'. *La Vie au Grand Air*, Paris, no. 638 (10 December 1910), pp. 809–902 (810). Translated into English as *My Life and Battles* [trans. Christopher Rivers]. Westport: Praeger, 2007.
2. Ibid., p. 17.
3. 'Jeff Will Fight White Man Only'. *Philadelphia Inquirer* (23 December 1906), p. 13.
4. See 'Johnson Would Like to Fight Jim Jeffries'. *Wilkes-Barre Times* (19 November 1907), p. 6.
5. 'Jack London Describes the Fight and Jack Johnson's Golden Smile'. *S.F. CALL* (27 December 1908).
6. Barak Y. Orbach, 'The Johnson–Jeffries Fight and Censorship of Black Supremacy'. *New York University Journal of Law and Liberty*, vol. 5, no. 2 (2010), p. 274.
7. Anonymous, 'El gran *match* en el que el negro Johnson conquistó el campeonato del mundo'. *La ilustración*

artística, Barcelona (6 February 1911), p. 107. This article in a Catalan magazine was a translation of the article written by journalist Georges Dupuy on 4 July 1910, as correspondent for the magazine *La vie au grand air*. See Georges Dupuy, 'Le grand match Johnson–Jeffries'. *La Vie au Grand Air*, Paris (23 July 1910), pp. 512–36. English translation: Theresa Runstedtler, Jack Johnson, *Rebel Sojourner; Boxing in the Shadow of the Global Color Line*. Oakland: University of California Press, 2013, p. 72.
8. 'Jeff a Fighter, Johnson a Boxer, Says Jack London', *New York Herald* (25 June 1910).
9. 'Negro, Never in Fear or Doubt, Played all the Time, Says Jack London', *New York Herald* (5 July 1910).
10. Le Boxeur Masque, 'À travers les coups de Poing'. *La Culture physique*, Paris (1 October 1912), p. 8.
11. Orbach, 'The Johnson–Jeffries Fight and Censorship of Black Supremacy', p. 273, note 7.
12. Anonymous, 'Hacia Europa. La desaparición del negro Jack Johnson'. *La correspondencia de España*, Madrid (1 July 1913), p. 2.
13. Anonymous, 'Alrededor del mundo. Un negro célebre'. *Las ocurrencias* (26 September 1913), p. 7.
14. Paul, 'Match sensacional. Una fortuna a puñetazos'. *El Heraldo militar*, Madrid (23 April 1913).
15. Anonymous, 'Match sensacional de boxeo. París'. *El Heraldo de Madrid*, Madrid (20 December 1913).
16. Echauri, 'La moderna civilización laica'. *El siglo futuro, Madrid (2 July 1914).*
17. Parmeno, 'Johnson, destronado'. *El Heraldo de Madrid*, Madrid (15 April 1915), p. 2.
18. Anonymous, 'Interesante match de Boxe en La Habana – El Campeonato del Mundo'. *La ilustración artística*, Barcelona (26 April 1915), p. 299.
19. Anonymous, 'El buen negro'. *El Globo*, Madrid (4 January 1916).
20. Anonymous, 'Jack Johnson'. *La correspondencia de España*, Madrid (11 March 1916), p. 6.
21. Anonymous, 'Johnson y Crozier. El boxeo en Madrid'. *La época*, Madrid (26 March 1916), p. 3.
22. Don Félix de Albaniego, 'Lucille Johnson'. *El Mundo Cinematográfico*, Barcelona, no. 140 (25 March 1918), p. 7.
23. Anonymous, 'Pugilato. Jack Johnson arbitra en el Iris Park'. *Stadium. Revista selecta ilustrada de sports*, Barcelona (15 April 1916), p. 249.
24. Anonymous, 'Boxe'. *Ilustració catalana*, Barcelona (16 April 1916), p. 223.
25. *L'Esquella de la Torratxa*, Barcelona (21 April 1916), p. 281.
26. *L'Esquella de la Torratxa*, Barcelona (28 April 1916), front cover.
27. 'Arthur Craven vs. Jack Johnson', *The Soil*, New York, I, no. 4 (April 1917).
28. Sebastià Gasch, 'Jack Johnson en Barcelona'. *Destino*, Barcelona, no. 1212 (29 October 1960), p. 39.
29. de Albaniego, 'Lucille Johnson', p. 7.
30. Editorial staff, 'Jack Johnson y la "Royal Film"'. *El Mundo Cinematográfico*, Barcelona, no. 114 (25 February 1917), p. 39.
31. Editorial staff, 'Las grandes películas'. *El Mundo Cinematográfico*, Barcelona, no. 116 (25 March 1917), p. 3.
32. Editorial staff, 'Las películas de serie'. *El Mundo Cinematográfico*, Barcelona, no. 127 (10 September 1917), p. 1.
33. Editorial staff, *Fuerza y nobleza*. *El Mundo Cinematográfico*, Barcelona, no. 137 (10 February 1918), p. 7.
34. de Albaniego, 'Lucille Johnson', p. 7.
35. Miles Davis, *A Tribute to Jack Johnson*. BSO *Jack Johnson* (1971), Columbia LP S 30455, 24 February 1971. Producer: Teo Macero. Sound engineer: Stan Tonkel. All songs composed by Miles Davis. Miles Davis (trumpet); Steve Grossman (sax); John McLaughlin (electric guitar); Herbie Hancock (organ); Michael Henderson (electric bass); Billy Cobham (drums); orchestra conducted by Teo Macero; Brock Peters. Columbia Studio B, New York, 7 April 1970.

Picasso, Boxer

Laurence Madeline

1. In the first of Picasso's extraordinary set of etchings known as *Suite 347*, which he produced almost as though on an assembly line between 16 March and 5 October 1968, the artist himself is depicted as an old man, facing a boxer or wrestler. The etching also includes the actor Jean-Louis Barrault, shown in profile, a woman on horseback, a man lying on the ground – perhaps the boxer's defeated opponent – and a group of spectators, visible only as a shadowy mass of black eyes and closed mouths. Brigitte Baer entitled this piece *Picasso, His Work and His Public* (see p. 206), as though the artist sought to condense his whole œuvre and all his countless admirers into a single image, in a single place at a single time.[1] As though the wrestler represented Picasso's creations, past and future; as though he were still willing to fight a new bout, before his public. In fact, *Suite 347* is a superb representation of the fight between the artist, his time, and the work to be produced.

In this late etching, Picasso thus uses a boxing match as a metaphor for creation. A metaphor that blends the ideas of fighting, spectacle, exhibition, strength and daring … but also expresses the artist's acknowledged love of this and related sports, including all-in wrestling. Picasso had developed a taste for wrestling when bouts first began to be televised, watching them at his homes on the Côte d'Azur and, especially, at Notre-Dame-de-Vie. From the late 1950s onwards, television breathed new life into this form of entertainment, particularly with the advent in 1964 of French television's second channel, which regularly broadcast wrestling matches on Sunday evenings. Hélène Parmelin has reported on Picasso's 'wrestling evenings' with Ernest Pignon, and Roland Penrose's notebooks often refer to his watching the wrestling with Picasso in the late 1960s and early 1970s.[2]

2. Televised wrestling provided Picasso with a kind of palliative for the 'real' live boxing matches he attended when living in Paris, where he enjoyed being part of the ringside crowd at the Palais des Sports and other Parisian venues.

Fernande Olivier, his partner until 1912, confirms that: '[Picasso] loved boxing …',[3] and his enthusiasm is apparent in a letter to his dealer Daniel-Henry Kahnweiler: 'I went to the cinema in Avignon on Sunday afternoon and saw the Carpentier-Klaus fight.'[4] Several tickets preserved in Picasso's personal archives also provide an undoubtedly incomplete record of his passion until he moved south. The last bout he attended was the 'sensational'[5] match between the American Sugar Ray Robinson and the French contender Jean Stock at the Palais des Sports on 27 November 1950. Robinson – still regarded as one of the greatest boxers of all time – won when Stock retired after just five minutes, and the match became part of his lasting legend. Curiously enough, Picasso – who was by then living in Vallauris – had returned home on 19 November after attending the second World Peace Congress in Sheffield, and went all the way back to Paris to watch this bout, which was to prove as short as it was historic.

Picasso also attended the heavyweight match between the Italian Primo Carnera and the Belgian boxer Pierre Charles, and five further fights, including – as a ticket in his archives confirms – the Soren Petersen vs. Walter Neusel bout staged at the Palais des Sports on Monday, 29 February 1932. These and other less specific tickets (e.g. 1st Grand Boxing Gala, 1934, or Boxing at the Palais des Sports, undated), testify to Picasso's lasting interest in these sporting encounters.

It is not known whether Picasso, who was then spending a lot of time in his sculpture studio at Boisgeloup, travelled to Paris for the boxing gala held on 15 April 1931 at the Cirque d'Hiver to raise funds for the Paris–Dakar–Djibouti Expedition, but he was expressly invited by his friend Michel Leiris, a member of the expedition. Leiris wrote to him at Boisgeloup, on 7 April: 'I really hope that you can come, especially as it will be a very fine meeting – certainly one of the best this year.'[6] The evening's programme was advertised in *L'Intransigeant*: 'First, there is to be a bout between world bantamweight champion Al Brown and French featherweight champion Simendé. Then French middleweight champion Marcel Thil will defend his title against Lebrize. Bouquillon will face the Italian heavyweight champion Baiguerra, and

Bensa will fight Miki Gelb.' Al Brown won his match and, according to *L'Intransigeant*, 'Thirty minutes later Al Brown reappeared in the hall as a spectator, in dinner jacket and diamonds, his hair slicked down. He looked so fresh that one might have thought he had just dined at home.'[7]

3. Panama Al Brown, while trying to regain his International Boxing Union title, joined the *Revue Nègre*, and aroused the fascination of various intellectuals, among them Jean Cocteau. Boxing was, in effect, the exact opposite of the daily life of a writer or artist, and highlighted certain symbols of otherness, such as strength and blackness. A twofold otherness which Cocteau glossed as follows: 'To me, Brown represents the pinnacle of boxing, a sort of poet, mime, dancer and magician who conveys in the ring the perfect and mysterious triumph of a human enigma; the enigma of strength'[8] and 'Al was a poem in black ink'.[9] Although not all boxers were African or Afro-American, the ring became a stage for the confrontation of two universes, black and white. The tragic career of the Franco-Senegalese boxer Battling Siki reveals both the racism to which African boxers were subjected and, despite everything, the chance it gave them to live – through boxing – in a white world. In this tricky paradox, boxing was also part of the black identity.

In her *Negro: An Anthology*, Nancy Cunard placed black boxers, personified by Bob Scanlon, among the 'Negro Stars',[10] alongside Josephine Baker. Boxing – like jazz, dance and sculpture – thus became part of the Negro history and identity promoted by Cunard in her monumental under-taking. That Al Brown should receive top billing in the programme for the boxing evening of 15 April – *L'Intransigeant* also noted that the boxer 'has reasons to be interested in the black continent'[11] – highlights the fascination, shared by intellectuals, artists, writers and scientists both for the sport itself and for a black culture which certain 'whites' were then attempting to define. Boxing fans were often also collectors of African art, or of works by Picasso and other avant-garde artists.

4. Boxing became the focus for the encounter between an enlightened avant-garde and African and Afro-American art, particularly in 1907–08, just at the time when Picasso's work was starting to reflect new aesthetic canons inspired, according to a well-established historiography, by the collections in the Musée de l'Homme.

In the course of those two years, France welcomed several black American boxers, among them Sam McVea (or McVey) and Joe Jeannette, victims of the 'colour line' which, in America, prohibited a white boxer from defending his title against a black opponent.

The two heavyweights, McVea and Jeannette, met in Paris on 17 April 1909, in a match hailed yet again as 'historic'. According to the account in the sports daily *L'Auto*, the 'two marvellous adversaries' put on 'the finest [match] we have ever seen in France, but perhaps the most terrible and savage in worldwide boxing history'. Describing the furious end to the bout, the review goes on to add that the boxer Scanlon – lionised by Nancy Cunard – attempted to console the wounded McVea: 'That dreadful kiss of sweat and blood, that Negro trying to "swallow" the other Negro's eye, was a pretty dreadful spectacle.'[12] Joe Jeannette won when his opponent withdrew after putting up a very long fight.

The coincidence of the two events – the arrival in Paris of black American boxers and the appearance of mock-African models in Picasso's work – is somewhat disturbing. Just as Picasso was reviewing the classical canons of human proportion, the sports dailies were hailing these 'wild' black champions. 'Wild' was also the term used by the American journalist Gelett Burgess to describe Picasso and his friends in 1908; an accompanying photo shows the young Picasso posing beside his 'black' fetishes.[13] By chance, a notice in *L'Auto* of 18 January 1907 announcing that 'the black James A. Rivers will meet Bill Pearce ...'[14] features a drawing of the colossal champion (see p. 210). We cannot say for sure whether Picasso was by then a regular at these sporting events, though he may well have been; in any case, it is worth highlighting the advent of the black body on the Paris scene early in the century.

One might, moreover, sketch a parallel between the black challenge to white supremacy, via boxing, and Picasso's questioning of Western academic canons which culminated, in 1907, with *Les Demoiselles d'Avignon*. On 26 December 1908, in Australia, the black boxer Jack Johnson beat his white opponent Tommy Burns to become the first black heavyweight boxing champion (see p. 213). The bout was widely covered by the French press. At that time, Picasso was painting his *Seated Male Nude* (see p. 212), whose body – dark, firm, muscular, knotty, powerful – can be traced to his explorations of African statuary over the previous year.

The black bodies that subjugated and dominated white bodies were, eventually, themselves subjected to the dogma of academic beauty. The reporter Georges Dupuy, meeting the boxer Jack Johnson in Reno with Jack London, was bowled over: 'Here he stands before us. What a superb statue in black marble! What an admirable athlete! The curve of his massive, powerful shoulders, his full and highly developed chest, his tapering sides, his impressive thighs, the impeccable line of his whole leg down to his ankle, the understated bones of his hands, form a beautiful whole that one cannot tire of admiring. Every muscle of this magnificent academic study stands out […]'[15] – this was Jack Johnson, who repeated his Australian feat of beating a white rival in a climate still violently racist.[16] In Europe, however, the bodies of these athletes were appropriated: photographed in poses reminiscent of Greek statues.

5. The Paris boxing world revolved around Sam McVey and Joe Jeanette. 'English boxing' eclipsed 'French boxing'. In 1911, the boxing championship filled the headlines and captivated spectators: '[…] Parisians are growing increasingly fond of it; now they can appreciate the beauty and above all the force of a well-delivered swing …', enthused one sporting daily.[17] Indeed, as Timothée Jobert has noted, these two Black American boxers 'managed to turn boxing into a spectacle which appealed both to socialites and to the common man'[18] and prompted the emergence of French boxers like Georges Carpentier. Paris was the 'Mecca of pugilism'. The early 1910s witnessed both the growing popularity of boxing and the creation of Cubism.

Picasso's avowed interest in boxing should therefore be read as a proclamation of his taste for common pursuits, which extended to a well-known fondness for the circus, for cartoons and for Buffalo Bill's *Wild West Show*, the cinema … and so many other elements that contributed to the definition of Cubism. Picasso the Cubist hung around the ring, just as Manet – in the early 1860s – had sauntered along the boulevards: modernism was to be found in these men squaring up to each other, in the roaring crowds, in the reporters chronicling the feats of heroes delivering and receiving punches.

A drawing produced in the summer of 1911, entitled *The Boxers* (see p. 224), testifies to Picasso's interest in the sport, doubtless fuelled by press reports of fights and pictures of boxers feinting, their gloves raised.

In 1915–16, the painter was photographed in the middle of his Rue Schoelcher studio, surrounded by his paintings, bare-chested and improbably wearing a pair of tightly belted white shorts, his socks rolled down to his ankles (see p. 204). Standing erect and gazing straight at the camera, his pose is that of a resting fighter, foreshadowing that of the wrestler in his engraving of 16 March 1968 (see p. 206). Georges Braque, a real sportsman often described as 'a gentle giant',[19] had also portrayed himself as a boxer, some years earlier, his gloved fists raised, in a posture midway between defence and attack. Braque was the ideal companion for watching a match; he was also the ideal fellow-fighter – to use Braque's own sporting metaphor, they were like 'two climbers roped together'.

6. Those years, from the long genesis of *Les Demoiselles d'Avignon* to the creation of Cubism, were years of fighting, as the dealer Kahnweiler's writings testify: '[…] with crazy recklessness Picasso attacks …'; '[…] bold attempt …'; '[…] desperate fight …'; '[…] this first round was to fail […] and Picasso bounced back …'.[20] Moreover, Kahnweiler's chronicle – duly condensed – reads like a reporter's

account of a boxing match, complete with attacks, retreats, comebacks and knockouts. Picasso squares up to his canvas, to the potential problems it poses, but also to other more real – albeit invisible – opponents in the studio: paintings in museums, or by peers like Matisse and Derain, art-lovers, collectors and critics. There is a contest, a title to be won: that of painting champion. It is this virtual match, the desire to fight, the conviction that he has the strength required for the bout, that is captured in the 1915–16 photograph of Picasso.

'*I am the greatest*, says Mohammed Ali. *I am the greatest*, says Marvellous Marvin Hagler', writes Joyce Carol Oates.[21]

In her essay *On Boxing*, Oates focuses on the sacrificial dimension of boxing, noting that early contests were performed as part of funeral ceremonies. And also on its sexual dimension. Its narrative and dramatic power. A votive struggle, a rite of atonement, the transfer of the sexual urge to an object other than a woman, who thus becomes the 'Opponent',[22] 'a unique and highly-condensed drama without words':[23] boxing lies at the very heart of Picasso's creation.

7. Joyce Carol Oates also writes: 'No other subject is, for the writer, so intensely personal as boxing. To write about boxing is to write about oneself – however elliptically, and unintentionally.'[24] Does to paint about boxing mean to paint about oneself? Does to portray oneself as a boxer mean to reveal oneself in all one's humanity ('And to write about boxing is to be forced to contemplate not only boxing but the perimeters of civilisation – what it is, or should be, to be "human"'[25])? To lay bare one's private self ('To enter the ring near-naked and to risk one's life is to make of one's audience voyeurs of a kind: boxing is so intimate'[26])? Pierre Bonnard's self-portrait (see p. 219) – aged, gaunt, almost beaten, his gloveless fist raised in a mock blow– captures that humanity, that intimacy, and also reveals how much Picasso says about himself and his work in his 1968 etching, his photo portrait of 1914–15, his tickets to boxing matches. Picasso is a boxer.

Notes

1. Brigitte Baer, *Picasso peintre – graveur*, vol. XX. Berne: Kornfeld, 1986–96, p. 1496.
2. Elizabeth Cowling, *Visiting Picasso. Notebooks and Letters of Roland Penrose*. London: Thames and Hudson, 2006, pp. 317 and 321.
3. Fernande Olivier, *Picasso et ses amis*. Paris: Pygmalion, Gérard Watelet, 2001, pp. 164–66.
4. The letter is quoted by Judith Cousins in the catalogue *Picasso et Braque. L'invention du cubism*. Paris: Flammarion, 1990, p. 380. Later (note 152, p. 412), Cousins specifies that Picasso may have seen a newsreel of the famous match between Georges Carpentier and Frank Klaus on 27 June 1912.
5. French television report, INA archives.
6. Letter from Michel Leiris to Picasso, 7 April 1931, quoted in *Les archives de Picasso 'On est ce que l'on garde!'*. Paris: RMN, 2003, p. 238.
7. *L'Intransigeant* (17 April 1931), p. 4.
8. Georges Peeters, 'Jean Cocteau poète de la boxe'. *Ring*, no. 13 (February 1950).
9. Ibid.
10. Nancy Cunard, *Negro: An Anthology*. London: Wishart and Company, 1934.
11. *L'Intransigeant* (16 April 1931), p. 4.
12. Georges Dupuy, 'Après le grand match'. *L'Auto* (19 April 1909), p. 1.
13. The meetings between the journalist and the artists took place in 1908, and the article was published in 1910. Gelett Burgess, 'The Wild Men of Paris'. *The Architectural Record* (May 1910), pp. 401–14 (407).
14. 'Le championnat de boxe anglaise'. *L'Auto* (18 January 1907), pp. 1 and 3.
15. Georges Dupuy, 'Reno. Dans les montagnes rouges'. *L'Auto* (20 July 1910), pp. 400–14.
16. Jim Jeffries vs Jack Johnson. Reno (Nevada), 4 July 1910.
17. L. Manaud, 'Le championnat de boxe anglaise'. *L'Auto* (15 October 1911), p. 3.
18. T. Jobert. 'Les combattants "nègres" de Paris: comparaison franco-américaine de l'attitude des "blancs" à l'égard des pugilistes "noirs" durant la Belle Époque (1907–1914)'. *Staps*, no. 71:1 (2006), pp. 23–36. (doi:10.3917/sta.071.0023).
19. Quoted by Judith Cousins, *Picasso et Braque. L'invention du cubism*. p. 370 and p. 407, note 110.
20. Daniel-Henry Kahnweiler, 1916, quoted by Hélène Seckel, 'Anthologie'. *Les Demoiselles d'Avignon*, vol. 2. Paris: RMN-Musée Picasso, 1988, pp. 658–61.
21. Joyce Carol Oates, *On Boxing*. New York: Harper, 1994, p. 21.
22. Ibid., p. 30.
23. Ibid., p. 8.
24. Ibid., p. 6.
25. Ibid., p. 6.
26. Ibid., p. 8.

Post scriptum
Erich WeisAs

Life after death?

Whether Arthur Cravan vanished into thin air back in 1918, drowned in the ocean, or reinvented himself on land somewhere with some new alter ego, we will never know. There are no witnesses, there is no corpse, not a single note or letter. This really seems like the most perfect getaway of all times, one of the most perplexing escapes in twentieth-century art, for his exit was preceded by a long list of invented personae: Fabian Avenarius Lloyd (his real name), Arthur Cravan, Robert Maridique, W. Cooper, E. Lajeunesse, Marie Lowitska, Edouard Archinard, John Craven, Alabaster; false identity papers; successful disguises, some of which keep unfolding long after he was last seen in 1918 on the Mexican coast, preparing to sail to Argentina to meet his wife.

He had disappeared before and spoke to his close friends of doing so again. If he were to do so, it was certainly assumed that he would resurface, bearing the passport of another country, practising some new profession, or speaking the language of a new girlfriend. Cravan was a globetrotter, a world tramp, he knew that he carried a whole circus within him and that no cage was big enough to keep him imprisoned or no trainer brave enough to domesticate him. He was a tireless crosser of borders, a breaker of written or unwritten laws. He resisted each and every order. He sought the extreme and lived a life in the most extreme conditions he could find. 'I have twenty countries in my memory and I drag the colours of hundred cities in my soul,' he would write. But this soul left no footprints. Only false scents. Dead ends.

Suicide?

He had always been obsessed by the idea of suicide.[1] For him, this was the ultimate act. In Paris he once filled a theatre by announcing his intention to end his life in front of the public. He would do so by replacing the usual carafe of water with a full bottle of absinthe. And 'for the benefit of the ladies' he would add, he would drink it wearing only a jockstrap and deliver his 'pre-suicide récit' with his balls draped on the table. Suicide was for him just another sublime performance. In fact he threatened to take his life, to be able to blame the audience for making a social event of death. That was pretty much Cravan's technique. He had a natural gift for transgressive, offensive behaviour – but could be charming and seducing on the other hand. He put his spell on the audience and was most happy when he went too far. Mina Loy called his provocations 'pantomimic atrocities on the spectator's habitual expectations. [...] He worked to maintain his reality by presenting an unreality of himself to the world – to occupy itself with – while he made his spiritual getaway.' His assaults were a kind of revenge against a world that did not respect his superiority and his genius. Cravan always imagined self-erasure. He wanted a life that was virtual, poetic and real. He lived in both a conceptual and a physical space. This went further than just a fusion of life and art; it forced him to torment himself to have pleasure making art. 'You must dream your life with great care, instead of living it as merely an amusement.'

When he stepped into the ring, for example, he would announce himself as 'the poet/boxer', as if dividing his ego in two. He definitely possessed these two different souls: 'What soul disputes my body? My fatal plurality.' In *Maintenant* 3 he defines his character in the following words: 'my character, heart of my inconsistencies; my detestable nature, which makes me sometimes honest and sometimes sly; vain and modest, coarse and distinguished.'

Arthur Cravan wrote to his mother Nellie that his marriage with Mina Loy (celebrated in the Basilica de Guadalupe) was a kind of 'modern one' – 'for one year only … .' It is strange that he convinced his wife Mina Loy to abandon him in Mexico boarding a Japanese steamship as a nurse – heading for Argentina – where they intended to start a new life.[2] Cravan was supposed to join her in a sailing boat, together with three comrades, sailing the distance of 5,000 km. But … maybe Cravan had already invented this solo trip as an excellent excuse to 'disappear'? Mina left Mexico at the end of August 1918 on board the Japanese steamboat, but strangely she only contacted Nellie Grandjean three months after her arrival in Argentina to ask her for news about her son Arthur. Otho and

Nellie, knowing Cravan's character, immediately had serious doubts about his disappearance and wondered if he would not appear suddenly somewhere – like in Japan. One of the last people known to have met Cravan is a young American pacifist and deserter Owen Cattell, who fled to Mexico. He sent Nellie Grandjean the description of Cravan's preparations before leaving Salina Cruz. But most probably Cravan dictated this letter himself, so it could easily all be a fiction. Mina apparently was convinced of the love of Cravan for her and blindly believed his promise that he would join her in Buenos Aires.

But strangely there apparently exists a letter sent to Renée (his former lover) – dated April 1919 – asking her to join him.[3] Mina spent two long years looking for her husband, without any result. Many contradictory rumours circulated at the time. Some people said that he was killed by a knife in a fight in a Mexican dancing hall; others believed he died trying to cross the Rio Grande, as two corpses were found near the American border, one apparently looking like Cravan (due to the height and the colour of the hair and skin of the body).

If he really staged his own death, where could Cravan have started a new life? Maybe in Europe? In Paris? An anecdote says that in 1921 two booksellers (one in London – another in Dublin) were contacted by someone in Paris. One letter was signed by André Gide, the other by Pierre Louÿs. And both contained an offer to buy original manuscripts by Oscar Wilde.

As both booksellers (William Figgis in Dublin and Maggs Brothers in London) were experts in Wilde's writings, they independently started negotiating to purchase these manuscripts. They finally got in touch with a certain Dorian or Sebastian Hope (who pretended to be the secretary of Gide and Louÿs).

Maggs Brothers didn't hesitate a moment and immediately bought the manuscript of *Salomé* by Oscar Wilde from Pierre Louÿs. But strangely, after receiving it, they discovered it was written on American paper, that in fact was never produced before 1915. They managed to contact Louÿs himself, who was very surprised and told them he knew nothing about this whole story. They informed the police, but they discovered that this mysterious secretary Mr Hope had vanished.

Figgis received more offers from André Gide, but decided to travel to Paris to check everything out personally. There he met this famous Mr Hope, who told him that Mr Gide was out of town. But Figgis found out where Gide lived and paid him a visit.

The author was completely surprised and indignant to be involved in what he believed was a 'sting'. They, too, called the police, who explained that Mr Hope was already suspected of not paying an important hotel bill. A man-hunt was started and Hope's image was distributed in all police offices, but he was never arrested.

In 1922 Figgis showed the manuscript he had bought to a Wilde expert in London: Mr Christopher Millard. First he believed they were authentic, but in the end he started thinking they could be the invention of Fabian Lloyd (as he once published in his famous magazine *Maintenant* an article stating that his uncle Oscar Wilde was still alive).

In this story Cravan claimed that Wilde paid him a visit and had explained that in his empty tomb on Pére Lachaise he had hidden a secret manuscript entitled Amen: *Une Tragédie? Une Comédie*.[4]

All these details – Cravan's fascination for Wilde, for manuscripts, his love for making up false scenarios, pointed in one single direction: Fabian Lloyd. We could also add his love for pseudonyms, false passports[5,6] and complicated references containing secret messages: Dorian (Gray?)/ Sebastian Melmoth (Wilde's name he used when entering France), Adrian Hope (the man in charge of Wilde's children after his wife died)? And of course his anti-establishment Dadaist publications; his anarchic life and the thrill he liked to feel when breaking the law... No doubt his uncle Oscar would have adored his talent as a miraclemonger as he himself was obsessed by people like Thomas Chatterton or Thomas Wainwright. It could have been a valuable element in solving this fascinating puzzle. Other even more exotic stories circulated about Cravan's afterlife: some people met him personifying an Indian Brahman; others met him as a poet in the Balkans; an ivory smuggler in Central Africa; a goat farmer in Australia; a whale hunter in Antarctica; a lover of an Oriental queen; ... For sure, Cravan himself would have adored these legends.

The spirit lives on

Some artists, like Cravan, take risks because they have insatiable confidence. They are not afraid to explore the thin borders that may separate life, performance and art. Conceptual artist Yves Klein may be the most famous of those daredevils. His years of judo training prepared him well for his leap face-forward from his rooftop in 1960 (*Leap into The Void*). So, like Cravan, his experience as a professional sportsman was part of the game.

He also deeply influenced the father of the International Situationist movement, Guy Debord, who declared in his publication and in some of his films his admiration for Cravan's attitude. He really considered him a revolutionary, not only a precursor of Dada, but also one of the first real Situationists.

Guy Debord writes in *Panégyrique*: 'The people I adored above all were Arthur Cravan and Lautréamont, and I knew very well that all their friends, if I decided to continue my university studies, would have looked upon me with disdain as if I had stopped making art; and if I could not have had friends like that, I would not have talked about it with anyone.' A conference at the Sorbonne of Arthur Cravan in 1968 would have been wonderful. Everybody would have adored his speech. It would have been a short event and no doubt he would have revindicated absolute freedom, stating: 'Everything noble contains crime and all crime is noble, because they both are extreme.' Or rather: 'The genius is an extravagant manifestation of the body.'

Another artist influenced by Cravan's heritage is perhaps Joseph Beuys, who during Harald Szeeman's 'Documenta 5' (1972) performed his famous *Information Office* – a live performance debating and discussing with the audience for 100 days. In the end he would even organise (and win) a real boxing match (a clear tribute to Cravan?) between himself and a much younger opponent, entitled *Boxkampf für Direkte Demokratie* [*Boxing Match for Direct Democracy*]. He believed every man was able to be an artist and stated: 'Art that cannot shape society and therefore also cannot penetrate the heart questions of society, and in the end influence the question of capital, is no art.' Like Cravan, he really built his own individual myth and defended his clear and radical visions.

The Finish artist Salla Tykkä also staged a boxing match, with a highly personal but also political message. As a young girl she decided to film herself boxing (with naked breasts) against an older man. This violent confrontation between two generations (young versus old) and two genders (man and woman) is a stunning spectacle and surprises by its explicit physical violence. In the 1999 video *Power* we see how both fighters hit each other without any mercy and they both suffer, both physically and mentally during the match.

Escape Artists

No doubt one of the first artists who repeated in a certain way Cravan's act of disappearing was his friend Marcel Duchamp. (They met each other in New York and saw each other frequently at the house of the Arenbergs. Cravan would even participate in an event organised by Duchamp (*The Blindman's Ball* – 25 May 1917), insulting the public and getting naked and finally being arrested by the police.[7]) Duchamp himself would later retire from the art world to dedicate himself to his passion for playing chess. This non-activity can in a way be compared with Cravan's unexpected farewell. Duchamp is also the one to state (on the request of Cravan's wife Mina Loy): 'I knew him well and only Death can be the reason of Arthur's disappearance.'

Another example is the performance artist Chris Burden, who – as one of the leading figures of 'body-art' – like Cravan, mixed art and life in a radical way. He was a controversial figure like Cravan and also liked dangerous situations and provocation: he would for example invite a friend to shoot at his arm with a rifle; would get himself nailed to a Volkswagen car; allowed himself to be enclosed for 5 days in a locker measuring 2 × 2 × 3 feet; shoot at an aeroplane with a gun or held a TV station hostage. For one performance he even announced he would completely disappear for a certain period of time. And he did so, with nobody knowing where he had gone. (He later confessed that he just spent three days locked up in a hotel room, without going out, not watching TV, nor reading or eating. Afterwards he planned a surprise comeback appearance at the opening of an art museum). He said he especially liked suspense and 'used fear and pain in his work to energise the situation'. 'In works with violence and unpredictable elements, the fear is really the worst part, worse than the pain.'

'Dropping out' is how Lee Lozano (an artist who died in 1999) liked to define her attitude as an artist. Her *Dropout Piece* – a project begun in 1970 – consisted of removing herself from the New York art world, of which she was a highly visible member, to eventually disappear completely from the public eye. Her choice of burial, in an unmarked grave outside Dallas, was probably her work's final flourish. In an art world dominated by the logic of galleries, museums and rich collectors, the fantasy of walking away from it all is indeed a powerful statement. In fact, Lozano invented punk before punk, she was a real trouble girl. In Alanna Heiss' words: 'Lee Lozano was a great artist. But she was also a pretty dangerous person.' And this rebellious spirit brings her close to Cravan. Carl Andre once defined her as follows: 'Lee was brilliant as an artist and a person and utterly unique as both.'

Another mythical female 'disappearer' is Agnes Martin. In the summer of 1967, she suddenly left everything behind, gave all her materials away and went off-grid in a pickup truck before reappearing in a remote part of New Mexico. Strangely enough, the art she made there – she started painting again in 1971 – (buoyant bands of colour full of pure joy) offer few clues to the turbulent life of the artist who was diagnosed with paranoid schizophrenia. 'I lived with my back to the world,' she said.

Another fascinating artist, but one who does not feel the need to disappear, is the Suriname artist Stanley Brouwn. He simply wishes to remain invisible. This radical position brings him close to Cravan's Dada universe. Brouwn never shows up at his openings, there are very few catalogues that include illustrations of his work. He has no (official) portrait. True to the spirit of 1960s conceptualism, his work is about the immaterial, the impersonal and the loss of identity and authorship. His art is the analysis of the limits of privacy and discretion. In fact by being absent, you are the more present. This is similar to the mystification that happened to the figure of Cravan after his farewell.

The veiled hostility directed by the artist Cravan at the viewer situates his attitude in the context of radical declarations against society, art and its institutions. He liked the anti-spirit of Dada, insulting his audiences and provoking in any possible way. American artist Laurie Parsons uses similar strategies. When presenting her empty exhibition at the Lorence-Monk Gallery in New York in 1990, she went so far as to refuse to include her name on the invitation card and to remove all references to the show from her CV. Four years later, she ceased to produce works altogether, thus following a line of artists before her who deliberately decided, as part of their practice, to give up, or take a break from, the profession. From this perspective, the empty gallery is less an artwork than a gesture – of provocation, dissidence and critique. Like Cravan, Parsons is against everyone and everything, pretending absolute freedom, presenting herself as the 'dematerial girl'.

Sturtevant is now remembered as the progenitor of 'appropriation art', or as she herself preferred to describe it: 'repetition'. In the mid-1960s, however, when she was quite successful, Sturtevant left New York and stopped making art for over a decade. For Sturtevant, however, her 'break' wasn't so much an act of defeat as a provocative response to the hostility she encountered, which she sensed to be undermining the power of her practice. 'I don't think I thrive on hostility, but I think I fight it with courage,' she explained in 1989. Her retreat also solidified the conceptual framework of her practice and likewise enhanced the mystery that shrouded her life, which she took pains to keep under wraps. (She dropped her first name and rebuffed questions about her biography with the answer: 'Dumb question.') Later pieces, like the 1998 video *Copy without Origins, Self as Disappearance*, hint at connections between her period of withdrawal and her unremitting interest in identity and originality.

After presenting, for nearly ten years, her radical minimalist sculptures alongside minimalist 'male' gods like Donald Judd, Carl Andre or Dan Flavin, Posenenske renounced art making, which she saw as politically and socially impotent. 'Though art's formal development has progressed at an increasing tempo, its social function has regressed,' she wrote in her 1968 manifesto just before exiting the art world. 'It is difficult for me to come to terms with the fact that art can contribute nothing to solving urgent social problems.'

While Posenenske devoted the remainder of her life to sociology, she left behind a body of work – and powerful writings – that would go on to influence the direction of minimalist and conceptual art, steering them towards social commentary and institutional critique.

The American artist Cady Noland made a supersonic ascent in the art world in the late 1980s. But by 1999, at the age of forty-three, she unveiled what has become known as her last exhibition. From the beginning, Noland's sculptures and large-scale installations were driven by her distaste for the commoditised, media- and fame-obsessed tendencies of American culture.

'From the point at which I was making work out of objects, I became interested in how ... people treat other people like objects,' she explained in a 1990 interview. This sentiment became increasingly intertwined with an aversion towards the commercial art world and her own position as a famous person within it, crescendoing with her retreat in 1999. While institutions and galleries have exhibited her work since, they were forced to do so without her involvement. Sometimes the artist addressed a disclaimer herself to the institution; in 2014, on a placard next to her installation at the Brant Foundation one could read: 'Please note: the artist, Ms. C.N., hasn't given her approval or blessing to this show.' Like Cravan, Noland developed herself as an absent supervisor, a 'living myth', all by not being there and being absent.

The Sea: a ghost story

Disappearance at Sea I & II are two films by the British artist Tacita Dean, produced in 1996/1997. The films were realised in two different lighthouses to the north and the south of Berwick-upon-Tweed. *Disappearance at Sea I* was filmed at the lighthouse at St Abb's Head and documents the coming of dusk when the lighthouse becomes functional and the bulbs are switched on. A lighthouse is the last human outpost between land and sea, flashing beams of light at precise intervals. Each lighthouse beacon is coded, flashing a different number of times each minute, so that sailors can locate their whereabouts in relation to the coastline. *Disappearance at Sea II* was filmed at Longstone Lighthouse on the Farne Islands, famous for Grace Darling's epic rescue. The artist put the camera where the bulb would normally be and it rotates like the beam of the lighthouse. This time it is filmed in bright daylight and the rotation stops as the camera fixes on the glare of the sun. This film is subtitled *Voyage de Guérison* [*Journey of Healing*] after an ancient Celtic belief that once you surrender yourself up to the forces of the sea you will be delivered to a magical island where supernatural forces will take care of you and heal you of all ill. Tacita Dean states: 'The fascinating thing about the sea is that you disappear without a trace – there is nothing left. It's a true disappearance. The openness of such disappearances therefore comes with difficulty: police reports, setbacks and hope that drags on.'

Another artist who always looks to go one step beyond is LA-based artist Zoe Crosher. In her work *Transgressing the Pacific* she documents the points along the ocean where seven real and fictional figures disappeared. The central question of her work is 'What do you do when you get to the border?' She uses references such as Robert Altman's adaptation of Raymond Chandler's novel *The Long Goodbye*. In the movie Wade (played by Sterling Hayden) charges into the Malibu waves. Philip Marlowe (played by Eliott Gould) runs after him trying to stop him. Gould remembered years later: 'It suddenly occurred to me I was not in some tank of some studio. My inner voice said to me: "Don't go in Eliott. This is the fucking

Pacific Ocean. And there is no one there to bring you back."' But for Crosher retro photographing the spot where Altman filmed part of the scene proved just as awkward. This portion of Malibu Beach has now become a strictly guarded enclave for the rich and the famous. So she had to hide to not be mistaken for some kind of paparazzi.

Another place she photographed with a link to cinema is Catalina Island, where a real person (Natalie Wood) drowned. Or the beach where Aimee Semple McPherson staged her own death in 1926, Laguna Beach, where Norman Maine wandered into the sea in the 1954 remake of *A Star is Born*. Or the place where Dennis Wilson of the Beach Boys jumped drunk from his yacht into the marina in 1983. 'I'm not interested in tragedy for tragedy's sake', says the artist, 'The disappearances have to be transcendental in a way, extravagant and almost mythical.' The sea has always been a place where people have been brought face to face with themselves. It has also always offered an escape from the quotidian.

Scepticism initially surrounded the discovery of the wreckage of the twelve-foot sailboat in which the artist Bas Jan Ader attempted to cross the Atlantic in 1975, with a copy of *The Strange Last Voyage of Donald Crowhurst* found among his effects when his boat was found. The journey itself was a performance, the concluding part of a three-part work entitled *In Search of the Miraculous*. Had Ader, an artist whose œuvre is shot through with melancholy, taken his own life? Or had he arranged his disappearance as the perfect artwork? The ultimate precursor for such enigmatic exits is the death in 1822 of the poet Shelley as he sailed in his own boat between Livorno and Lerici on the Italian coast. Rumours circulated that he had been rammed by another vessel in a political assassination or attempted robbery; that he was too unworldly to be a competent sailor; that, as his drowned body burned on a pyre on the shore, a friend snatched his heart!

In Search of the Miraculous, the last and most poignant work by the Dutch-born artist Bas Jan Ader, was indeed intended to be a performance in three parts. On the afternoon of 9 July 1975, the thirty-three-year-old artist said goodbye to his American wife and set sail from Cape Cod on a solo voyage across the Atlantic. His boat, the *Ocean Wave*, was only a little over twelve feet in length, the smallest craft in which such a journey had ever been attempted. On the night before his departure, he arranged for a student choir to sing sea shanties around a piano in the gallery of his Los Angeles dealer. The voyage was to be the central element in the performance. To end it, Ader planned a second sing-song when he reached Falmouth eight to ten weeks later.

But, after three weeks, radio contact with his boat was lost. Although it was spotted sixty miles out to sea and again near the Azores, he was never seen again. To this day, no one knows whether Ader was swept to his death by a freak wave, became disoriented and jumped overboard, or whether, from the first, his intention in staging his last work had been to lose control and to commit suicide.

The body of work Ader left behind is extraordinary, although not extensive – but it converted him into a classic cult figure, an artist's artist.

Notes

1. Love letter to Mina Loy: 'But I don't think I will survive. If you don't get any more letters you'll know that I am dead or else that I've gone mad. (...) All I do think about is suicide. (...) This will be the New Year of a man who is condemned to death.'

2. It's safe to say that the over-romantic story of William Carlos Williams depicting Mina Loy standing on the beach waving her man goodbye when his boat disappeared on the horizon with the setting sun is nothing more than a fiction. The letters of Otho Lloyd (10 January 1921) and Mina Loy (7 March 1921) sent to Nellie Grandjean tell a completely different story.

3. Nellie writes about this letter in a postcard sent to Otho (dated 8 October 1918 but with a postmark 8 October 1919).

4. See the letter from Millard to Hodges Figgis 9 August 1922 (MS Clark Library UCLA).

5. He once fled from the US to Canada wearing a false army uniform and with a forged passport belonging to the painter A.B. Frost, who died in Cravan's presence of a tubercular haemorrhage during an orgy of alcohol.

6. The Wilde expert, Dudley Edwards, also stated that the false manuscripts of Wilde that appeared in 1921 were made by Fabian Lloyd. *Pearls and Pomegranates* by Dorian Hope, G. P. Putnam's Sons, New York, 1921. (See *The New York Times*, 5 March 1921: '"Dorian Hope" verse filched by Clerk'. According to R.L. Conover in the preface of *The Lunar Baedeker* by Mina Loy, two Swedish literary experts suggested that Arthur Cravan changed his name to B. Traven.

7. During the period that Marcel Duchamp was in New York he also made different complex works that could contain references to his friend Arthur Cravan. On the cover of *The Blindman* (1917) a nude man is thumbing his nose at a blind man who is led by a dog. In 1916 he made a work entitled *Boxing Match*, and some experts believe that his *Comb* is a tribute to 'the poet with the shortest hair in the world'. Even around his work *With Hidden Noise* – a mysterious readymade from 1916 – there are a lot of stories circulating, indicating that it could have been a gift related to Cravan.

Chronology

1887 On 22 May, birth in Lausanne of Fabian Avenarius Lloyd, of English nationality, son of Clara Nellie Hutchinson and Otho Holland Lloyd, brother-in-law of Oscar Wilde. Soon after Fabian's birth, Otho Holland Lloyd left his wife and went to live in Florence with Mary Winter. Fabian and his brother, Otho Lloyd, born in London on 6 July 1885, remained with their mother, who later married the doctor Henri Grandjean.

1889 Birth of Hester, daughter of Otho Holland Lloyd and Mary Winter.

1896 Otho Lloyd studied drawing and dance; Fabian Lloyd studied violin and dance.

1897 On 20 October, Fabian Lloyd started attending the Collège Cantonal in Lausanne.

1900 Death of Oscar Wilde on 30 November. Fabian was a boarder at the Institut Dr Schmidt, in St Gallen.

1901 Otho Lloyd passed the entrance exam at the École des Beaux-Arts de Genève.

1904–1908 Fabian went first to New York, then to California, where he worked in various capacities before returning to Lausanne. In the autumn, he started attending New College in Worthing (England). He took various trips first to Berlin and Munich, and then Rome and Florence. He spent some time in Australia before returning to Lausanne.

1909 He took up residence in Paris, at 67 rue Saint-Jacques, adopting the pseudonym Arthur Cravan.

1910 In February, Otho and Fabian Lloyd, members of the Cuny boxing club, signed up to fight in the Second Annual Amateur Novices Championship. On 14 March, Cravan became light heavyweight champion of France.

1912 On 27 June, Cravan attended a public reading of the 'Manifesto of Futurist Women' by Valentine de Saint Point, at the Gaveau Gallery, at 45 rue La Boétie.

1913 He took up residence at 29 avenue de l'Observatoire, next to the Bal Bullier ballroom and the studio of Van Dongen, the only painter he claimed to admire. In Paris, he gave at least three 'lectures' between July and November 1913.

1914 Another lecture by Cravan was announced in the 'Shows and Concerts' column of the *Carnet du Petit Journal* of 6 March 1914 as a 'Parisian Soirée'. 'This evening at Les Noctambules theatre, at 7 rue Champollion, Arthur Cravan, nephew of Oscar Wilde, will lecture, dance, and box. The most curious of Oscar Wilde's posthumous works is his nephew, his one and only nephew, prince of the boxing ring, bachelor of arts, editor of *Maintenant*, the popular journal, we give you Arthur Cravan. And Arthur Cravan on the fragile podium of Les Noctambules will dance like Zambelli boxes, and box like Joe Jeannette dances. He will initiate the amazed audience in the choicest delights of today's letters. His lecture will be a sensational punch in the friendly face of the public. But this punch will bring forth a laugh such as the President of the Republic himself did not experience at the last Salon des Indépendants. Lovers of the latest in tango, people who are keen on polkas and other papist dances in front of the mirror, financiers who place their truest hopes in cubism and orphism, women of the world enamoured of the lessons and the cufflinks of Mr Bergson, girls for whom *Maintenant* is the stuff of their dreams of tomorrow, don't miss this soirée at Les Noctambules, where Arthur Cravan will raise the lecture to the height of a state-approved corporation. Referee of honour: Fernand Cuny. Admission price: 2F50. We recommend you reserve your seats.'

'[...] once again I see Arthur Cravan the lecturer. This time on the slopes of Montmartre, at the Cercle de la Biche. Stiff, pale, clean-shaven, strapped-up, monocled, Louis de Gonzague Frick presides, president with no mandate. Arthur Cravan appears, an improvised man of letters and, so he says, a professional boxer, though no one is sure in quite which ring he has ever appeared, but to contradict Cravan on one point is to deny him completely. Arthur Cravan speaks to us. He expresses his contempt for the artist. With cudgel blows on a pedestal table, he calls for silence, though the silence is total. Arthur Cravan deplores the fact that cholera did not carry off the great poets at the age of thirty (patience, Cravan, war is coming). Dying young would have saved them from a mean life. Arthur Cravan believes in brutal, fiery, modern life! ... This cynic is naive, but he is also an interesting poet [...]' André Salmon, 'Éloge d'un grossier personnage', *Souvenirs sans fin*, 2nd period (1908–1920). Paris: Gallimard, 1956.

A placard announcing the fourth lecture scheduled for 5 July read:
'COME AND SEE – Salle des Sociétés savantes – 8 rue Danton – The Poet – ARTHUR CRAVAN – (nephew of Oscar Wilde) – boxing champion, 125 kg in weight, 2 m. tall – THE BRUTAL CRITIC – WILL LECTURE – WILL BOX – WILL DANCE – the new (Boxing Dance) – LA VERY BOXE – with the collaboration of the sculptor MAC ADAMS – other eccentric numbers – BLACK. BOXER. DANCER. – Sunday 5 July 9:00 p.m. – seat prices: 5fr., 3fr. or 2fr.'

'The nephew of Oscar Wilde [...]. Arthur Cravan, who never fails to follow his name with the words "nephew of Oscar Wilde", presented himself in a spectacle at the Sociétés Savantes to a few hundred English, American and Germans, among whom two or three Frenchmen had found their way. This Arthur Cravan is a tall, fair, beardless young man, who, dressed in unbuttoned flannel shirt, red belt, black trousers and pumps, talked, danced, boxed. Before speaking, he fired a few pistol shots, then uttered, sometimes laughing, sometimes serious, the greatest absurdities against art and life.

He praised sportspeople, superior to artists, as well as homosexuals, thieves of the Louvre, madmen, etc. He read standing up, lolloping around, and occasionally hurled energetic insults into the theatre. The audience seemed to enjoy this ludicrous way of lecturing. However, things almost went wrong when this Arthur Cravan felt the need to hurl a portfolio into the front row of the audience; by chance, it did not hit anyone. Some friends of the dancer, boxer and lecturer finally gave the evening its particular nature of heavy-handed Anglo-American humour, dancing, boxing and lecturing in turn.' *Paris Midi*, 6 July 1914.

1916 Cravan arrived in Barcelona after a long trip around Central Europe. 'How had he managed to escape the attention of border controls without being arrested or even worried? And that without any regular or declared source of income.' Gabrielle Buffet-Picabia, *Aires abstraites*. Geneva: Pierre Cailler, 1957. He kept company with Picabia and Marie Laurencin. He became first a boxing instructor and then director of the Real Club Maritimo and challenged the black champion, Jack Johnson. It was an unmemorable fight in the annals of sport. Cravan was out for the count in the first round. 'From the very start, he (Cravan) seemed terribly afraid. After labouring him with some hand-to-hand combat, the Negro struck him three blows to the stomach that left him reeling. The next five bouts left Cravan exhausted, while the Negro allowed himself to be hit for the requirements of the film that was being made. In the sixth round, after literally "toying" with his rival, Johnson showed an overwhelming superiority. He threw a straight right, followed by a punch that brought Cravan to the ground, knocked out. The Negro then offered an exhibition with his trainers, and the party was over.' *La Veu de Catalunya*, 24 April.

At the end of 1916, Cravan sailed for New York aboard a Spanish ship that bore the name *Montserrat*, on which Leon Trotsky also travelled.

'The sea was very rough [...] The *Monserrat* was an old tub little suited for ocean voyages. But during the war, the neutral Spanish flag lessened the chances of being sunk. The Spanish company charged high fares, and provided bad accommodations and even worse food. The population of the steamer is multi-coloured, and not very attractive in its variety. There are quite a few deserters from different countries, for the most part men of fairly high standing [...] A boxer, who is also a novelist and a cousin [sic] of Oscar Wilde, confesses openly that he prefers crashing Yankee jaws in a noble sport to letting some German stab him in the midriff.' Léon Trotsky, *My Life*. Transcription and HTML mark-up for the *Trotsky Internet Archive* by David Walters, 1998.

1917 In New York, Cravan was broke.
In April 1917, a lecture on modern humour at the Salon des Indépendants.
Cravan arrived late, dishevelled, his collar undone, and drunk. He sat down at the little table and opened with some lofty pronouncements. 'Cravan, who had lunched with us at the Brevoort, where we had copiously watered him, arrived very late, ploughing his way through the large audience in a particularly elegant hall. He was visibly drunk and had some difficulty climbing onto the speaker's platform. His gestures and his expression left no doubt as to his state of near unconsciousness; a painting by Steichen had been hung behind him, and the incoherence of his movements made us fear that, intentionally or otherwise, he would bring it down; then he started to undress, removing his jacket and his braces. The audience's initial reaction to this extravagant entry was a stupor that rapidly gave way to a buzz of vehement protestations. The authorities alerted the police and, as he leaned over the speaker's table, regaling the audience with one of the most insulting epithets

in the English language, several bodies emerged from nowhere and seized him, handcuffed him with a quite professional dexterity, and dragged him outside while the hall emptied in the most complete confusion of mind and body [...] 'What a fine lecture!' said Marcel [Duchamp] when we met again that night at Arensberg's house.' Gabrielle Buffet-Picabia, *Aires abstraites*. Geneva: Éditions Pierre Cailler, 1957.

When the United States entered the war, Cravan left for Canada, then for Mexico. He became a physical training instructor in Mexico and started lecturing on Mexican art.

1918 In Mexico, Arthur Cravan married Mina Loy, a friend of Duchamp and Arensberg. While pregnant, Mina set sail for Buenos Aires. Mysterious disappearance of Cravan. 'After the Armistice, his wife searched for him in all the prisons and all around the world, but found no trace of him or news of his presence; it seems increasingly certain that the mystery surrounding the disappearance of this person will never be explained.' Gabrielle Buffet-Picabia, *Aires abstraites*, Pierre Cailler, Geneva, 1957.

'Mention was made of him in 1919 [sic] as a physical training instructor at the Athletic Academy of Mexico: he was preparing a lecture about Egyptian art. We lose all trace of him shortly after in the Gulf of Mexico, where, one night, he boarded the lightest of craft.' André Breton, *Anthologie de l'humour noir*. Paris: Jean-Jacques Pauvert, 1966.

'Cravan was killed in a boxing academy that he had set up in Mexico. Stabbed in the heart. We do not know why, or by whom.' Blaise Cendrars, 'La tour Eiffel sidérale', *Le Lotissement du ciel*. Paris: Denoël, 1949.

1919 Birth of his daughter, Fabienne Lloyd, on 5 April in Surrey (England).

EXPOSITION

Commissaire
Emmanuel Guigon
avec la collaboration
d'Erich Weiss

Gérante
Asunción Pinillos

Relations institutionnelles
Lluís Bagunyà

Coordination
Mariona Tió
Inés Beascoa

Registre
Anna Rodríguez
Marta Badia

Conservation préventive
Reyes Jiménez
Anna Vélez

Communication
Anna Bru de Sala
Montse Salvadó

Activités et diffusion numérique
Anna Guarro
Mercè García
Mireia Llorella

Conception graphique et de l'accrochage
Todojunto.net

Éclairage
ILM BCN

Accrochage
Artpercent

CATALOGUE

Édition et production
Fundació Museu Picasso
de Barcelona
et Silvana Editoriale

Auteurs
Emmanuel Guigon
Laurence Madeline
Jean-Paul Morel
Aitor Quiney
Georges Sebbag
Erich Weiss

Projet graphique et maquette
Studio Martial Damblant

Coordination
Bettina Moll

Traduction au français
Discobole

Relecture de textes et d'épreuves
Barbara de Lataillade

Traduction à l'anglais
Paul Edson

Relecture d'épreuves anglaises
Julie Pickard

Silvana Editoriale

Direction éditoriale
Dario Cimorelli

Directeur artistique
Giacomo Merli

Organisation
Antonio Micelli

Secrétaire de rédaction
Ondina Granato

Bureau de presse
Lidia Masolini
press@silvanaeditoriale.it

Cet ouvrage est également disponible dans ses éditions catalane/anglaise et espagnole/anglaise.
Distribution en Espagne et au Portugal : LOGGILIBRO
Editorial Gustavo Gili, SL
(pedidos@ggili.com, tel. 93 3228161).
Distribution en Europe et aux États-Unis
par Silvana Editoriale
(silvanaeditoriale@silvanaeditoriale.it).

ISBN français/anglais 978-84-946450-9-9
ISBN français/anglais 978-88-366373-5-5 Silvana Editoriale
ISBN catalan/anglais 978-84-946450-7-5
ISBN espagnol/anglais 978-84-946450-8-2

Dépôt légal : B 24664-2017

Museu Picasso
Montcada, 15-23
Barcelone 08003
Renseignements : (+34) 93 256 30 00

museupicasso@bcn.cat
www.museupicasso.bcn.cat
www.facebook.com/MuseuPicassoBarcelona
twitter.com/museupicasso
www.blogmuseupicassobcn.org

Silvana Editoriale S.p.A.
via dei Lavoratori, 78
20092 Cinisello Balsamo, Milan
tél. + 39 02 45 39 51 01
fax + 39 02 45 39 51 51
www.silvanaeditoriale.it

CRÉDITS PHOTOGRAPHIQUES

Si on n'indique le contraire, toutes les œuvres et documents reproduits dans cette publication appartiennent à la Collection Marcel et David Fleiss. Avec l'aimable autorisation de la Galerie 1900-2000, Paris. N'ayant pu déterminer l'origine et les auteurs de certaines des photos réunies dans le présent ouvrage, ses éditeurs apprécieront tout renseignement à cet égard et s'engagent à dédommager, lorsque cela s'avèrera nécessaire, les personnes pouvant démontrer qu'elles en détiennent les droits.

Arxiu Fotogràfic Centre Excursionista de Catalunya : p. 113, 126, 128, 144-163, 184, 188.
Arxiu Històric de la Ciutat de Barcelona : p. 116, 124, 132, 138, 186 (c), 189.
Association Atelier André Breton : p. 69.
Atlas Press, 1995. Courtesy de Roger Conover : p. 226.
Biblioteca de Catalunya : p. 187.
Bibliothèque nationale de France : p. 70-73, 106, 109, 166, 168, 170-172, 174, 176-180, 182, 186, 201, 210, 213-216.
David Douglas Duncan. Museu Picasso, Barcelone : p. 218.
Diego Bustamante : p. 18-19, 186 (b), 200.
Fonds Filmoteca de Catalunya : p. 192-194, 196, 198-199.
Hans Albrecht Lutznat : p. 232.
Mimosa Trust : p. 225.
Musée d'Orsay, Dist. RMN-Grand Palais / Patrice Schmidt : p. 219.
Museu Picasso, Barcelona. Reproductions photographiques Gasull Fotografia : 206 (a), 220-223.
The Museum of Modern Art, New York / Scala, Florencia / 2017 : p. 48.
Nicolas Dewitte / LaM : p. 212.
Palais Princier, Monaco : p. 202.
RMN-Grand Palais (Musée national Picasso-Paris) / image RMN-GP : p. 204, 206 (b).
RMN-Grand Palais (Musée national Picasso-Paris) / Michèle Bellot : p. 224.

Photo de couverture :
Affiche de la session extraordinaire de boxe «El gran Jack Johnson, campeón del mundo» à l'Iris Park,
Barcelone, 12 avril 1916
(p. 142)

Achevé d'imprimer en Italie en octobre 2017
sur du papier Munken Lynk de 130 gr.
Les polices utilisées sont
Bauer Bodoni, Din et Helvetica.